Classroom Management in der Eingangsstufe

Evelyne Wannack, Kirsten Herger

# Classroom Management in der Eingangsstufe

### Eine empirische Studie

Waxmann 2021
Münster · New York

Publiziert mit der Unterstützung der Pädagogischen Hochschule Bern.

**PH**Bern
Pädagogische Hochschule

**Bibliografische Information der Deutschen Nationalbibliothek**
Die Deutsche Nationalbibliothek verzeichnet diese Publikation
in der Deutschen Nationalbibliografie; detaillierte bibliografische
Daten sind im Internet über http://dnb.dnb.de abrufbar.

Print-ISBN 978-3-8309-4304-4
E-Book-ISBN 978-3-8309-9304-9

© Waxmann Verlag GmbH, 2021
Steinfurter Straße 555, 48159 Münster

www.waxmann.com
info@waxmann.com

Umschlaggestaltung: Pleßmann Design, Ascheberg
Satz: satz&sonders GmbH, Dülmen

Gedruckt auf alterungsbeständigem Papier gemäß ISO 9706

Printed in Germany

# Inhalt

# 1 Einleitung

Bereits bei der Gründung von Kindergärten in der deutschsprachigen Schweiz wurde postuliert, dass die Institution Kindergarten in das öffentliche Bildungssystem zu integrieren sei (Schweizer Frauen-Zeitung 1881). Dieses Ziel wurde über Jahrzehnte mittels verschiedener Strategien kontinuierlich verfolgt und zeitigte schliesslich ab den 1960er Jahren Erfolg, indem der Kindergarten in den kantonalen Gesetzen verankert wurde (Schweizerische Konferenz der kantonalen Erziehungsdirektoren 1994; Wannack 2008). Mit der interkantonalen Vereinbarung zur Harmonisierung der obligatorischen Schule (Schweizerische Konferenz der kantonalen Erziehungsdirektoren 2007) wurde dieser Schritt auch auf nationaler Ebene vollzogen. Der Kindergarten ist die erste Bildungsstufe der Primarstufe, dauert zwei Jahre und ist obligatorisch.

Ein weiterer Umstand, der immer wieder moniert wurde, war der diskontinuierliche Übergang vom Kindergarten in die Schule. Ein erstes Mal wurde diese Schnittstelle im Rahmen des Projekts „Situation Primarschule Schweiz (SIPRI)" analysiert (Huldi 1985; Huldi & Lauterbach 1987; Loretan 1987). Aus den daraus hervorgegangenen Ergebnissen wurden auf den Ebenen Unterricht, Schule und Lehrerbildung diverse Empfehlungen abgeleitet (Heller, Ambühl, Huldi et al. 1986). Tatsächlich sind im Nachgang zu SIPRI zahlreiche Projekte zur Gestaltung eines fliessenden Übergangs zwischen Kindergarten und Schule zu konstatieren (Hofmeier Neeracher 1993; Nuspliger-Brand 1985; Nuspliger-Brand 1987; Ramseier & Locher 1988). Es wurde zwar eine Annäherung zwischen den beiden Institutionen erzielt, doch von einem kontinuierlichen Übergang konnte noch lange nicht gesprochen werden (Baumann 1994; Heyer-Oeschger 1996; Röllin 1994; Verband KindergärtnerInnen Schweiz 1993).

Dies führte in den 1990er Jahren zur Diskussion der Frage, wie die Bildung der vier- bis achtjährigen Kinder zu gestalten sei. In Anlehnung an Modelle wie der Basisschule in den Niederlanden (Heijnen 1994; Heijnen 1996; Janssen-Vos & Heijnen 1996) oder der Bielefelder Laborschule (Hentig 1971) wurde das Modell Basisstufe vorgeschlagen (Schweizerische Konferenz der kantonalen Erziehungsdirektoren 1997), das zwei Jahre Kindergarten und die ersten beiden Schuljahre der Primarstufe vereinigt. Aufgrund bildungspolitischer Interventionen im Kanton Zürich wurde nachträglich ein weiteres Modell eingeführt, nämlich die Grundstufe, die ebenfalls zwei Jahre Kindergarten, jedoch lediglich das erste Schuljahr der Primarstufe umfasst (Erziehungsdirektorenkonferenz Ostschweiz und Fürstentum Liechtenstein (EDK-Ost) und Partnerkantone 2010). Im Rahmen der Erziehungsdirektorenkonferenz der Ostschweizer Kantone und des Fürstentums Liechtenstein wurden die beiden Modelle zwischen 2003 und 2010 im sogenannten Schulentwicklungsprojekt edk-ost-4bis8 erprobt (Erziehungsdirektorenkonferenz Ostschweiz und Fürstentum Liechtenstein (EDK-Ost) und Partnerkantone 2010). Um verlässliche Daten zum Schulentwicklungsprojekt zu gewinnen, wurde eine breit angelegte wissenschaftliche Evaluation durchgeführt, die sowohl summative als auch formative Teile zum Vergleich von Basis- und Grundstufe mit dem herkömmlichen Modell – Kindergarten und Übergang in die Primarunterstufe (1. und 2. Schuljahr) – enthielt (Moser & Bayer 2010; Vogt, Zumwald, Urech et al. 2010). Nebst den eigentlichen Projektzielen, altersgemischte Klassen von vier- bis achtjährigen Kindern zu führen, den individuellen Übertritt in das 3. Schuljahr der Primarstufe zu ermöglichen, die Frühförderung im Rechnen, Schreiben, Lesen umzusetzen sowie didaktische Innovationen bezüglich Individualisierung und Differenzierung zu initiieren (Schweizerische Konferenz der kantonalen Erziehungsdirektoren 2000), rückte mehr und mehr die Frage ins Zentrum, ob die Kinder in der Basis- und Grundstufe bessere Leistungen in Deutsch und Mathematik erbringen als im herkömmlichen Modell. Denn davon wurde die bildungspolitische Entscheidung abhängig gemacht, ob in den Kantonen auf das Modell Basis- oder Grundstufe umgestellt werden sollte oder nicht. Da die Ergebnisse der formativen Evaluation je nach Leistungsbereich keine oder nur geringfügige Vorteile für die Basis- oder Grundstufe zeitigten, wurde in allen Kantonen darauf verzichtet, eines der Modelle flächendeckend einzuführen. Aktuell bieten einzelne Kantone ihren Gemeinden die Möglichkeit an, selber zu entscheiden, welches Modell sie führen wollen.

Im Lichte der allfälligen Neuorganisation der Bildung vier- bis achtjähriger Kinder und der anstehenden Reform der Lehrerbildung in der deutschsprachigen Schweiz musste die Diskussion geführt werden, wie Kindergärtnerinnen und Primarlehrpersonen künftig auszubilden seien (Menting, Catani & Schöni 1992; Schweizerische Konferenz der kantonalen Erziehungsdirektoren 1993; Heyer-Oeschger & Büchel 1997; Schweizerische Konferenz der kantonalen Erziehungsdirektoren 1999). Allmählich zeichnete sich ab, dass die bis anhin auf der Sekundarstufe II angesiedelten, seminaristischen Ausbildungen durch Studiengänge an pädagogischen Hochschulen abgelöst werden sollten. Diese Gelegenheit wurde zugleich genutzt, um die Ausbildung von Lehrpersonen für den Kindergarten und die Primarstufe zusammenzuführen. Trotz heftigem Widerstand seitens der konservativen politischen Parteien fand diese strukturelle Reform doch genügend Befürworterinnen und Befürworter, so dass die Kindergärtnerinnen- und Lehrerseminarien ab dem Jahr 2000 sukzessive von den pädagogischen Hochschulen abgelöst wurden. Diese bieten seither – abgesehen von wenigen Ausnahmen (Sörensen Criblez & Wannack 2006) – gemeinsame Studiengänge für die Kindergarten- und Primarstufe an. So führt die pädagogische Hochschule Graubünden ausschliesslich einen Studiengang für den Kindergarten, während die pädagogischen Hochschulen Schaffhausen und Zürich parallel zum Studiengang Kindergarten einen Studiengang Kindergarten und Primarunterstufe entwickelt haben, der nun zum regulären Studienangebot gehört. Auch die pädagogische Hochschule Thurgau wird künftig einen solchen Studiengang einrichten und damit den Wechsel von einem Studiengang Kindergarten zu einem Studiengang Kindergarten und Primarunterstufe vollziehen.[1]

---

1    Stand der Recherche auf den jeweiligen Webseiten der deutschsprachigen pädagogischen Hochschulen am 25. April 2020.

Auf der Grundlage der interkantonalen Vereinbarung zur Harmonisierung der obligatorischen Schule (Schweizerische Konferenz der kantonalen Erziehungsdirektoren 2007) wurde 2010 mit dem Projektmandat die Erarbeitung des sprachregionalen Lehrplans 21 aufgenommen (Deutschschweizer Erziehungsdirektoren-Konferenz 2010). Mit dem deutschregionalen Lehrplan 21 wird von den kantonalen Lehrplänen Abschied genommen. Die wichtigsten Zielsetzungen des gemeinsamen Lehrplans bestehen darin, die Mobilität für Familien und Lehrpersonen zu erleichtern, die Lehrmittelentwicklung gemeinsam anzugehen, eine inhaltliche Grundlage für die Harmonisierung der Aus- und Weiterbildung zur Verfügung zu stellen sowie die Entwicklung von Instrumenten zur förderdiagnostischen Leistungsmessung gemeinsam voranzutreiben.[2] Mit den sprachregionalen Lehrplänen für die Deutschschweiz, die Westschweiz sowie das Tessin haben sich die Kantone auch auf eine gesamtschweizerische Gliederung der Volksschule geeinigt. Neu ist die Volksschule in drei Zyklen eingeteilt: Zyklus 1 umfasst den Kindergarten sowie das erste und zweite Schuljahr; Zyklus 2 das dritte bis sechste Schuljahr und Zyklus 3 entspricht der Sekundarstufe I, also dem siebten bis neunten Schuljahr. Die Fachlehrpläne beschreiben den Kompetenzaufbau in Deutsch, Mathematik, Natur-Mensch-Gesellschaft, Gestalten, Musik, Bewegung und Sport von Zyklus 1 bis Zyklus 3. Weitere Themen, die den Kompetenzaufbau ebenfalls über alle drei Zyklen festhalten, sind die „Bildung für Nachhaltige Entwicklung" sowie „Medien und Informatik". Hinzu kommt die Förderung der personalen, sozialen und methodischen Kompetenzen – zusammenfassend als überfachliche Kompetenzen bezeichnet. (Deutschschweizer Erziehungsdirektoren-Konferenz 2016).

Die dargestellten bildungspolitischen und strukturellen Veränderungen machten und machen es nach wie vor notwendig, sich mit den pädagogischen Traditionen und Ausprägungen in Kindergarten und Schule auseinanderzusetzen, da es sich hier um zwei verschiedene Felder handelt. Verfügten Kindergarten und Volksschule bis zum Lehrplan 21 über Lehrpläne mit je eigener Logik, ist nun ein Fachbereichslehrplan wegleitend für den gesamten Zyklus 1. Aber auch hinsichtlich der Bezugsdisziplinen zeigen sich unterschiedliche Orientierungen. Während sich der Kindergarten eher frühpädagogische Konzepte zu Nutzen macht, sind es für die Primarstufe die Grundschulpädagogik und die Fachdidaktiken. Ein gemeinsames Desiderat ist der empirische Forschungsstand. Was die Frühpädagogik betrifft, ist zu beobachten, dass es nach den Reformbestrebungen in den 1970er Jahren, den Projekten zur kompensatorischen Erziehung (siehe z. B. Iben 1974; Schwerdt 1975; Bronfenbrenner 1974) und zur Curriculumsentwicklung (Robinsohn 1971) wieder ruhig wurde. Der Untertitel des Buches Früherziehung von Tietze (1996) – „Trends, internationale Forschungsergebnisse und Praxisorientierungen" – widerspiegelt den Stand der Frühpädagogik zu jener Zeit treffend. Damals entstanden vor allem konzeptionelle und praxisbezogene Arbeiten, die die Anzahl empirischer Untersuchungen bei weitem überschritten.

---

2   Vergleiche dazu: https://lehrplan21.ch/ziele

Was für die Frühpädagogik konstatiert wird, trifft – wenn auch in vermindertem Mass – auch auf die Grundschulpädagogik zu. So kommt von Saldern (1998) in einer Sammelbesprechung zum Schluss, dass die grundschulpädagogische Literatur vor allem aus Praxishilfen für die Lehrpersonen bestehe. Es fehle vor allem an Studien im Bereich der Unterrichtsforschung und im Besonderen zu Themen wie dem offenen und geschlossenen Unterricht. Ein ebenfalls vernachlässigter Bereich seien grundschulangemessene Effektivitätsstudien (ebd. p. 923). Ähnlich äussert sich Valtin (2000), wenn sie von der „Kargheit der Empirie in grundschulpädagogischen Theorien" spricht. Ihr Fazit lautet, dass empirische Forschung in grundschulpädagogischen Diskursen nur in „Spurenelementen" vorhanden sei. Wichtige bildungspolitische Entscheidungen, wie z. B. das Einschulungsalter oder die Forderung nach offenem Unterricht, seien ohne empirische Grundlagen getroffen worden (ebd., p. 559). Damit stellt sich Valtin in die Reihe jener, die die Desiderata bezüglich der Grundschulforschung für diese Zeit benennen, darunter Rossbach (1996) und Einsiedler (1997).

Auch die einschlägige empirische Forschung in der deutschsprachigen Schweiz stellt sich als karg heraus. Suchen wir in der Datenbank der Schweizerischen Koordinationsstelle für Bildungsforschung[3] nach Projekten im Vor- und Grundschulbereich, so ist deren Anzahl überschaubar. Die behandelten Themen erstrecken sich von Bewegungs- und Gesundheitserziehung über Sprachförderung und Integration bis hin zu Mobbing im Kindergarten. In der Primarunterstufe finden sich Projekte zum Lernstand und zum Lernfortschritt von Kindern in den Fächern Deutsch und Mathematik, zur Förderung der Standardsprache im Unterricht, zur Leistungsbeurteilung und zur heilpädagogischen Begleitung. Übergreifende Projekte konzentrieren sich vor allem auf den Übergang vom Kindergarten in die Primarunterstufe. Ab 2005 ist ein quantitativer Anstieg an Einträgen von Forschungsprojekten in der SKBF-Datenbank zu beobachten. Grund dafür ist die Schaffung von pädagogischen Hochschulen, die einen Forschungs- und Entwicklungsauftrag zu erfüllen haben. Empirische Arbeiten sind in Sammelbänden dokumentiert, die im Anschluss an verschiedene Tagungen zur Bildung junger Kinder entstanden sind (Guldimann & Hauser 2005; Vogt, Leuchter, Tettenborn et al. 2011; Wannack, Bosshart, Eichenberger et al. 2013; Müller, Amberg, Dütsch et al. 2015; Fasseing Heim, Lehner, Dütsch et al. 2018). Ein Blick auf die Fragestellungen, die in den Forschungsprojekten thematisiert werden, zeigt jedoch auf, dass es eher wenige Studien sind, die den Fragen der Unterrichtsgestaltung im Kindergarten und auf der Primarunterstufe nachgehen. Diese Lücke wurde bereits früher erkannt und führte anlässlich der gemeinsamen Ausbildung von Kindergarten- und Primarlehrpersonen dazu, dass die Erziehungsdirektion des Kantons Bern eine Studie zum Thema „Erhebung von Merkmalen der Berufsfelder Kindergarten und untere Klassen der Primarstufe im deutschsprachigen Teil des Kantons Bern" in Auftrag gab

---

3 In der Datenbank finden sich Projektbeschreibungen ab 1987: http://www.skbf-csre.ch/de/bildungs forschung/datenbank/

(Wannack 2001). Die aus einer Dokumentenanalyse der gesetzlichen Grundlagen und der Lehrpläne Kindergarten und Volksschule sowie aus einer Fragebogenuntersuchung bei Lehrpersonen im Kindergarten und an der Primarunterstufe gewonnenen Erkenntnisse machten deutlich, dass sich bezüglich der Unterrichtsgestaltung einerseits viele Gemeinsamkeiten, andererseits aber auch bedeutsame Unterschiede ergaben (Wannack 2001; Wannack 2004). Zugleich zeichnete sich ab, dass die Kindergarten- und Primarunterstufenlehrpersonen in ihrer Unterrichtsgestaltung aufgrund der Entwicklungs- und Leistungsheterogenität der Kinder mehr und mehr herausgefordert sind, individualisierende und differenzierende Unterrichtsformen einzusetzen.

An dieser Stelle setzt das vorliegende Forschungsprojekt an, indem es die Ebene des Classroom Management bei der Unterrichtsgestaltung ins Zentrum rückt. Zwar werden auch im Rahmen der Früh- und Grundschulpädagogik Aspekte der Strukturierung, Organisation und Raumgestaltung – wenn auch eher additiv – diskutiert (Berghoff & Weber 1995; Gustorff 1987; Lichtenstein-Rother & Röbe 1993; Lorentz 2000; Mahlke & Schwarte 1994; Prengel 1999; Walter & Fasseing 2002; Wannack 1997), der Vorteil der Classroom-Management-Konzepte liegt jedoch in ihrer kohärenten Darstellung (z. B. Evertson & Emmer 2013). Die Erkenntnisse aus der Studie „Erhebung von Merkmalen der Berufsfelder Kindergarten und untere Klassen der Primarstufe im deutschsprachigen Teil des Kantons Bern", die strukturellen Veränderungen sowie die spärlichen empirischen Studien im Bereich Kindergarten und Primarunterstufe führten zu den Fragestellungen für das vorliegende Forschungsprojekt. Die erste Frage konzentriert sich darauf, welche Classroom-Management-Elemente sich in der Unterrichtsgestaltung im Kindergarten und auf der Primarunterstufe identifizieren lassen. Die zweite Frage fokussiert den Zusammenhang zwischen Classroom Management und verschiedenen Unterrichtsformen. Die dritte und letzte Frage bezieht sich auf mögliche Classroom-Management-Stile im Zusammenhang mit der Unterrichtsgestaltung der Lehrpersonen. Damit fokussieren die Zielsetzungen der Studie darauf, den Vollzug pädagogisch-didaktischer Praxis zu beschreiben, in Form eines Classroom-Management-Modells zu verdichten und damit einen empirischen Beitrag zur Unterrichtsgestaltung im Kindergarten und auf der Primarunterstufe zu leisten. Um die stufenübergreifende Perspektive zu betonen – und zwar unabhängig davon, ob es sich um das herkömmliche Modell Kindergarten und Primarunterstufe, Basis- oder Grundstufe handelt –, wird der Begriff „Eingangsstufe" verwendet. Dieser hat sich mittlerweile als offizielle Bezeichnung für die erste obligatorische Bildungsstufe etabliert, wie der Beschreibung des Bildungssystems der Schweiz zu entnehmen ist (vgl. Schweizerische Koordinationsstelle für Bildungsforschung 2018).

Der vorliegende Band ist wie folgt aufgebaut: In Kapitel 2 werden die theoretischen und empirischen Grundlagen zum Classroom Management präsentiert. In Kapitel 3 wird die Klasse als soziales System beschrieben und in Kapitel 4 werden pädagogisch-didaktische Überlegungen zur Unterrichtsgestaltung in der Eingangsstufe dargelegt. In Kapitel 5 werden die Fragestellungen aufgeführt und anschliessend daran wird das Untersuchungsdesign der Studie dargestellt. Zur Beantwortung der Fragen wurde ein

„mixed-methodology-design" (vgl. Flick 2004) entworfen, in dem quantitative und qualitative Verfahren kombiniert werden. Der quantitative Teil der Studie besteht aus einer Fragebogenerhebung, die in Kapitel 6 beschrieben und deren Ergebnisse in Kapitel 7 dargestellt werden. Der qualitative Teil der Studie weist zwei forschungsmethodische Zugänge auf, und zwar fokussierte Interviews mit Lehrpersonen sowie videobasierte Unterrichtsbeobachtungen in Kindergärten und Primarunterstufenklassen. Das Vorgehen wird in Kapitel 8 detailliert beschrieben. Die Ergebnisse der Inhaltsanalyse zu den fokussierten Interviews werden in Kapitel 9, zur Videoanalyse in Kapitel 10 präsentiert. In Kapitel 11 wird ein Classroom-Management-Modell vorgestellt, das die Ergebnisse aus dem qualitativen Teil der Studie verdichtet und systematisiert. Mit der Beschreibung von Classroom-Management-Stilen in Kapitel 12 erfolgt die Zusammenführung der Ergebnisse aus dem quantitativen und dem qualitativen Teil der Studie. Mit Kapitel 13 schliesslich wird der Band mit einer Zusammenfassung und einem Ausblick abgeschlossen.

Forschungsprojekte bedürfen der Finanzierung und der Unterstützung durch eine Vielzahl von Personen. Zunächst danken wir der PHBern, die das Forschungsprojekt im Rahmen ihres internen Antragsverfahrens gefördert und vollumfänglich finanziert hat. Die Durchführung der quantitativen und qualitativen Erhebungen wurde uns durch die Unterstützung der Schulleiterinnen und Schulleiter des Kantons Bern ermöglicht. Sie gewährten uns Zutritt zu ihren Kindergärten und Primarunterstufen. Dankbar sind wir auch allen Lehrpersonen, die bei der Fragebogenerhebung mitgemacht haben. Sie legten damit den Grundstein für die qualitative Untersuchung in den Kindergärten und Primarunterstufenklassen. Es ist keineswegs selbstverständlich, sich im Rahmen einer Videostudie zu exponieren. Wir danken den zwölf Lehrpersonen, die diese Herausforderung angenommen haben, sehr herzlich. Dank gebührt auch den Eltern, die ihre Zustimmung zu den Videoaufnahmen ihrer Kinder gegeben haben. Und nicht zuletzt auch ein besonderes Dankeschön an Annigna Barblan und Michaela Gruber, die uns bei der Datenerhebung und der Datenauswertung tatkräftig unterstützt haben. Wir schauen gerne auf die manchmal recht hektische Zeit zurück.

Evelyne Wannack und Kirsten Herger
Bern, im Dezember 2020

# 2 Theoretische und empirische Grundlagen zum Classroom Management

Suchen wir nach den Wurzeln des Classroom Management, dann führen uns diese – wie der Begriff bereits zeigt – in den angloamerikanischen Sprachraum. Anschliessend wird zunächst die historische Genese der Forschung zum Classroom Management nachgezeichnet, gefolgt von der Darstellung der älteren und neueren empirischen Forschungsbefunde zu dieser Thematik. Betrachtungen im Zusammenhang mit der Unterrichtsqualität respektive der Lehrerselbstwirksamkeit lassen auf die grundlegende Bedeutung des Classroom Management schliessen. Darauf basierend stellt sich die Frage nach den verschiedenen Stilen, die dabei eingesetzt werden können. Mit einem Fazit wird das Kapitel abgeschlossen.

## 2.1 Historische Genese der Forschung zum Classroom Management

Brophy (2006) stellt in seinem Beitrag zur Geschichte der Forschung zum Classroom Management die Sammlungen des „Wisdom of Practice" von Lehrpersonen an den Anfang. Diese praktischen Erfahrungen stellen einen Korpus von Prinzipien dar, die den Lehrpersonen helfen sollen, im Schulzimmer Ruhe und Ordnung herzustellen und zu bewahren. Dadurch wird das Ziel verfolgt, bei den Schülerinnen und Schülern bestimmte Gewohnheiten bezüglich ihres Verhaltens im Schulzimmer herauszubilden und zu festigen. Dazu zählen auch Strafmassnahmen, wenn sich jemand nicht an bestimmte Regeln hält. Brophy konstatiert, dass sich der Duktus zum Classroom Management in den frühen Jahrzehnten des 20. Jahrhunderts wenig veränderte, und dass diesbezüglich kaum theoretische Grundlagen und empirische Arbeiten hinzukamen.

Um die Mitte des 20. Jahrhunderts erschienen schliesslich empirische Studien, die auch für Fragen des Classroom Management als relevant erachtet wurden. Allen voran waren es empirische Arbeiten, die sich mit dem Führungsstil und dem Gruppenklima befassten. Einen Klassiker in dieser Hinsicht stellt die Studie von Lewin, Lipitt, White (1939) dar, die auch heute noch in Werken zum Classroom Management erwähnt wird (z. B. Haag & Streber 2012). Lewin und seine Mitarbeitenden führten mit zehnjährigen Jungen ein sozialpsychologisches Experiment durch, das zum Ziel hatte, die Auswirkungen verschiedener Führungsstile auf das Gruppenklima zu untersuchen.[4] Dazu wurden Freizeitgruppen eingerichtet, in denen sich die Jungen mit verschiedenen Werkarbeiten – wie z. B. dem Bau von Modellflugzeugen – beschäftigten. Zur Führung dieser Gruppen wurden drei grundsätzlich unterschiedliche Stile eingesetzt: der autori-

---

4  Nähere Angaben zur Entstehung und Kontextualisierung dieser Studien sind in Lück (2001) zu finden.

täre, der demokratische und der Laissez-faire-Stil.[5] In der autoritär geführten Gruppe
fällte der Leiter sämtliche Entscheide alleine, bestimmte die Gruppenzusammensetzung sowie die Aufgaben selbst, gab für die Werkarbeiten kleinschrittige Anweisungen und lobte oder tadelte einzelne Jungen ohne ersichtlichen Grund. In der demokratisch geführten Gruppe wurden die Jungen in Entscheidungen miteinbezogen und dazu ermutigt, Verantwortung für ihre Aufgabe zu übernehmen. Der Gruppenleiter überliess es ihnen, auszuhandeln, mit wem sie zusammenarbeiten und wie sie ihre Aufgabe anpacken wollten; er stand ihnen aber für Fragen zur Verfügung. Insgesamt verhielt er sich aufgabenbezogen und war in die Gruppenaktivitäten involviert, allerdings ohne aktiv mitzuarbeiten. Beim Laissez-faire-Stil stellte der Gruppenleiter den Jungen bloss die Materialien zur Verfügung und liess sie dann selber entscheiden, wie sie die Werkarbeiten angehen wollten. Auf Anfrage gab er ihnen zwar Auskünfte und Ratschläge, nahm jedoch so wenig wie möglich am Gruppengeschehen teil. Aus dem Vergleich der drei Führungsstile ergaben sich folgende Resultate: In der autoritär geführten Gruppe zeigten sich die Jungen wenig engagiert und es kam häufig zu Konflikten, wenn der Gruppenleiter nicht anwesend war. In der demokratisch geführten Gruppe hingegen nahmen die Jungen die Aufgabe interessiert in Angriff und arbeiteten auch dann weiter, wenn der Gruppenleiter sie nicht unmittelbar beaufsichtigte. In der Laissez-faire-Gruppe hatten die Jungen Mühe, sich bezüglich der Art und Weise, wie die Aufgabe bearbeitet werden sollte, zu einigen. Dies führte nicht nur zu Konflikten, sondern auch dazu, dass die Jungen kaum in der Lage waren, eine Aufgabe überhaupt zu erledigen.

Mit den Arbeiten von Lewin et al. wurde eine Reihe von Studien zu Führungsstilen von Lehrpersonen angestossen (vgl. z.B. Herrmann 1970; Tausch & Tausch 1973). Dabei wurden Erkenntnisse aus der sozialpsychologischen Forschung wie auch aus der Pädagogischen Psychologie mit einbezogen, wobei es insbesondere um die Charakteristika und Unterrichtsmethoden von Lehrpersonen ging. Doch in ihrem Erklärungsgehalt stiessen diese Studien bald einmal an ihre Grenzen, denn sie zählten vor allem die Häufigkeit der Handlungsmuster von Lehrpersonen aus – wie z.B. loben und tadeln oder Anweisungen geben – während sie das Schülerverhalten ausser Acht liessen. Aus diesen Studien wurde das Fazit gezogen, dass das Classroom Management als ein interaktives Phänomen zwischen der betreffenden Lehrperson und ihren Schülerinnen und Schülern zu untersuchen sei. Das führte dazu, dass Studien fortan explizit auf das Classroom Management ausgerichtet wurden.

Das Postulat der Fokussierung wurde aus zwei Richtungen aufgenommen. Zum einen wurden Ergebnisse aus der behavioristischen Forschungstradition im Kontext von Unterricht beigezogen und neue Techniken erarbeitet, die auf das Verhalten des einzelnen Schülers oder der einzelnen Schülerin respektive auf deren störendes

---

5  Zu ergänzen ist, dass die Bezeichnung „demokratischer Stil" irreführend ist – und dies bereits damals, nicht erst heute. Die Bezeichnung entspricht eher dem, was Baumrind (1989) unter dem autoritativen Stil versteht.

Verhalten abzielten. Prinzipien der operanten Konditionierung stellten bald Losungs-worte für behavioristisch ausgerichtete Konzepte des Classroom Management dar. So etwa „rules, praise, and ignoring" (Brophy 2006, p. 26). Doch zeichneten sich auch die Grenzen solcher Techniken ab, denn Lehrpersonen haben es primär mit Klassen zu tun. So dürfte beispielsweise das Ignorieren von störendem individuellem Verhalten durch die Lehrperson keine Wirkung zeigen, weil solches Verhalten von den Mitschülerinnen und Mitschülern gleichzeitig nicht ignoriert, sondern durchaus wahrgenommen, ja unter Umständen sogar noch verstärkt wird. Daher ist es nicht erstaunlich, dass diese zunächst empfohlene Technik bald einmal aus der Liste der möglichen Reaktionen auf Unterrichtsstörungen verschwand. Solche Einsichten sowie die Reflexion über die Reichweite von Techniken des operanten Konditionierens im Unterricht führten in der behavioristischen Tradition dazu, dass theoretische Konzepte überarbeitet respektive nicht weiterverfolgt wurden. Als Beispiel dafür sei an dieser Stelle die sozial-kognitive Lerntheorie von Bandura (1977b) genannt.

Zum andern kamen Studien auf, die in der ökopsychologischen Tradition (Bar-ker 1968) zu verorten sind und die Person-Umwelt-Interaktion in den Blick nahmen. Insofern Klassenzimmer von Personen gestaltet und aufrechterhalten werden, stellen sie eine Form von Umwelt dar. Dabei werden Angebote und Einschränkungen nicht nur durch materielle Gegebenheiten vorgegeben, sondern auch durch die Lehrperso-nen, Schülerinnen und Schüler. Die ökopsychologisch ausgerichtete Forschung zum Classroom Management ging aus Studien hervor, die unterschiedliche Unterrichts-formen wie etwa Klassenunterricht oder Gruppenarbeit untersuchten (Brophy 2006). Dabei zeichnete sich ein Wandel ab, indem die Aufmerksamkeit weniger auf die räumlichen und materiellen Bedingungen gerichtet wurde, sondern primär auf das Lehrerverhalten. In diesem Sinn wird nachfolgend näher auf die Studien von Kounin – dem „Ahnvater" der empirischen Classroom-Management-Forschung – eingegangen.

## 2.1.1 Die Studien von Kounin und seinen Mitarbeitenden

Jacob S. Kounin war von 1946 bis 1981 Professor am College of Education der Wayne State University. Über einen Zwischenfall, der sich in einer seiner Vorle-sungen ereignete – einer seiner Studenten las die Zeitung, worauf ihn Kounin zu-rechtwies – stiess er eher zufällig auf die Thematik der Unterrichtsstörungen. Was ihn dabei vor allem interessierte, war der „ripple-effect" – also der Wellen-Effekt –, den diese Zurechtweisung auf die anderen anwesenden Studierenden hatte. In der Folge führte Kounin auf verschiedenen Schulstufen entsprechende Studien durch, u. a. auch gemeinsam mit Paul V. Gump (Kounin & Gump 1958). So gaben die beiden Forscher Studierenden den Auftrag, in 26 Kindergärten während der ersten vier Unterrichtstage im neuen Schuljahr zu beobachten, wie die Lehrpersonen die Kinder bei unangemessenem Verhalten zurechtwiesen und was diese Zurechtweisung bei den anderen, nicht zurechtgewiesenen Kindern auslöste. Kounin und seine Mitarbeitenden ermittelten aufgrund dessen drei Formen der Zurechtweisung durch die Lehrpersonen heraus: Klarheit, Festigkeit und Härte. Klarheit bezog sich auf die Konkretheit der Zurechtweisung, z. B. „Schliess das Pult und hör zu"; Festigkeit auf den Grad des Ernst-Meinens einer Zurechtweisung und Härte auf die Art und Weise, wie eine Lehrperson die Zurechtweisung zum Ausdruck brachte; so z. B., ob sie dabei zornig wurde oder gleichzeitig eine Strafe ankündigte (Kounin 1976). Das Verhalten der nicht zurechtgewiesenen Kinder wurde in vier Kategorien eingeteilt: Keine Reaktion, Verhaltensbruch (das Kind zeigt Reaktionen wie Angst, Unruhe, Besorgnis), erhöhte Konformität und erhöhte Non-Konformität (ebd.). Was die Klarheit betraf, ergab sich folgender Wellen-Effekt: Je klarer ein Kind zurechtgewiesen wurde, desto konformer verhielten sich die beiwohnenden Kinder. Die Festigkeit wirkte sich bei ihnen dadurch aus, dass sie sich teils konformer verhielten, teils jedoch weniger non-konformes Verhalten zeigten. Bezüglich der Härte fielen die Ergebnisse so aus, dass dadurch weder die Konformität noch die Non-Konformität der beiwohnenden Kinder beeinflusst wurde. Harte Zurechtweisungen hingegen führten bei ihnen vermehrt zu Verhaltensbrüchen, während bei fehlender Härte vor allem zu beobachten war, dass die Kinder gar nicht darauf reagierten (Kounin 1976). Bezüglich der Härte zog Kounin folgenden Schluss:

> „Harte Methoden hatten, verglichen mit Methoden ohne Härte, häufigere Verhaltensbrü-
> che und mehr sichtbare Anzeichen emotionaler Verstörung zur Folge. Harte Zurechtwei-
> sungen bewegen kindliche Zuhörer keineswegs zu besserem Benehmen – sie verwirren sie
> nur." (ebd., p. 28).

Zudem zog Kounin die Bilanz, dass arbeitsbezogene Zurechtweisungen bezüglich des Wellen-Effekts zu besseren Ergebnissen führten als personenbezogene. Oder mit anderen Worten: Herablassende Zurechtweisungen gegenüber einer Schülerin oder einem Schüler können sich äusserst problematisch auf die anderen anwesenden Kinder auswirken.

Mit einem entscheidenden Wechsel bei der Datenerhebung – die bisherigen Unterrichtsprotokolle wurden nach der beschriebenen Kindergarten-Studie durch Videoaufnahmen ersetzt – taten Kounin und seine Mitarbeitenden einen wesentlichen Schritt in Richtung Classroom-Management-Forschung. Die Videoaufnahmen liessen sich beliebig oft abspielen, was den Forschenden ermöglichte, sowohl das Verhalten der Lehrpersonen als auch der Kinder detaillierter zu analysieren und zu kodieren. Die Videoanalyse zeigte allerdings auf, dass zwischen den erfassten Zurechtweisungen von störendem Verhalten der Kinder und der Effektivität des Classroom Management im Allgemeinen kein verlässlicher Zusammenhang bestand. Dies führte als Nächstes zur Frage, auf was die zwischen den Lehrpersonen beobachteten Unterschiede im Classroom Management zurückzuführen waren. Ausgehend von der Unterrichtsstörung wurden fortan nicht mehr die nachfolgenden, sondern die vorausgegangenen Videosequenzen analysiert, und zwar unter den Aspekten „Mitarbeit im Unterricht" und „Fehlverhalten" der Schülerinnen und Schüler. Durch dieses Vorgehen gelang es Kounin und seinen Mitarbeitenden, fünf Dimensionen herauszuarbeiten, die wesentlich zur Prävention von Unterrichtsstörungen beitragen (Kounin 1976):

–   Allgegenwärtigkeit (Withitness): Die Lehrperson nimmt wahr, was in der Klasse vorgeht, auch wenn sie gerade mit einer Gruppe oder einzelnen Schülerinnen und Schülern arbeitet.

–   Überlappung (Overlapping): Die Lehrperson ist imstande, sich gleichzeitig um mehr als einen Vorgang zu kümmern.

–   Reibungslosigkeit (Smoothness) und Schwung (Momentum): Die Lehrperson legt Wert darauf, dass die Übergänge zwischen den Unterrichtssequenzen möglichst reibungslos verlaufen und kontinuierlich sowie in einem angemessenen Tempo vor sich gehen.

–   Gruppenmobilisierung (Group Alerting) und Rechenschaftsprinzip (Accountability): Die Lehrperson achtet darauf, dass die Schülerinnen und Schüler aufmerksam sind und bei der Sache bleiben. Dazu gehört auch, dass sie sich von ihnen zeigen lässt, woran sie gerade arbeiten, oder dass sie bei ihnen diesbezüglich nachfragt.

–   Herausforderung (Challenge) und Abwechslung (Variety): Die Lehrperson ist bemüht, die Schülerinnen und Schüler zu motivieren, u. a. durch abwechslungsreiche und differenzierende Aufgabenstellungen.

Durch seine Erforschung des Classroom Management führte Kounin einen Paradigmenwechsel herbei: Einerseits vollzog er einen Perspektivenwechsel – von der Reaktion auf Unterrichtsstörungen zu deren Prävention – und andererseits richtete er das Augenmerk nicht mehr primär auf die einzelne Schülerin oder den einzelnen Schüler, sondern auf die Klasse als Ganzes, die es zu führen galt. Damit schuf er eine Grundlage, die in der Folge vielen Forschenden als Ausgangspunkt zur Untersuchung des Classroom Management diente.

## 2.1.2 Die „Process-Outcome Studies"

Basierend auf den Arbeiten von Kounin wurden in der Folge empirische Studien durchgeführt, die seine Ergebnisse replizierten, gleichzeitig aber auch erweiterten (Brophy 2006). Dazu gehörten insbesondere die „Process-Outcome Studies", die von den 1960er bis in die 1980er Jahre durchgeführt wurden. Das primäre Ziel dieser Forschungsrichtung ist es, den Zusammenhang zwischen Lehren und Lernen (process) und dem Lernergebnis respektive dem Verhalten der Schülerinnen und Schüler (outcome oder auch product) aufzuzeigen. Damit lassen sich diese Studien im Rahmen der Lehrereffektivitätsforschung verorten. Gettinger und Kohler (2006) charakterisieren die Process-Outcome Studies als eine Abfolge von deskriptiven, korrelativen sowie experimentellen (Teil-)Studien. Zunächst wurden systematische Unterrichtsbeobachtungsstudien durchgeführt, die das Lehrerverhalten, die Interaktionen und weitere auffällige Klassenereignisse erfassten. Dazu wurden vielfältige, standardisierte Beobachtungsinstrumente erarbeitet. In einem zweiten Schritt wurden Korrelationsstudien durchgeführt, die den Zusammenhang zwischen dem Lehr-Lern-Prozess und den Schülerleistungen aufzeigten. Aufgrund dieser Ergebnisse wurden in einem dritten Schritt die Lehrpersonen der Experimentalgruppe in effektiven Lehrstrategien geschult, während bei den Lehrpersonen der Kontrollgruppe auf eine solche Schulung verzichtet wurde. Danach wurden die Leistungen der Schülerinnen und Schüler der Experimental- und der Kontrollgruppe analysiert und miteinander verglichen.

Obwohl diese Studien u. a. wegen ihrer mechanistischen Auffassung von Lehren und Lernen sowie der ungenügenden Berücksichtigung des Unterrichtskontextes (ebd.) kritisiert wurden, ermöglichten sie es dennoch, gewisse Schlüsselelemente bezüglich des effektiven Lehrens und des Classroom Management zu identifizieren. Mit Fokus auf das Classroom Management handelt es sich dabei um die folgenden Schlüsselelemente (ebd.):

–   Regeln: Diverse Studien (z. B. Emmer & Evertson 1981; Emmer, Evertson & Anderson 1980) belegten, dass effektive Lehrpersonen systematisch Regeln einführen, die sie erklären und mit den Schülerinnen und Schülern einüben. Die Lehrpersonen erläutern ihre Erwartungen und zeigen auf, was sie unter angemessenem Verhalten verstehen. Sie formulieren Regeln, die das erwünschte Verhalten herbeiführen, und verschriftlichen diese Regeln. Sie wachen über die Einhaltung der Regeln und sind zudem bereit, bei Regelverstössen etwas dagegen zu unternehmen, respektive sie informieren die Schülerinnen und Schüler über mögliche Konsequenzen, sollten sie sich nicht an die Regeln halten.

–   Übergänge zwischen Unterrichtsaktivitäten: Doyle (1984, zitiert in Gettinger & Kohler 2006) zeigt in einer Studie auf, dass unstrukturierte Übergänge störendes Verhalten von Schülerinnen und Schülern fördern. Um also den Unterrichtsfluss während eines solchen Übergangs zu gewährleisten, ist es von zentraler Bedeutung, den Übergang anzukündigen, den Beginn der neuen Unterrichtsaktivität klar zu markieren und den Schülerinnen und Schülern eine Anleitung zu geben, was als Nächstes zu tun ist.

–   Bedeutung des Classroom Management am Schuljahresanfang: Anderson, Evertson, Emmert (1980, zitiert in Gettinger & Kohler 2006) haben aus Studien herausgearbeitet, dass der kritische Moment für die Installation des Classroom Management der Beginn eines Schuljahrs ist. Es lohnt sich demnach, in dieser Phase relativ viel Zeit für die Einführung von Regeln, Abläufen und organisatorischen Routinen einzusetzen.

–   Effiziente Nutzung der Unterrichtszeit: Sogar Lehrpersonen mit einem gut funktionierenden Classroom Management benötigen bis zu 50 % der Unterrichtszeit für nichtfachliche Inhalte, wie z. B. für das Verteilen von Heften. Es ist daher anzustreben, die Lernzeit für fachliche Inhalte möglichst zu optimieren. Dies geschieht, indem Lehrpersonen die Schülerinnen und Schüler beobachten, nachfragen, wo sie stehen, überprüfen, welche Fortschritte sie machen, organisatorische Tätigkeiten mittels Einführung von Abläufen etc. effizient gestalten sowie proaktive Strategien einsetzen, um Unterbrechungen und Störungen vorzubeugen (Gettinger & Kohler 2006).

– Monitoring der Schülerinnen und Schüler: Das Monitoring von Schülerverhalten umfasst drei Ebenen: Erstens legen effiziente Lehrpersonen das Augenmerk auf die Klasse und wie sie als Ganzes funktioniert; zweitens beobachten sie die einzelnen Schülerinnen und Schüler, um auf Fragen, unangemessenes Verhalten etc. in konsistenter Art und Weise reagieren zu können; drittens überwachen sie die Rhythmisierung, das Tempo und die Dauer von Unterrichtsaktivitäten. Dazu verfolgen die Lehrpersonen aufmerksam, ob die Schülerinnen und Schüler mit der Aufgabe beginnen, welche Fortschritte sie während der Aufgabenbearbeitung machen, respektive ob sie in der Lage sind, das Ziel der Aufgabe zu erreichen (ebd.).

– Gezieltes Kommunizieren von Bewusstheit bezüglich der Unterrichtsvorgänge: Es lassen sich zwei Arten der Kommunikation unterscheiden. Erstens achten Lehrpersonen mit einem wirksamen Classroom Management darauf, den Schülerinnen und Schülern Hinweise darauf zu geben, wo sie mit ihrer Aufgabe stehen. Sie reservieren Zeit, um die Aufgaben mit ihnen zu besprechen; fordern von allen die Beteiligung an den Gruppenaktivitäten ein und geben ihnen regelmässig Rückmeldungen zu ihren Leistungen. Zweitens wissen sie, was im Unterricht läuft, und können dies den Schülerinnen und Schülern gegenüber anhand von entsprechenden Beobachtungen explizit belegen (ebd.).

Gettinger und Kohler (2006) halten zusammenfassend fest, dass die Process-Outcome Studies insgesamt die Wichtigkeit der Lehrperson für das Schaffen und Aufrechterhalten eines positiven Klassenklimas nachweisen; dieses wiederum fördert sowohl inhaltliches als auch soziales Lernen. Aus dieser Erkenntnis sind viele Programme für die Lehrergrund- und Weiterbildung hervorgegangen (ebd.). Es wäre trotzdem nicht angezeigt, die als wirksam herausgearbeiteten Classroom-Management-Strategien sozusagen als „one-size-fits-all"-Lösung darzustellen und die Lehrerbildung ausschliesslich auf solchen Strategien aufzubauen. Denn dieselbe Strategie kann in einer bestimmten Unterrichtssituation erfolgreich und in einer anderen völlig unangemessen sein (ebd.). Ein Grund für diese Relativierung ergibt sich aus dem berechtigten Einwand, dass der doch eher einfach konzipierte Zusammenhang zwischen Prozess und Produkt weder der kognitiven Komplexität des Lehrens noch des Lernens noch der situativen Dynamik in einem bestimmten Unterrichtskontext genügend Rechnung trage. Ein weiterer, zum Klassiker avancierter Beitrag nimmt sich dieser Thematik an – vielleicht nicht ganz zufällig Mitte der 1980er Jahre – und wird im nächsten Kapitel dargestellt.

### 2.1.3  Classroom Management in ökopsychologischer Perspektive

Walter Doyle präsentierte unter dem Titel „Ecological Approaches to Classroom Management" seinen überarbeiteten Beitrag „Classroom Organization and Management", den er 1986 im „Handbook of Research on Teaching" publizierte (Doyle 1986). Seine Grundlage zur Entfaltung einer ökopsychologischen Perspektive im Hinblick auf das Unterrichtsgeschehen fusst ebenfalls auf den Arbeiten von Jacob S. Kounin und im Speziellen auf denjenigen von Paul V. Gump und Roger G. Barker (ebd.). Grundlegend waren dabei sogenannte „behavior settings", die von Barker als Kontexte mit bestimmten physischen Eigenschaften definiert wurden, in denen Personen ein bestimmtes Verhalten zeigen (Barker 1968). Gump ging in seinen Arbeiten von dieser theoretischen Prämisse aus und betrachtete Klassenzimmer als eben solche behavior settings. Doyle umschreibt diese wie folgt:

> „From an ecological perspective, a classroom is an environment in which, typically, 20 to 30 students – a class – are gathered with one or perhaps two adults (teachers) to engage in activities, which have educational purposes and outcomes for students." (Doyle 2006, p. 98)

Dieser Kontext zeichnet sich durch bestimmte Merkmale aus, die bereits vorhanden sind, wenn Lehrpersonen, Schülerinnen und Schüler ihr Klassenzimmer betreten:

„Multidimensionality" verweist auf die zahlreichen Aufgaben und Ereignisse, die durch die Vielfalt von Interessen und Fähigkeiten etc. der Individuen geprägt sind. „Simultaneity" referiert darauf, dass Ereignisse gleichzeitig auftreten können, und dass die Lehrperson in der Lage sein muss, diese aufmerksam zu verfolgen. Ein rasch wechselnder Strom von Ereignissen – „Immediacy" – führt dazu, dass die Lehrperson oft kaum Zeit findet, um ihr unmittelbares Handeln zu reflektieren. „Unpredictability" wird so umschrieben, dass der Unterricht aufgrund eines unvorhersehbaren Ereignisses oder einer Störung jederzeit eine überraschende Wendung nehmen kann, und dass solche Vorfälle kaum antizipierbar sind. Lehrpersonen befinden sich im Klassenzimmer in einem „öffentlichen" Raum – „Publicity" –, denn sie werden in aller Regel von den Schülerinnen und Schülern beobachtet. Lehrpersonen, Schülerinnen und Schüler verbringen viel Zeit miteinander, was zu einer gemeinsamen Geschichte – „History" – führt, die den aktuellen und künftigen Unterricht prägt (ebd.).

Aus diesen Merkmalen gehen, in Kombination mit den Unterrichtstätigkeiten, die eigentlichen Anforderungen an das Classroom Management hervor. Dieses ist systematisch verbunden mit den gewählten Unterrichtsformen und dem physischen Setting, in dessen Rahmen diese Unterrichtsformen stattfinden. Aus ökopsychologischer Perspektive geht es darum, in den verschiedenen Unterrichtsformen – wie zum Beispiel Klassengespräch, Gruppenarbeit oder Stillarbeit – eine soziale Ordnung aufrechtzuerhalten. Solche Unterrichtsequenzen werden von Doyle (2006) als „programs of action" bezeichnet. Jedes „program of action" hat seinen eigenen Charakter, und zwar über die Sozialform, das räumliche Arrangement, die verwendeten Materialien und das Interaktionsmuster. Des Weiteren ist eine solche Sequenz durch Gerichtetheit, Schwung und Energie gekennzeichnet. Dabei beinhaltet das „program of action" immer auch eine soziale Dimension, die darauf ausgerichtet ist, die Interaktion und Partizipation der Schülerinnen und Schüler in einer komplexen Umgebung zu gewährleisten, sowie eine fachliche Dimension, die den eigentlichen Kern des Unterrichts bildet. Hier setzen nun die Strategien des Classroom Management an, um einen möglichst optimalen Kontext für das Lernen zu schaffen. Auch Doyle (1986, 2006) thematisiert die bereits in 2.1.2 dargelegten Aspekte – Einführen von Regeln und Abläufen am Schuljahresbeginn, Übergänge zwischen Unterrichtssequenzen, effiziente Nutzung der Unterrichtszeit, Monitoring und Bewusstheit bezüglich der Unterrichtsvorgänge – und bezieht sich auf mehr oder weniger dieselben Studien. Aus der ökopsychologischen Perspektive führt er jedoch auch neue Aspekte ein (Doyle 2006):

– Physische Ausgestaltung des Klassenzimmers: Der von Barker geprägte Begriff „Synomorphie" referiert in unserem Zusammenhang auf die Kompatibilität von Unterrichtsformen und physischen Aspekten. Gemeint ist damit die Raumgestaltung, die – je nach Arrangement – die Interaktionen zwischen Schülerinnen und Schülern beziehungsweise den Überblick fördert oder eben einschränkt. Zum Beispiel macht Weinstein (1979) aufgrund ihrer Studie zur Raumgestaltung darauf aufmerksam, dass es wichtig sei, Raumbereiche, in denen unterschiedliche Aktivitäten stattfinden, klar zu trennen und zwischen diesen Bereichen gezielt Verkehrswege zu schaffen. Denn ein zu dichtes Beieinander scheint vermehrt zu Unzufriedenheit und Übergriffen auf andere Schülerinnen und Schüler zu führen sowie deren Aufmerksamkeit zu beeinträchtigen.

– Rituale: Aus der Perspektive der Herstellung von Ordnung ist – wie in 2.1.2 bereits dargestellt – das Etablieren von Ritualen zu Beginn des Schuljahrs von eminenter Wichtigkeit. Doyle (2006) verweist darauf, dass nebst den Klassenregeln und Abläufen häufig auch bestimmte Unterrichtsabschnitte und Interaktionsmuster in Rituale gefasst sind, so zum Beispiel der Morgenbeginn.

– Unterrichtsaktivitäten orchestrieren: Unter diesem Aspekt richtet sich die Aufmerksamkeit auf die Lehrperson, die den Unterricht in Raum und Zeit durchführt. Auch wenn Verhaltensregeln und Abläufe etabliert sind, müssen Lehrpersonen im Unterricht immer wieder improvisieren. Gemeint ist damit, dass der Unterricht von der Lehrperson gemeinsam mit den Schülerinnen und Schülern ausgehandelt und geschaffen wird. Dies bedeutet, dass Ordnung in vielfältiger Art und Weise interpretiert wird, was zur Folge hat, dass stets erneut delikate und komplexe Prozesse zur Aufrechterhaltung von Ordnung ausbalanciert werden müssen.

– Hinweise und unvorhersehbare Ereignisse: Während des Orchestrierens der Unterrichtsaktivitäten muss eine Vielzahl verschiedener Kräfte miteinander abgewogen werden. Hier geht es also darum, auch in unvorhersehbaren Situationen die Ordnung und Rhythmisierung aufrechtzuerhalten. Dies geschieht dadurch, dass die Anwesenden über verbale und nonverbale Kommunikation, aber auch durch den subtilen Ablauf von Ereignissen einander mitteilen, was passiert, und dass sie entsprechend reagieren. So kann beispielsweise eine Lehrperson ungewollt eine Unterbrechung in der Kommunikation auslösen, indem sie zwar am richtigen Ort steht, um einen Übergang anzukündigen, jedoch vergisst, die entsprechende Anweisung zu geben, weil sie sich von einem Schüler ablenken lässt. Die Schülerinnen und Schüler interpretieren den nonverbalen Hinweis „Lehrperson positioniert sich für Übergang" dahingehend, dass sie aufstehen. Doyle will damit aufzeigen, wie leicht sich Unterbrechungen im kommunikativen System einer Klasse auf das Classroom Management auswirken können.

Zusammenfassend zeichnet sich laut Doyle (2006) das Classroom Management aus ökopsychologischer Perspektive durch sechs Kerngedanken aus:

–   Classroom Management ist primär ein Problemlöseprozess zur Aufrechterhaltung von sozialer Ordnung. Unterrichtsstörungen oder Fehlverhalten von Schülerinnen und Schülern können zwar nicht ausser Acht gelassen werden, aber sie sind nicht primäres Ziel des Classroom Management.

–   Ordnung im Klassenzimmer ist in hohem Mass von der Orchestrierung der Unterrichtsaktivitäten abhängig, denn Klassenzimmer sind dynamisch; d. h., Lehrpersonen sowie Schülerinnen und Schüler erzeugen den Unterricht gemeinsam, permanent und fortlaufend. Je komplexer die Unterrichtsgestaltung, desto höher die Anforderungen an das Classroom Management.

–   Deutlich ist, dass die Lehrperson die Schlüsselrolle zur Initiierung und Aufrechterhaltung des Unterrichts innehält. Wie bereits oben ausgeführt, tragen Schülerinnen und Schüler wesentlich zur Aufrechterhaltung von sozialer Ordnung im Klassenzimmer bei. Sind sie willens und fähig, dem fachlichen Unterricht zu folgen, und gelingt es der Lehrperson, diesen Teil geschickt durchzuführen, dann ist Ordnung leicht gegeben. Allerdings wurde auch aufgezeigt, wie wenig es in der komplexen Unterrichtssituation braucht, um das fragile Gleichgewicht zu perturbieren.

–   Wie ausgeführt, muss im Unterricht sowohl die soziale als auch die fachliche Dimension berücksichtigt werden, weil diese interdependent sind. Ordnung im Klassenzimmer zu erreichen, ist deshalb in hohem Mass von der Gestaltung der fachlichen Dimension abhängig.

–   Die Art und Weise der Ordnung ist kontextspezifisch, wobei – wie ausgeführt – eine Vielzahl von Prozessen ausbalanciert werden muss. Es ist deshalb leicht möglich, dass die Balance durch Fehlentscheide seitens der Lehrperson oder unvorhergesehene Ereignisse gestört werden kann. Lehrpersonen können Ordnung nicht einfach ein für alle Mal herstellen und sich dann ausschliesslich auf die fachliche Dimension des Unterrichts konzentrieren; vielmehr müssen sie die Ordnung immer wieder mittels Monitoring vor Disbalance schützen, wobei ihnen diverse Classroom-Management-Strategien zur Verfügung stehen.

– Der Schlüssel zum Erfolg einer Lehrperson bezüglich Classroom Management liegt in ihrem Verstehen von möglichen Ereigniskonfigurationen im Klassenzimmer und in ihrer Fertigkeit des Monitorings und des Führens von Aktivitäten unter Einbezug der Informationen aus dem Monitoring.

„From this perspective, management effectiveness cannot be defined solely in terms of rules for behavior. Effectiveness must also include such cognitive dimensions as comprehension and interpretation, skills which are necessary for recognizing when to act and how to improvise classroom events to meet immediate circumstances." (Doyle 2006, p. 117)

Mit Kounins Techniken der Klassenführung, den Process-Outcome Studies sowie der von Doyle dargelegten, ökopsychologischen Perspektive wurden in diesem Kapitel grundlegende Arbeiten zum Classroom Management erörtert, die die einschlägige Forschung bis heute nachhaltig prägen. Im nächsten Kapitel wird auf das aktuelle Verständnis von Classroom Management eingegangen.

### 2.1.4 Aktuelles Verständnis und Definition von Classroom Management

Die Ausführungen zur historischen Genese des Classroom Management machen den Perspektivenwechsel von den einzelnen Schülerinnen und Schülern zur Klasse sowie von der Reaktion auf Unterrichtsstörungen zur Prävention deutlich. McCaslin und Good (1992) monieren jedoch, dass Classroom Management nach wie vor häufig auf Gehorsam und Folgsamkeit der Schülerinnen und Schüler reduziert werde. Diese Ansicht kollidiert jedoch mit dem aktuellen Verständnis von Lernen, das im Sinne eines erweiterten, kognitionspsychologischen Lernbegriffs als „[…] ein aktiver, konstruktiver, kumulativer und zielorientierter Prozess, der in Lerngemeinschaften und in bestimmten Kontexten abläuft und metakognitiv gesteuert wird" (Stebler, Reusser & Pauli 1994), verstanden wird. Evertson und Neal (2006) knüpfen an diesem Lernverständnis an und bringen dieses mit dem Begriff „learning-centered classroom" auf den Punkt. Classroom Management wird nicht als Selbstzweck gesehen (Evertson & Emmer 2013), sondern Unterrichtspraxis wird als Kombination verstanden,

„[…] where teaching and classroom management blend seamlessly to create an overall climate that supports student learning and achievement." (Evertson & Neal 2006, p. 1).

Damit ändern sich auch die Anforderungen an das Classroom Management, wie aus Tabelle 2.1 ersichtlich wird.

Wird die Unterrichtsgestaltung unter der Prämisse eines „learning-centered environment" betrachtet, dann ist auch ein Wandel bei der Raumgestaltung – als einem zentralen Element des Classroom Management (Evertson & Emmer 2013) – angezeigt. Angestrebt wird eine Raumgestaltung, welche verschiedene Formen des Unterrichts und der Zusammenarbeit ermöglicht, den Zugang zu unterschiedlichen Unterrichtsmaterialien und Informationsquellen gewährleistet und damit die Selbständigkeit der

*Tabelle 2.1: Unterricht im Wandel (Evertson, Neal 2006 in einer Übersetzung von Wannack, Herger 2014)*

| Orientierungspunkt | Ausgehend von ... | Hingehend zu ... |
|---|---|---|
| Zielsetzung Classroom Management | Kontrolle des Unterrichtsgeschehens an sich | Förderung von Lernaktivitäten und Unterstützung der Selbstregulation der Kinder, Gemeinschaftsbildung |
| Fachliche Zielsetzungen | Vorgegebene Abfolge von Lernschritten für das Lernen von Sachinhalten | Individuelle Lernwege für Sachinhalte, Arbeits- und Lernverständnis |
| Erzieherische Zielsetzungen | Gehorsam und Konformität | Autonomie, Selbstregulation, Verantwortung |
| Soziale Zielsetzungen | Einzelarbeit nach Vorgabe, definierte Schülerrolle | Verschiedene Sozialformen und damit verschiedene Schülerrollen |
| Beziehung zwischen Classroom Management und Lehren | Führung und Lehren sind je eigene Bereiche | Explizit miteinander verzahntes Führen und Lehren in der Unterrichtsgestaltung |

Schülerinnen und Schüler begünstigt. In besonderem Mass treffen diese Ansprüche auf die Unterrichtsgestaltung im Kindergarten und auf der Primarstufe zu, da der Unterricht hier durch eine Mischung von geführten und offenen Sequenzen geprägt ist. Carter und Doyle (2006) machen denn auch darauf aufmerksam, dass offene, flexible Kindergarten- oder Klassenräume von der Lehrperson mehr Organisation, elaborierte Übergänge und mehr Monitoring des Schülerverhaltens erfordern. Dadurch erhöht sich die Komplexität, und zwar nicht nur für die Lehrperson, sondern auch für die Schülerinnen und Schüler. Ein adäquates Classroom Management vermittelt Struktur und Orientierung, damit sich die Schülerinnen und Schüler leichter zurechtfinden und sich besser auf die Spiel- und Lernangebote konzentrieren können. Aufbauend auf theoretischen und empirischen Grundlagen legen Evertson, Emmer, Worsham (2003) sowie Evertson, Emmer (2013) acht Schlüsselelemente des Classroom Management vor:

—    Raumgestaltung: Das Arrangieren des Raumes oder der Räume ist der Ausgangspunkt für das Classroom Management, denn dadurch werden Spiel- und Lernmöglichkeiten gefördert oder auch verhindert. Ferner lassen sich Friktionen beim Zugang zu Unterrichtsmaterialien oder dem Wechsel von Spiel- und Lernaktivitäten vermeiden. Ausserdem wird der Überblick erleichtert oder aber erschwert.

—    Regeln und Prozeduren: Regeln bringen allgemeine Verhaltenserwartungen zum Umgang miteinander im Klassenzimmer und der Schule zum Ausdruck. Bei den Prozeduren geht es um organisatorische Abläufe, wie zum Beispiel, wo die Arbeitsblätter abgelegt werden sollen.

- Verantwortlichkeit der Kinder: Die Aufgaben müssen so gestellt sein, dass die Schülerinnen und Schüler sie möglichst selbstständig bearbeiten können. Sie wissen, welche Kriterien eine fertig bearbeitete Aufgabe zu erfüllen hat. Die Lehrperson begleitet sie darin, gibt Rückmeldungen und reflektiert mit ihnen den Lernprozess.
- Aufrechterhalten von angemessenem Verhalten: Dieser Aspekt zielt darauf ab, dass sich die Lehrperson Strategien überlegt und bereithält, um angemessenes Verhalten der Kinder zu unterstützen, respektive um bei unangemessenem Verhalten der Kinder zu intervenieren.
- Vorbereiten des Unterrichts: Bereitstellen von unterschiedlich schwierigen Aktivitäten in Bezug zum Entwicklungs- und Leistungsstand der Kinder, Verwendung verschiedener Unterrichtsformen.
- Unterrichtliche Klarheit: Insbesondere bei der Einführung von neuen Lerninhalten wird Nachdruck auf Klarheit und Strukturiertheit gelegt; ferner werden Verbindungen zu bereits Gelerntem hergestellt und Zielsetzungen formuliert.
- Schwung behalten: Vor allem nach dem Erteilen einer Aufgabe muss die Lehrperson sicherstellen, dass die Kinder die Aufgabe verstanden haben. Übergänge zwischen Unterrichtssequenzen sind mittels Routinen so zu gestalten, dass sie reibungslos ablaufen.
- Aktivitäten zum Schulbeginn: Wesentlich für ein gelingendes Classroom Management ist nebst den Aktivitäten zur Gemeinschaftsbildung auch das Einführen von Regeln, Prozeduren und Routinen gleich zu Beginn des Schuljahrs.

Die Erläuterung zu den acht genannten Schlüsselelementen macht deutlich, dass sich diese auf unterschiedlichen Ebenen befinden. Die Raumgestaltung ist – mit den Worten Doyles – dem physischen Setting zuzuordnen. Regeln und Prozeduren dienen der Aufrechterhaltung von Ordnung und Kommunikation. Das Vorbereiten des Unterrichts und die unterrichtliche Klarheit beziehen sich auf die inhaltlich-fachliche Dimension des Unterrichts. Das Schwung-Behalten fokussiert auf den Unterrichtsverlauf und das letzte Schlüsselelement verweist darauf, dass Regeln und Routinen zum geeigneten Zeitpunkt etabliert werden müssen.

Für unsere Studie haben wir unter Einbezug der bereits zitierten Literatur und weiterer theoretischer und empirischer Grundlagen (Marzano, Marzano & Pickering 2007; Ophardt & Thiel 2008; Schönbächler 2008) versucht, eine Arbeitsdefinition zu formulieren, die einerseits verschiedenen Ebenen der Unterrichtsgestaltung und andererseits den dargestellten Zusammenhängen Rechnung trägt:

*Das Classroom Management ist Teil der Unterrichtsgestaltung und fokussiert primär auf die Klasse als soziales System; es umfasst die Einführung und Aufrechterhaltung von Kommunikations- und Organisationsstrukturen; es zielt darauf ab, aktives kognitives und soziales Lernen der Schülerinnen und Schüler zu ermöglichen und zu unterstützen; es reduziert die Komplexität des Unterrichts insofern, als durch verlässliche Strukturen in einem sonst offenen und von Unsicherheit geprägten Unterrichtsverlauf eine gewisse Sicherheit gewährleistet wird.*

Aus dieser Arbeitsdefinition geht einerseits hervor, dass das Classroom Management weit über disziplinarische Fragen hinausgeht. Andererseits unterscheiden wir in unserem Vorhaben das Classroom Management von den instruktionalen Tätigkeiten der Lehrpersonen. So ist es möglich, verschiedene Ebenen der Unterrichtsgestaltung zu definieren, um sie nach der Analyse gezielt zueinander in Beziehung zu setzen. Insofern folgen wir Ophardt, Thiel (2008), die das Classroom Management als Stützfunktion für instruktionale Tätigkeiten sehen. In Anbetracht dieser Funktion ist das Classroom Management auch entscheidend für die Unterrichtsqualität. Im nachfolgenden Kapitel werden Meta-Studien zu dieser Thematik vorgestellt.

## 2.2  Classroom Management und Unterrichtsqualität

Werden empirische Studien im Verlauf der Zeit betrachtet, dann ist das Classroom Management ein fester Bestandteil, wenn es um Unterrichtsforschung respektive um Fragen zur Unterrichtsqualität geht. Davon zeugen z.B. folgende Modelle: das viel zitierte Angebots-Nutzungs-Modell von Helmke (2009), das die Klassenführungskompetenz als Merkmal der Lehrperson aufführt; das Modell zu Grunddimensionen der Unterrichtsqualität von Klieme, Rakoczy (2008), das neben der kognitiven Aktivierung und dem unterstützenden Unterrichtsklima das Classroom Management als dritte Qualitätsdimension beschreibt; sowie das Input-Prozess-Output-Modell von Oelkers und Reusser (2008), das die Klassenführung für die Prozess-Dimension als einen Standard der Unterrichtsqualität bezeichnet. Die Definition des Classroom Management als einer Basisdimension des Unterrichts gründet auf verschiedenen Meta-Studien aus dem angloamerikanischen Bereich.

Wang, Haertel, Walberg (1993) haben für ihre Meta-Studie ein theoretisches Rahmenmodell entworfen, das die folgenden Bereiche und Aspekte umfasst: Bildungspolitik und Schulorganisation auf Bundes- und Distriktebene; Familien- und Wohnortkontext; demografische Angaben zu Schule, Schulkultur und Schulprogramm; Umsetzung des Curriculums und Einsatz von Unterrichtsmaterialien respektive von Lehrmitteln; Unterrichtsgestaltung sowie Schülermerkmale. Daraus ergaben sich über alle Bereiche hinweg 30 Kategorien mit insgesamt 228 Variablen. Mittels dieser 228 Variablen wurden 179 Studien hinsichtlich ihrer Bedeutung für das Lernen von Schülerinnen und Schülern in den Klassenstufen Kindergarten bis 12. Schuljahr (K-12) eingeschätzt. Die 30 Kategorien wurden den betreffenden Autorinnen und Autoren – die zugleich als Expertinnen und Experten betrachtet wurden – in Form eines Fragebogens zur Einschätzung vorgelegt. Als dritte Datenquelle wurden 91 Meta-Studien einbezogen, die ebenfalls anhand der 228 Variablen analysiert wurden. Auf dieser Datengrundlage – Inhaltsanalyse, Experten-Einschätzung, Meta-Studien – wurde dann mittels T-Werten die Bedeutung und Konsistenz der 30 Kategorien für das Lernen der Schülerinnen und Schüler berechnet. In der Abbildung 2.1 werden die zehn bedeutendsten Kategorien dargestellt. Den Rang 1 nimmt das Classroom

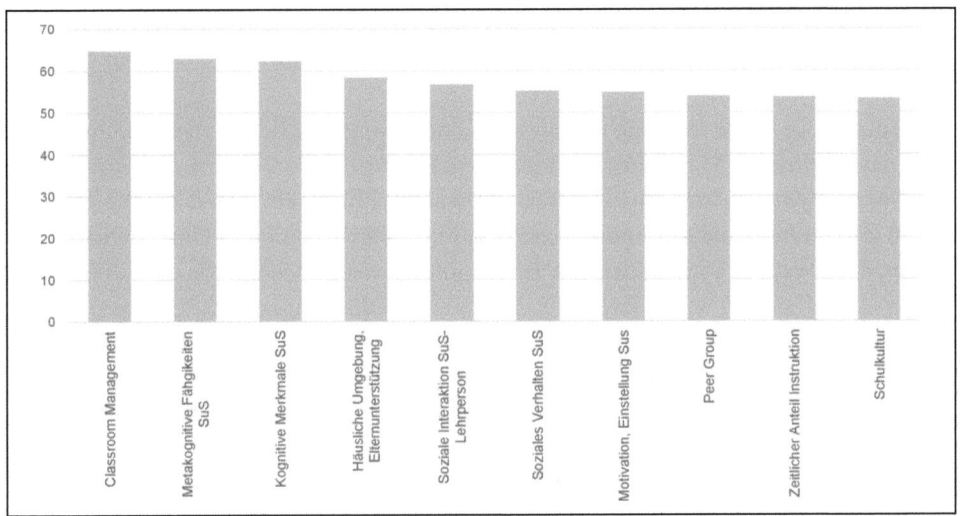

*Abbildung 2.1: Mittlere T-Werte aus der Inhaltsanalyse der Experten-Einschätzung und den Meta-Studien (Wang, Haertel & Walberg 1993. p. 272)*

Management ein, gefolgt von Variablen zu Schülermerkmalen und familiärem Kontext.

Neuere Meta-Studien respektive Überblicksartikel bestätigen diese grosse Bedeutsamkeit des Classroom Management (Freiberg 2013; Hattie 2009; Poole & Evertson 2013). Exemplarisch für diese neueren Studien werden Ergebnisse anhand der Meta-Studie von Marzano, Marzano, Pickering (2007) dargestellt. Marzano et al. analysierten 101 Studien, die zwischen 1967 und 1996 in der Primar- sowie in der Sekundarstufe I und II durchgeführt wurden, und werteten sie anhand der folgenden Kategorien aus: Regeln und Prozeduren, disziplinarische Interventionen, Lehrer-Schüler-Beziehung, Aufmerksamkeit und Gegenwärtigkeit, Verantwortung der Schülerinnen und Schüler sowie Einführung und Etablierung des Classroom Management. Die Autorinnen und Autoren ermittelten für alle sechs Bereiche signifikante Effektstärken – d.h., je effektiver Lehrpersonen in einem Bereich handeln, desto reibungsloser verläuft ihr Unterricht. Nicht zu vergessen – so Marzano et al. – ist die Schulebene. Um das Classroom Management zu unterstützen, braucht es sozusagen ein School Management, das ebenfalls Regeln und Prozeduren etc. festlegt sowie deren Einhaltung einfordert. Diese Kohärenz zwischen School Management und Classroom Management ist nicht nur für die Lehrpersonen von Bedeutung, sondern macht auch den Schülerinnen und Schülern sowie deren Eltern deutlich, was im schulischen Rahmen erwartet und was toleriert beziehungsweise nicht toleriert wird.

Unterstützt werden die referierten Befunde durch einzelne neuere Studien zur Unterrichtsqualität auf verschiedenen Schulstufen respektive zu Schulfächern (Helmke, Helmke, Schrader et al. 2008; Lüdtke, Trautwein, Kunter et al. 2006;

Kington, Day, Sammons et al. 2012; National Institute of Child Health & Human Development Early Child Care Research 2005; Rimm-Kaufman, La Paro, Downer et al. 2005).

Trotz dieser Fülle an Ergebnissen sind doch einige Desiderata zu erwähnen. So wird das Classroom Management in der Regel quantitativ sowie im Zusammenhang mit Formen der direkten Instruktion untersucht. Hingegen gibt es kaum Studien, die im Zusammenhang mit kooperativen und individualisierenden Unterrichtsformen stehen. Diesbezüglich kann also mit Borko und Putnam (1996), Martin (2004) McCaslin, Good (1992) sowie Evertson, Weinstein (2006) einig gegangen werden. Als weiteres Desiderat benennen Carter, Doyle (2006) das Fehlen von Studien für den Elementarbereich.

## 2.3 Classroom Management und Lehrerselbstwirksamkeit

Als ebenfalls bedeutsames Konstrukt im Zusammenhang mit Classroom Management, aber auch mit Schülervariablen wie Leistung, Motivation und Selbstwirksamkeitsüberzeugungen einerseits und Lehrervariablen wie Beharrlichkeit, Enthusiasmus, Engagement sowie instruktionalem Verhalten andererseits, präsentiert sich die Lehrerselbstwirksamkeit (Tschannen-Moran, Woolfolk Hoy & Hoy 1998). Für ihre aktuelle Ausarbeitung einer Definition von Lehrerselbstwirksamkeit orientieren sich Tschannen-Moran et al. an den theoretischen Grundlagen von Rotter (1966) zur Überzeugung von Lehrpersonen, Schülerleistung und -motivation positiv beeinflussen zu können als auch am Ansatz von Bandura (1977a) zur Selbstwirksamkeit als kognitivem Prozess zur Einschätzung der eigenen Aufgabenbewältigung:

> „Teacher efficacy is the teacher's belief in his or her capability to organize and execute courses of action required to successfully accomplish a specific teaching task in a particular context." (Tschannen-Moran, Woolfolk Hoy & Hoy 1998, p. 233)

Tschannen-Moran et al. streichen den zyklischen Charakter der Lehrerselbstwirksamkeit heraus und legen dazu ein Modell vor, das die beiden genannten Ansätze von Rotter (1966) und Bandura (1977a) integriert (vgl. Abbildung 2.2). Mit den vier Aspekten der „Sources of Efficacy Information" (vgl. Abbildung 2.2) nehmen sie die von Bandura postulierten Informationsquellen auf; diese dienen sowohl zur Analyse der Lehraufgabe (Analysis of Teaching Task) als auch zur Einschätzung der eigenen Lehrkompetenz (Assessment of Personal Teaching Competence). Die „Mastery Experiences", also das konkrete Erleben in der Unterrichtssituation, wird als wirkmächtigste Informationsquelle betrachtet, denn die Wahrnehmung, dass eine herausfordernde Unterrichtssituation erfolgreich bewerkstelligt werden konnte, lässt die Einschätzung der Selbstwirksamkeit ansteigen. Eng damit gekoppelt sind „Physiological and Emotional Arousal" in der Unterrichtssituation, die sich teils positiv, teils aber auch negativ auf das Erleben von Selbstwirksamkeit auswirken können. Während diese zwei Infor-

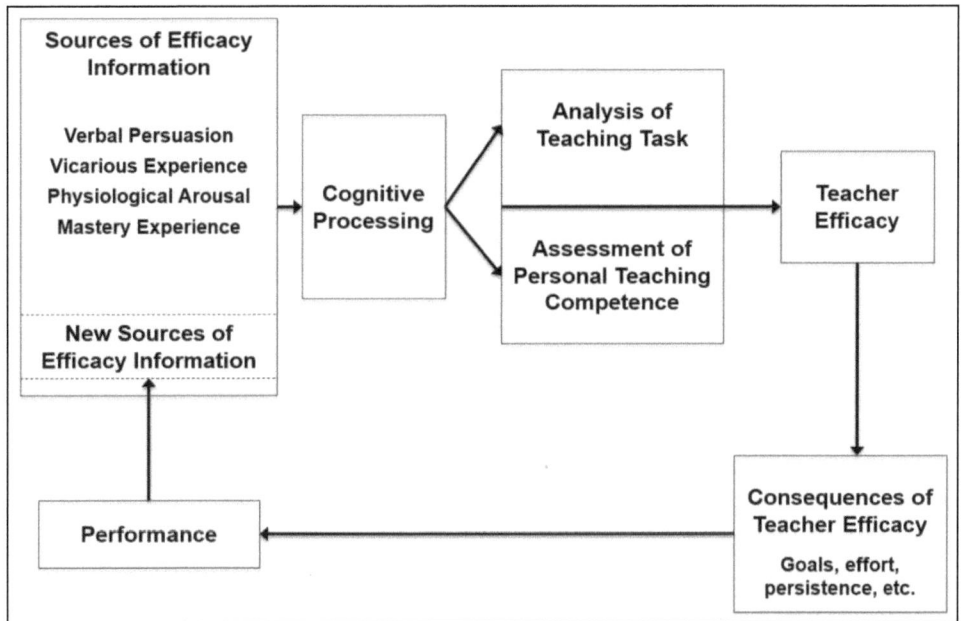

*Abbildung 2.2: „The Cyclical Nature of Teacher Efficacy" (Tschannen-Moran, Woolfolk Hoy &*
*Hoy 1998)*

mationsquellen in der aktuellen Unterrichtssituation zum Tragen kommen, liefern die „Vicarious Experiences" und die „Verbal Persuasion" Informationen darüber, was das Unterrichten ausmacht. Das Beobachten von erfolgreichen Lehrpersonen (Vicarious Experiences) kann zur Überzeugung führen, dass sich auch schwierige unterrichtliche Herausforderungen meistern lassen. Werden jedoch Unterrichtssituationen beobachtet, in denen die Lehrpersonen nicht erfolgreich sind, kann dies bei den beobachtenden Personen zu erheblichen Zweifeln führen. Zu den „Verbal Persuasion" bemerken Tschannen-Moran et al., dass diese allgemein oder spezifisch sein können. Sie umfassen Informationen zum Unterrichten, Strategien im Umgang mit herausfordernden Situationen im Allgemeinen sowie spezifische Rückmeldungen an die Lehrperson zu ihrem Unterricht.

Inwiefern die aus den vier Informationsquellen gewonnenen Informationen zum Aufbau der Selbstwirksamkeit beitragen, hängt von den „Cognitive Processes" ab. Denn es ist Gegenstand dieser kognitiven Prozesse, zu ermitteln, wie die Informationen gewichtet werden, und wie sie die Analyse der Lehraufgabe sowie die Einschätzung der eigenen Lehrkompetenz beeinflussen. Doch erst die Interaktion zwischen der Lehraufgabenanalyse und der Einschätzung der eigenen Lehrkompetenz führt zum Aufbau der Lehrerselbstwirksamkeit, weshalb „Teacher Efficacy" als eigener Punkt im Modell aufgeführt wird.

Aus der Einschätzung der eigenen Selbstwirksamkeit ergeben sich die „Consequences of Teacher Efficacy": Je höher diese eingeschätzt werden, desto grösser sind das Bemühen und die Ausdauer, herausfordernde Situationen zu meistern. Die Güte der Performanz erweitert dann im Sinne positiver Erfahrung in der Unterrichtssituation die „Mastery Experience" und beeinflusst dadurch künftige Selbstwirksamkeitsüberzeugungen (New Sources of Efficacy Information). Was an dieser Stelle als positiver Zyklus beschrieben wird, trifft analog auch im umgekehrten Sinn zu: Eine niedrigere Einschätzung der eigenen Selbstwirksamkeit kann dazu führen, dass in einer herausfordernden Situation schneller aufgegeben wird. Dieses Misserfolgserlebnis kann wiederum zu einer Verminderung des Selbstwirksamkeitserlebens führen (ebd.)

Mit Ross (1998, zitiert inTschannen-Moran, Woolfolk Hoy & Hoy 1998) gehen auch Tschannen-Moran et al. davon aus, dass Lehrpersonen mit zunehmender Berufserfahrung ein relativ stabiles Set von Überzeugungen bezüglich ihrer unterrichtlichen Fähigkeiten aufbauen. Diese Selbstwirksamkeitsüberzeugungen werden jedoch durch neue Herausforderungen auf die Probe gestellt, etwa bei der Übernahme einer neuen Klasse oder bei der Einführung eines neuen Lehrplans. Das bedeutet, dass der in Abbildung 2.2 dargestellte Zyklus erneut durchlaufen wird.

Um die Lehrerselbstwirksamkeit zu messen, haben Tschannen-Moran und Woolfolk Hoy (2001) das Instrument „Teachers' Sense of Efficacy (TSES)"[6] erarbeitet. Es umfasst nebst den Faktoren „Efficacy for Student Engagement" und „Efficacy for Instructional Strategies" auch den Faktor „Efficacy for Classroom Management" (Tschannen-Moran & Woolfolk Hoy 2001). Im Rahmen einer Studie mit berufseinsteigenden und erfahrenen Lehrpersonen (N = 255) gingen sie der Frage nach, welchen Beitrag zur Lehrerselbstwirksamkeit die „Sources of Efficacy Information" leisten – gemessen mit dem TSES (Tschannen-Moran & Woolfolk Hoy 2007). Die Ergebnisse zeigen, dass bei den berufseinsteigenden Lehrpersonen die Analyse der Lehraufgabe (Analysis of Teaching Task) expliziter und ausführlicher erfolgte als bei erfahrenen Lehrpersonen. Ebenfalls in höherem Mass nutzten Erstere die Informationsquelle „Verbal Persuasion" – konkret die Rückmeldung von Lehrerkolleginnen und Lehrerkollegen sowie von Eltern – was angesichts ihrer weniger zahlreichen Erfahrungen im Bereich der „Mastery Experience" im Vergleich zu erfahrenen Lehrpersonen nicht erstaunt. Im Vergleich mit den anderen Informationsquellen trugen jedoch die „Mastery Experiences" sowohl bei berufseinsteigenden als auch bei erfahrenen Lehrpersonen am meisten zur Erklärung der Lehrerselbstwirksamkeit bei (ebd.).

Schönbächler (2008) setzt in ihrer Studie das Instrument TSES ein, um die Frage zu beantworten, welchen Beitrag die Lehrerselbstwirksamkeit zur Erklärung von Classroom-Management-Komponenten leistet. Sie zeigt einerseits auf, dass die über TSES gemessene Lehrerselbstwirksamkeit signifikant zur Varianzaufklärung der Classroom-Management-Komponenten beiträgt, und andererseits, dass dieser Beitrag stärker ins

---

6  Auch bekannt unter dem Namen „Ohio State Teacher Efficacy Scale" (OSTES) siehe https://u.osu.edu/hoy.17/research/instruments/

Gewicht fällt als die Variablen betreffend Schulort, Klasse und Merkmale der Lehrperson, wie z. B. Persönlichkeitstyp, Unterrichtsstufe, Dienstalter oder Geschlecht (ebd.). Aufgrund des zyklischen Charakters des Modells von Tschannen-Moran et al. (1998) ist auch in Betracht zu ziehen, inwiefern das Classroom Management die Selbstwirksamkeitserwartungen speist. Entsprechende Regressionsanalysen von Schönbächler (2008) verweisen darauf, dass das Classroom Management die Einschätzung der Lehrerselbstwirksamkeit in höherem Mass modelliert als umgekehrt. Dieses Ergebnis steht im Einklang mit den obigen Ausführungen zu den „Mastery Experiences" von Tschannen-Moran, Woolfolk Hoy (2007).

Verschiedenste Autorinnen und Autoren weisen darauf hin, dass das Konstrukt der Lehrerselbstwirksamkeit nicht nur im Zusammenhang mit dem Classroom Management von Bedeutung sei, sondern bei der ganzen Unterrichtsgestaltung. Lehrpersonen mit einer hohen Selbstwirksamkeitsüberzeugung tendieren dazu, mehr Zeit in die Planung und Organisation des Unterrichts zu investieren, und zeigen sich offener gegenüber neuen Ideen zur Unterrichtsgestaltung, falls diese den Bedürfnissen der Schülerinnen und Schüler entgegenkommen. Ferner identifizieren sie sich stärker mit ihrem Beruf und bleiben diesem auch länger treu (Aloe, Amo & Shanahan 2014; Schwarzer & Warner 2011; Tschannen-Moran & Woolfolk Hoy 2001).

## 2.4  Lehrpersonen und Classroom-Management-Stile

Nach der Darlegung verschiedener Konzeptionen von Classroom Management und einer Arbeitsdefinition ergibt sich im Zusammenhang mit der Unterrichtsqualität und der Lehrerselbstwirksamkeit die Frage, ob es – in Bezug auf verschiedene Merkmale wie Klassenklima, Wohlbefinden oder Leistungen der Schülerinnen und Schüler – mehr oder weniger erfolgreiche Classroom-Management-Stile gibt. Zunächst muss jedoch geklärt werden, auf welcher Grundlage Classroom-Management-Stile konzipiert werden.

Im 2.1 wurde bereits beschrieben, dass die Führungsstil-Forschung – ausgehend von Lewin, Lipitt, White (1939) – wesentliche Impulse für das Classroom Management gab. So finden sich auch neuere empirische Studien, die sich zum Ziel gesetzt haben, erfolgreiche Classroom-Management-Stile herauszuarbeiten.

Seit Mitte der 1980er Jahre befasst sich eine Forschergruppe im Umfeld von Johannes Mayr mit dieser Thematik. Ihre Zielsetzung ist es, angehenden und amtierenden Lehrpersonen zu einer erfolgreiche(re)n Klassenführung zu verhelfen (Mayr, Eder & Fartacek 1991). Dazu wurden zum einen theoretische und empirische Grundlagen analysiert und zum anderen erfahrene Lehrpersonen gebeten, erfolgreiche Strategien zu nennen, durch die Schülerinnen und Schüler dazu gebracht werden, im Unterricht (besser) mitzuarbeiten und weniger Störungen zu verursachen. Ergänzend zur Erhebung von Handlungsstrategien wurden Lehrpersonen zu unterrichtsstörendem Verhalten der Schülerinnen und Schüler befragt (ebd.). Aus diesen zwei Datenquellen wurde schliesslich der sogenannte Linzer Diagnosebogen zur Klassenführung (LDK)[7] erarbeitet und in mehreren Forschungsprojekten validiert sowie überarbeitet (Mayr 2008). Er umfasst die Skalen Unterrichtsgestaltung, Beziehungsförderung und Kontrolle. Nebst der Frage nach den von den Lehrpersonen angewandten Klassenführungsstrategien interessierte auch, ob sich unterschiedliche Handlungsmuster identifizieren lassen, die zur Erreichung von Zielen wie z.B. Mitarbeit im Unterricht beitragen. Dazu wurden erfolgreiche Lehrpersonen der Sekundarstufe I und ihre Schülerinnen und Schüler befragt (Mayr, Eder & Fartacek 1991). Mittels einer Clusteranalyse konnten vor allem aus den Schülerdaten – jedoch nur bedingt auch aus den Lehrerdaten – 4 Classroom-Management-Typen eruiert werden:

–   Fachorientierter Typ: Lehrpersonen, die diesem Typ entsprechen, legen besonderen Wert auf fachliches Lernen und weisen eine hohe Tendenz auf, das Schülerverhalten zu kontrollieren.

–   Kommunikativ-beziehungsorientierter Typ: Diese Lehrpersonen stellen die Beziehung mit den Schülerinnen und Schülern in den Vordergrund, gewähren ihnen einen angemessenen Handlungsspielraum und diskutieren mit ihnen über störendes Verhalten.

–   Disziplinierender Typ: Solche Lehrpersonen kennzeichnen sich durch die Anwendung von Klassenführungsstrategien, indem sie z.B. sofort auf Störungen reagieren oder die Arbeiten der Schülerinnen und Schüler genau kontrollieren.

–   Neutraler Typ: Lehrpersonen dieses Typs schätzen die drei Dimensionen – Unterrichtsgestaltung, Beziehungsförderung und Kontrolle – relativ ausgeglichen im Mittelbereich ein.

Die vier vorgestellten Classroom-Management-Typen konnten in mehreren Studien repliziert werden (Mayr 2008). Allerdings sind bei diesen Typen individuelle Präferenzen in den drei Bereichen Unterrichtsgestaltung, Beziehungsförderung und Kontrolle zulässig. Auch wenn bestimmte Handlungsweisen identifiziert wurden, die ein erfolgreiches Classroom Management gewährleisten, ist letztlich die flexible, auf die Unterrichtssituation bezogene Abstimmung der Handlungsmuster unter Berücksichtigung individueller Präferenzen zielführend (Mayr 2006).

Während sich Mayr eines variablenorientierten Ansatzes bedient, folgt Neuenschwander einem dimensionenorientierten Ansatz, um zu einer Typologie der Klassenführung zu kommen (Neuenschwander 2006). Anhand der Dimensionen Regeln setzen und Flexibilität definiert er vier Typen (vgl. Tabelle 2.2).

Zur Lehrerwahrnehmung schätzten die Schülerinnen und Schüler mittels Fragebogen ihre Lehrpersonen hinsichtlich ihrer Kommunikationskompetenz, ihrer Erklärungskompetenz sowie ihrer Lehrerakzeptanz ein. Es zeigte sich, dass diese drei Aspekte der Lehrerwahrnehmung in hohem Mass miteinander korrelieren. Wird die Lehrer-

---

7   Der Linzer Diagnosebogen zur Klassenführung (LDK) steht auf folgender Website zur Verfügung: https://ldk.aau.at/

*Tabelle 2.2: Dimensionsorientierte Typologie der Klassenführung*

| | | Regeln setzen | |
|---|---|---|---|
| | | hoch | tief |
| *Flexibilität* | hoch | Typ A<br>Souveräne Klassenführung | Typ C<br>Situationsspezifische Klassenführung |
| | tief | Typ B<br>Regelgeleitete Klassenführung | Typ D<br>Desorganisierte Klassenführung |

wahrnehmung der Schülerinnen und Schüler in Zusammenhang mit den Klassenführungs-Typen betrachtet, so werden Lehrpersonen mit souveräner, regelgeleiteter oder situationsspezifischer Klassenführung von den Schülerinnen und Schülern positiver wahrgenommen als Lehrpersonen mit desorganisierter Klassenführung. In Bezug auf die Schülerleistung im Fach Mathematik schnitten Lehrpersonen des Typs souveräne Klassenführung am besten ab.

Einen ebenfalls dimensionenorientierten Ansatz legte Nancy K. Martin vor. Basierend auf Classroom-Management-Konzepten, empirischen Befunden sowie Befragungen und Beobachtungen von Lehrpersonen erarbeitete sie das „Inventory of Classroom Management Styles" (ICMS) (Martin & Baldwin 1992), um Überzeugungen von Lehrpersonen zum Classroom Management bezüglich der Dimensionen Person, Instruktion, Disziplin zu messen. Die Skalen wurden über mehrere Studien revidiert und validiert (Martin & Baldwin 1996) sowie in „Attitudes and Beliefs on Classroom Control" (ABBC) umbenannt (Martin, Yin & Baldwin 1998). Das ABBC enthält – auch in revidierten Versionen (Martin & Shoho 2000; Martin, Yin & Mayall 2007) – die folgenden drei Dimensionen:

— Instructional Management: Diese Skala enthält Fragen zum Monitoring von Stillarbeit, zur Strukturierung täglicher Routinen sowie zur Vorbereitung von Unterrichtsmaterial.
— People Management: Gemessen wird in diesem Bereich, welche Vorstellungen und Überzeugungen Lehrpersonen über ihre Schülerinnen und Schüler haben, und wie sie vorgehen, um eine Lehrer-Schüler-Beziehung zu entwickeln.
— Behavior Management: Diese Dimension bezieht sich auf präventive Strategien bezüglich Unterrichtsstörungen wie Regeln setzen oder Belohnungssysteme.

Der Begriff „control" rührt daher, dass jede Dimension von den Lehrpersonen nach dem Ausmass der Kontrolle eingeschätzt wird. Je nach Punktzahl ergibt sich dann daraus eine Zuordnung zu den Typen intervenionist, interactionist, non-interventionist. Diese drei Typen wurden von Martin in Anlehnung an die Konzepte von Glickman, Tamashiro (1980) und Wolfgang (1995) entwickelt (Martin, Yin & Baldwin 1998). Der Typ interventionist ist durch eine hohe Kontrolle in den drei Dimensionen gekennzeichnet, der Typ non-interventionist umgekehrt durch eine tiefe Kontrolle. Dazwischen liegt der Typ interactionist. Verwendet wird dieses Konstrukt, um anhand von Unterschieden in Bezug auf Alter, Geschlecht und Berufserfahrung sowie Schulstufen aufzuzeigen, dass eine „one size fits all"-Vorgehensweise nicht angebracht ist, um professionelle Kompetenz zu entwickeln. Der Aufbau von professioneller Kompetenz zum Classroom Management muss im Hinblick auf bestimmte Lehrpersonengruppen diversifiziert werden. In der Zwischenzeit wurde das Erhebungsinstrument ABBC auf zwei Dimensionen – behavioral und instructional management – gekürzt und unter dem Namen „Behavior and Instructional Management Scale" (BIMS) veröffentlicht (Martin & Sass 2010).

Den beschriebenen Konzepten ist eigen, dass sie auch instruktionale Tätigkeiten in die Konstruktion von Classroom-Management-Stilen einbeziehen. Wie unserer Arbeitsdefinition zu entnehmen ist, gehen wir einen anderen Weg. In Übereinstimmung mit Herzog (2002) sowie Ophardt, Thiel (2007) sehen wir das Classroom Management als eigenständigen Bereich, dem eine Stützfunktion des Unterrichts zukommt, wie Abbildung 2.3 zeigt.

Ophardt, Thiel (2008) bezeichnen die instruktionsbegleitenden Gestaltungshandlungen im Unterricht als Kernbereich des Classroom Management, sollen Spiel- und Lerngelegenheiten – dargestellt als Aktivitätsstrukturen – geschaffen werden. Beispielhaft für situationale Regulationshandlungen sind etwa die Zurechtweisung bei Regelverletzungen oder das Aufrechterhalten der Aufmerksamkeit der Schülerinnen und Schüler. Der Einsatz von Prozeduren und Routinen wird als „Enaktierung von Strukturen" (ebd.) bezeichnet. Die instruktionsbegleitenden Gestaltungshandlungen sind

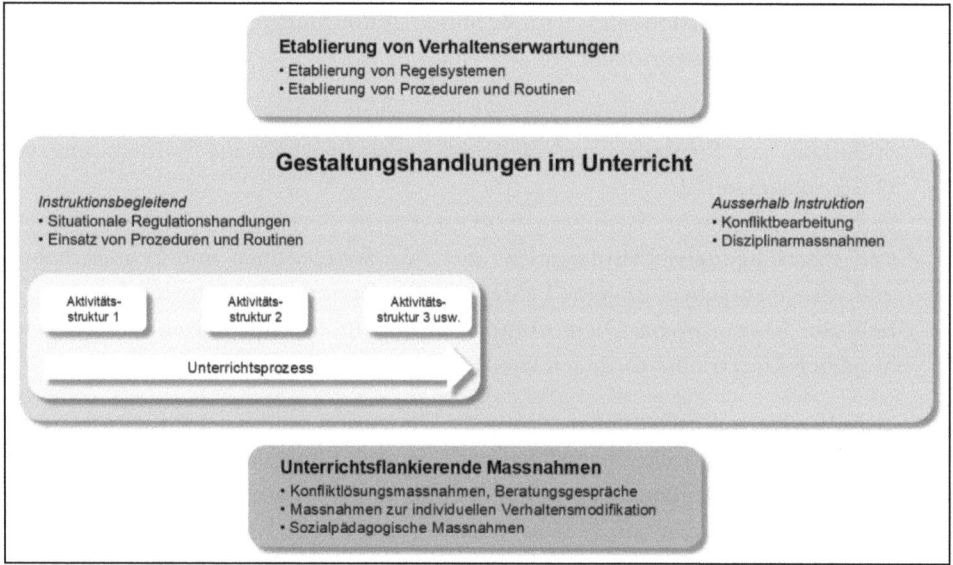

*Abbildung 2.3: Anforderungsbereiche des Klassenmanagements (Ophardt & Thiel 2008, p. 274)*

auf etablierte Regeln, Prozeduren und Routinen angewiesen, was durch die Nähe der beiden Kästchen – Etablierung von Verhaltenserwartungen und Gestaltungshandlungen im Unterricht (vgl. Abbildung 2.3) – angezeigt wird. Die Gestaltungshandlungen ausserhalb der Instruktion und die unterrichtsflankierenden Massnahmen hingegen werden von Ophardt, Thiel (2008) davon abgegrenzt (vgl. Abbildung 2.3) – mit der Begründung, dass der enge Instruktionsbezug sowie der Fokus auf die Klasse nicht mehr gegeben seien:

> „Es findet ein vorübergehender Ausstieg aus der Instruktion statt, indem störendes Verhalten explizit zum Thema gemacht wird." (Ophardt & Thiel 2008, p. 277)

Die Autorinnen führen aus, dass der Umgang mit Konflikten in Bezug zu einzelnen Schülerinnen und Schülern eine andere Anforderung darstelle als die Steuerung von Gruppenprozessen (ebd.).

## 2.5 Fazit

In Kapitel 2 wurde zum einen über die Darstellung der historischen Wurzeln zur Erforschung des Classroom Management die schrittweise Konzeptualisierung dargestellt, zum anderen unter Einbezug eines aktuellen Lernverständnisses eine Arbeitsdefinition für unser Forschungsvorhaben formuliert. Mit diesem Vorgehen wollten wir deutlich machen, dass nach unserem Verständnis Classroom Management und Disziplin im Unterricht nicht als synonym zu betrachten sind. Ebenso wenig verwenden wir den Begriff Classroom Management als „umbrella term" für sämtliche unterrichtlichen Tätigkeiten von Lehrpersonen, sondern unterscheiden zwischen Lehrtätigkeiten und Classroom Management. Damit ist es möglich, die Tätigkeiten der Lehrpersonen je Bereich separat detailliert zu beschreiben. Im Anschluss daran kann auf die Bedeutung der Verwobenheit zwischen Lehrtätigkeiten und Classroom Management eingegangen werden. Wie wichtig die Verbindung der beiden Bereiche ist, zeigen sowohl die Befunde zur Unterrichtsqualität als auch zur Lehrerselbstwirksamkeit auf.

In den Ausführungen zu den Classroom-Management-Stilen wird dargelegt, dass es beim Zusammenspiel von Lehrtätigkeit und Classroom Management keinen Königsweg gibt; vielmehr existiert im Rahmen des effizienten Classroom Management eine bestimmte Bandbreite. Nicht zuletzt konnten auch Forschungsdesiderata freigelegt werden (vgl. 2.2), die im Rahmen dieser Studie angegangen werden sollen.

In Kapitel 4 wird näher auf allgemein pädagogisch-didaktische Überlegungen zur Unterrichtsgestaltung eingegangen. Im Speziellen wird das Classroom Management als eigenständige Ebene des Unterrichts konzipiert und dargelegt.

# 3 Die Klasse als soziales System

Im vorherigen Kapitel wurde bereits dargestellt, dass das Classroom Management analytisch von den instruktionalen Tätigkeiten der Lehrperson unterschieden wird. Dieses Vorgehen erhält durch die Ausführungen von Herzog (2011b) zur Allgemeinen Didaktik Sukkurs. Er distanziert sich von der Annahme, dass die Allgemeine Didaktik gemeinhin als Unterrichtstheorie oder sogar als Unterrichtswissenschaft bezeichnet werde, obwohl sie eher eine Anleitung für das Lehrerhandeln darstellt. Dies manifestiert sich in der Verengung auf das didaktische Dreieck, in dem Unterricht lediglich aus der Perspektive der Lehrperson – genauer aus der Handlungsperspektive der Lehrperson – betrachtet werde (ebd.). Auch wenn das didaktische Dreieck – nebst der Lehrperson und dem Stoff – ebenfalls die Schülerin respektive den Schüler oder die Schulklasse adressiert, werden dabei „wesentliche Momente der sozialen Realität von Unterricht ausgeblendet" (Herzog 2011b, p. 150). Diese soziale Realität verweist auf Unterricht als soziale Situation, die von der Lehrperson gemeinsam mit den Schülerinnen und Schülern gestaltet wird. Bereits bei Doyle (1986) wird dies deutlich, da er die Aufgabe der Lehrperson im Rahmen des Classroom Management darin sieht, die soziale Ordnung im Klassenzimmer gemeinsam aufrechtzuerhalten. Wird also davon ausgegangen, dass Unterrichtsverläufe massgeblich von der Lehrperson zusammen mit den Schülerinnen und Schülern getragen werden, gilt es die Klasse als soziales System, die Lehrer-Schüler-Interaktion wie auch die Schüler-Schüler-Interaktion näher zu betrachten.

## 3.1 Lehrer-Schüler-Interaktion

In der Tradition des „pädagogischen Verhältnisses" wie es Nohl (1961) definierte, nämlich als „… das leidenschaftliche Verhältnis eines reifen Menschen zu einem werdenden Menschen, und zwar um seiner selbst willen, dass er zu seinem Leben und seiner Form komme" (Nohl 1961, p. 134), wurde auch das Lehrer-Schüler-Verhältnis gesehen. Es war als dyadisches Verhältnis zwischen Lehrperson und Schülerin oder Schüler gedacht, auch wenn eine Lehrperson es in der Regel mit einer Klasse zu tun hat. Dabei handelt es sich um eine unilaterale, asymmetrische Interaktion, worunter verstanden wird, dass primär die Lehrperson auf die Schülerinnen und Schüler einwirkt (Krapp & Weidenmann 2001; Perrez, Huber & Geissler 2001). Diese erscheinen sodann als passive Rezipientinnen und Rezipienten (Herzog 2011a).

Dieses unilaterale Verständnis der Lehrer-Schüler-Interaktion wurde durch sogenannte interaktionistische und transaktionale Modelle abgelöst (Thies 2002). Bei beiden Arten von Modellen wird dem Aspekt der Wechselwirkung ein hoher Stellenwert beigemessen. So wurde beispielsweise die Frage der Aptitude-Treatment-Interaction

(ATI) im Rahmen eines interaktionistischen Modells erforscht, indem die Interaktion zwischen den Fähigkeiten (aptitude) der Schülerinnen und Schüler und dem Unterrichtsstil (treatment) untersucht wurde. Brunner (2010) fasst die Forschungsarbeiten von Johnson, Ahlgren (1976 zitiert nach Brunner & Noack 2010) dahingehend zusammen, dass Schülerinnen und Schüler, die ihre Autonomie hoch einschätzen, schülerzentrierten Unterricht bevorzugen, während mehr autoritätsgebundene Schülerinnen und Schüler dieser Form des Unterrichts eher abgeneigt gegenüber stehen. Diese Ansätze basierten jedoch noch nicht auf einem dynamischen Interaktionsverständnis (Thies 2008). Zusätzlich zur Wechselwirkung zwischen den wenigen Lehrer- und Schülervariablen, die bei interaktionistischen Ansätzen zum Tragen kommen, beziehen transaktionale Modelle mit ein, dass nicht nur Lehrpersonen, sondern auch Schülerinnen und Schüler mit ihren jeweiligen Biografien eine bestimmte Unterrichtssituation mitgestalten. Diesen dynamischen Charakter des Unterrichts zeigt Nickel (1976) anhand seines transaktionalen Modells auf. Dabei definiert er drei Hauptkomponenten, die den Interaktionsverlauf massgeblich beeinflussen: die intrapersonalen Bedingungsvariablen seitens der Lehrperson sowie der Schülerinnen und Schüler – z.B. Erwartungshaltungen oder Einstellungen – ; den soziokulturellen Bezugsrahmen der Lehrperson wie auch der Schülerinnen und Schüler sowie die ständig laufenden Rückmeldeprozesse. Die Asymmetrie der Interaktion bleibt hier zwar erhalten, aber das dynamische Verhältnis zeigt sich darin, dass nicht nur die Lehrperson die Schülerinnen und die Schüler wahrnimmt, indem sie deren Verhalten aufgrund ihrer eigenen Einstellungen, Erfahrungen, Erwartungen etc. interpretiert und ihr Verhalten darauf abstimmt; vielmehr nehmen auch die Schülerinnen und Schüler das Lehrerverhalten wahr, bewerten dieses Verhalten vor dem Hintergrund ihrer eigenen Einstellungen, Erfahrungen, Erwartungen etc. und verhalten sich der Lehrperson gegenüber dementsprechend. Diese wechselseitigen Wahrnehmungsprozesse führen also dazu, dass die Lehrperson auf die Schülerinnen und Schüler reagiert und diese dementsprechend auf das Verhalten der Lehrperson, wodurch die Schülerinnen und Schüler wiederum die Folgereaktion der Lehrperson regulieren (Thies 2008). In ihrem Beitrag zur historischen Entwicklung der Forschung zur Lehrer-Schüler-Interaktion legt Thies (2008) dar, dass sich die transaktionale Sichtweise durchgesetzt hat. Denn dabei wird über die Analyse bedeutsamer Unterrichtsvariablen hinausgegangen, indem auch aufgezeigt werden kann, welche kognitiven und emotionalen Prozesse bei der Lehrperson, aber auch bei den Schülerinnen und Schülern in der Unterrichtssituation ablaufen.

### 3.2 Schüler-Schüler-Interaktion

Die Bedeutung der sozialen Beziehungen zwischen Kindern wird im Rahmen verschiedener theoretischer Ansätze hervorgehoben. Im Zentrum stehen dabei die Peer-Beziehungen. Peers werden als „Ebenbürtige" oder auch „Gleichgestellte" hinsichtlich Alter und Status definiert (Kessels & Hannover 2009). Aus entwicklungspsychologischer Perspektive betont etwa Vygotsky (1978) die Bedeutung der Kooperation unter Peers für den Aufbau neuer Fertigkeiten und Fähigkeiten. Piaget (1954) ging ebenfalls davon aus, dass sich Kinder, die ein ähnliches kognitives Entwicklungsniveau aufweisen, gegenseitig entwicklungsförderliche Impulse liefern. Sullivan streicht die Bedeutung von interpersonalen Beziehungen zwischen Peers für die Entwicklung des Selbst heraus (Sullivan 1983). Youniss (1994) vereint diese Grundlagen in der sogenannten Sullivan-Piaget-These, die davon ausgeht, dass verschiedene Beziehungsformen unterschiedliche Funktionen hinsichtlich der Entwicklung des Kindes haben. Asymmetrische Beziehungen zwischen Kindern und Erwachsenen haben zum Ziel, Kinder in die Regeln, das Wissen und Können ihrer sozialen Gruppe einzuführen. Dabei tendieren die Kinder dazu, diese Regeln aufgrund des Autoritätsgefälles zu akzeptieren. Im Gegensatz dazu stellen symmetrische, reziproke Beziehungen zwischen Gleichaltrigen einen Kontext dar, in dem Meinungen, Wissen und Können der Peers in Frage gestellt und kritisiert werden können. Dadurch ko-konstruieren die Kinder nicht nur ihr Wissen und Können, sondern erlangen ebenfalls ein Verständnis für soziale Beziehungen und deren Ausgestaltung sowie für die ihnen zugrundeliegenden Interaktionen (ebd.). Dadurch werden auch Urteilsfähigkeit und gegenseitige Verantwortlichkeit aufgebaut (Krappmann 2001). Eine besondere Ausgestaltung erhalten diese Prozesse unter Freundinnen und Freunden. Youniss (1994) hat Kinder im Alter von sechs bis vierzehn Jahren gefragt, was sie unter einem Freund, einer Freundin verstehen. Für sechs- bis siebenjährige Kinder manifestiert sich eine Freundschaft darin, dass sie miteinander spielen und materielle Dinge miteinander teilen. Darin sind auch die Prinzipien Egalität und Reziprozität enthalten, denn teilen und miteinander spielen kann von jedem Kind ausgehen. Youniss (1994) spricht bei dieser Wie-du-mir-so-ich-dir-Art des sozialen Handelns von symmetrischer Reziprozität. Erst in einer nächsten Phase scheinen Kinder zu verstehen, dass Freundschaft auch dann gegeben ist, wenn keine unmittelbare Gleichbehandlung erfolgt. Reziprozität wird als Prinzip gesehen, an das sich Freundinnen oder Freunde durch freiwillige Kooperation halten (ebd.).

Kindergarten und Schule sind zwar primär Orte des Unterrichts, aber sie sind auch Orte der Kinderwelt, indem sie einen Interaktionsraum darstellen, der die Möglichkeit bietet, Freundinnen und Freunde zu gewinnen (Krappmann & Oswald 1995). Welche Bedeutung die Mitschülerinnen und Mitschüler haben, zeigen etwa die Studien von Petillon (1993), Krappmann, Oswald (1995) oder Stöckli (2011). Diese schulischen Peer-Beziehungen können durchaus auch ambivalent ausfallen, wie Fend beschreibt (2008). Mitschülerinnen und Mitschüler bieten reichhaltige Lernfelder zum Erwerb von Kompetenzen; sie stellen einen Raum dar, um das Bedürfnis nach Zugehörigkeit und Anerkennung zu befriedigen; sie können als Schutzraum vor Verletzungen durch die Institution Schule dienen. Gleichzeitig sind sie auch Ursprung von Demütigung, Ausgrenzung und Schikanerie; Entstehungsorte für Devianz und Abwehr schulischer Lernangebote (ebd.). Die Beispiele zeigen diese Doppelfunktion auf, die sich auch im Forschungsinteresse widerspiegelt. Zum einen werden Formen der Schülerkooperation in Verbindung mit Lernprozessen im Rahmen von Unterricht untersucht. Zum anderen wird auf soziale Beziehungen respektive die Peer-Culture fokussiert, bei der Unterricht lediglich den Rahmen darstellt (Naujok, Brandt & Krummheuer 2004).

Ein Blick in die Literatur bestätigt, dass die Thematik Schülerkooperation bereits eine lange Tradition aufweist. So ist schon in der „Didactica Magna" von Comenius (vgl. Nachdruck 1993), die erstmals 1657 erschien, nachzulesen, dass Schülerinnen und Schüler die Lehrperson beim Unterrichten unterstützen. Anfang des 19. Jahrhunderts führte Pater Gregor Girard in der Volksschule des Kantons Fribourg den wechselseitigen Unterricht ein – basierend auf der Bell-Lancaster-Methode (Grunder 2008). Dabei stand das Prinzip „Schüler unterrichten Schüler" im Zentrum, und zwar nach einem ausgeklügelten Monitoren-System (Jenzer 1991). Auch in reformpädagogischen Ansätzen wie etwa dem Jena-Plan von Peter Petersen (Scheibe 1999) oder dem Projektunterricht von Dewey und Kilpatrick (ebd.) nimmt die Schülerkooperation eine zentrale Stellung ein. Slavin (1990) vermittelt einen Überblick über theoretische Modelle und empirische Ergebnisse zum „cooperative learning". Die Thematik ist bis heute aktuell geblieben, insbesondere im Zusammenhang mit der Wirksamkeit des Lernens (z.B. Deniz Can & Ginsburg-Block 2013; Ginsburg-Block, Fantuzzo & Rohrbeck 2006), den Formen des offenen Unterrichts (z.B. Breidenstein 2014; Naujok 2002) oder mit dem altersgemischten Lernen (z.B. Campana Schleusener 2012; Wagener 2014).

Bei der Forschung zu sozialen Beziehungen respektive zu Peer-Kulturen auf der Hinterbühne des Unterrichts geht es u.a. um folgende Fragen: Wie stellen Schülerinnen und Schüler nicht normierte Interaktionen im Kontext von Schule her (Corsaro & Eder 1990)? Mit welchen Anforderungen sind Kinder im Umgang mit Gleichaltrigen konfrontiert (Krappmann & Oswald 1995)? Wie lässt sich das Schüler- und Peersein ausbalancieren (Boer & Deckert-Peaceman 2009)? Dabei bezeichnet der Begriff Peers nicht primär Freundinnen und Freunde, „sondern einfach Altersgleiche, die im Kontext der Schule unfreiwillig zusammengewürfelt werden und vor der Aufgabe stehen, sich im Rahmen alltäglicher Interaktionen in ein Verhältnis zu bringen" (Herzog 2011a, p. 190). Schüler-Schüler-Interaktionen weisen also zwei Facetten auf. Einerseits geht es dabei um Schülerkooperationen im Rahmen der formellen Gruppierung als Schulklasse, andererseits jedoch um informelle Gruppierungen als Peers. Gerade Letztere üben einen nicht zu unterschätzenden Einfluss auf das Unterrichtsgeschehen aus (Breidenstein & Prengel 2005; Maschke & Stecher 2010).

## 3.3 Etablierung der Klasse als soziales System

Die vorangegangenen Ausführungen haben deutlich gemacht, dass es sich beim Unterricht um eine soziale Situation handelt, die durch hohe Komplexität gekennzeichnet ist. Dies wirft die Frage auf, wie im Unterricht eine gewisse Stabilität erreicht – oder anders ausgedrückt – ein soziales System etabliert werden kann. Laut Herzog (2011a) ist dieses soziale System eine kollektive Leistung der Lehrperson, zusammen mit den Schülerinnen und Schülern. „Anwesenheit, Dazugehörigkeit, gegenseitige Wahrnehmung, Kommunikation und Verbundenheit" (ebd.) sind Kriterien, die die Schulkasse als soziales System ausmachen:

- Anwesenheit und Dazugehörigkeit: Unterricht ist auf die Anwesenheit der Lehrperson sowie der Schülerinnen und der Schüler angewiesen. „Anwesenheit bedeutet, dass die Vermittlung lokal, unter Ausnutzung situativer Bezüge und nonverbaler Kommunikationsmittel stattfinden kann" (ebd., p. 179). Anwesenheit ist verbunden mit Dazugehörigkeit. Die Bedeutung der Dazugehörigkeit wird evident, wenn wir uns das Leid vor Augen halten, das Schülerinnen und Schüler durch soziale Ausgrenzung erfahren – Stichworte Mobbing, Bullying (z. B. Rees, Bradshaw & Andresen 2016).
- Gegenseitige Wahrnehmung: Gemäss Doyle (1986) handelt es sich beim Unterricht um eine öffentliche Situation (vgl. dazu auch 2.1.3), die durch gegenseitige Wahrnehmung geprägt ist. Einerseits versucht die Lehrperson möglichst den Überblick zu wahren, andererseits beobachten die Schülerinnen und Schüler, wie die Lehrperson mit den Mitschülerinnen und Mitschülern umgeht, und verschaffen sich diesbezüglich ein entsprechendes Wissen. Wenden sie sich nun aber vom eigentlichen Unterrichtsgeschehen ab und beschäftigen sich – sozusagen auf der Hinterbühne des Unterrichts – mit anderen Dingen, so bedeutet dies, dass sie sich der gegenseitigen Wahrnehmung entziehen, was zur Destabilisierung des sozialen Systems beitragen kann.
- Kommunikation: Herzog (2011a) betrachtet Kommunikation „als Medium, durch welches das Lehren der Lehrkraft mit dem Lernen der Schülerinnen und Schüler in Verbindung steht" (ebd., p. 179). In Rückgriff auf den Kommunikationsbegriff von Luhmann (1984) führt er aus, dass jede Person aus ihrer Sicht etwas wahrnimmt und diese Wahrnehmung für sich verarbeitet. Insofern stellt jede Person ein System dar, das mit anderen Systemen kommuniziert. Im Unterricht geht es schliesslich darum, diese verschiedenen Erfahrungsräume – so Herzog (ebd.) – zusammenzuführen.
- Verbundenheit: Dazugehörigkeit impliziert, dass Schülerinnen und Schüler einer Klasse persönliche Beziehungen untereinander pflegen. Diese Beziehungen verleihen einer Klasse ein bestimmtes Gesicht. Zudem stellt die Schulklasse auch eine Bezugsgruppe dar. Da sich Unterricht in einem öffentlichen Raum abspielt, der den Rahmen für eine gemeinsame Geschichte darstellt (vgl. dazu 2.1.3), erhalten die Schülerinnen und Schüler dauernd Rückmeldungen – sei es von der Lehrperson oder von den Mitschülerinnen und Mitschülern. Dadurch erfahren sie, wo sie leistungsmässig in der Klasse stehen. Soziale Vergleiche untereinander sind also unumgänglich.

Diese Kriterien stellen gemäss Herzog (ebd.) die Voraussetzung für Reziprozität dar, denn eine Klasse bleibt über längere Zeit zusammen und somit ist eine kontinuierliche

Interaktionsdichte möglich. Im Sinne der sozialen Gegenseitigkeit liegt es im Interesse des Einzelnen, zu geben und zu nehmen, damit die Klasse als soziales System über längere Zeit aufrechterhalten werden kann.

## 3.4  Fazit

Zunächst wurde dargestellt, wie sich das Verständnis der Lehrer-Schüler-Interaktion von einer unilateralen zu einer transaktionalen Perspektive verlagert hat. Danach wurde beschrieben, dass Kindergarten und Schule gleichzeitig Orte des Unterrichts, aber auch der Kinderwelt sind. Anschliessend wurden die Voraussetzungen reflektiert, die erfüllt sein müssen, damit die Klasse als soziales System funktionieren kann. Während Doyle (2006) in seiner Umschreibung von Merkmalen des Unterrichts vor allem die Perspektive der Lehrperson darstellt (vgl. 2.1.3), werden in den Ausführungen zur Klasse als einem sozialen System die Schülerinnen und Schüler in den Vordergrund gerückt.

Ein Aspekt, dem noch nicht Rechnung getragen wurde, ist der Umstand, dass sich den Kindern mit dem Eintritt in die Eingangsstufe ein neues Mikrosystem (Bronfenbrenner 1981; Petillon 2010) eröffnet, das ihnen als Spiel-, Lern- und Entwicklungsraum dient. Die Eingangsstufe als Beginn der obligatorischen Schulzeit ist auch Ort der gemeinsamen Bildung. In einer Klasse treffen Kinder mit unterschiedlichsten familiären und kulturellen Hintergründen aufeinander – Kinder, die bereits vorgeprägt sind von ihren eigenen Biografien, Erfahrungen und Interessen. Für einige von ihnen ist es das erste Mal, dass sie Teil einer grossen Gruppe von Kindern sind, während andere bereits über soziale Erfahrungen in frühpädagogischen Einrichtungen verfügen. Daher ist dem sozialen Lernen ein hoher Stellenwert beizumessen (Einsiedler 2005), handelt es sich dabei doch um den zentralen Aspekt grundlegender Bildung. Mit dem Classroom Management schafft die Lehrperson die Basis, damit die Kinder in einer Atmosphäre gegenseitiger Wertschätzung und Anerkennung spielen und lernen können (Wannack 2010).

# 4 Pädagogisch-didaktische Überlegungen zur Unterrichtsgestaltung

Nach den Ausführungen zum Classroom Management und zur Klasse als sozialem System steht nun die Unterrichtsgestaltung als Ganzes im Zentrum. Wie Kapitel 1 zu entnehmen ist, stellt sich die Herausforderung, didaktische Überlegungen und Begrifflichkeiten zum Unterricht im Kindergarten und in der Primarunterstufe miteinander zu verbinden. Verschiedenste empirische Arbeiten zeigen auf, dass zwar viele Gemeinsamkeiten vorhanden sind, diese jedoch bis anhin nicht systematisch aufeinander bezogen wurden (Wannack 1997; 2003; 2004; 2006). Auf dieser Grundlage und in Zusammenarbeit mit Dozentinnen der Kindergarten-Didaktik wie auch der Allgemeinen Didaktik[8] entstand ein pädagogisch-didaktisches Konzept (vgl. Abbildung 4.1) mit der Zielsetzung, den charakteristischen Merkmalen der Unterrichtsgestaltung und den Begrifflichkeiten beider Stufen Rechnung zu tragen.

Wie in Abbildung 4.1 ersichtlich, werden die drei Ebenen Classroom Management, Spiel- und Lernbegleitung sowie Unterrichtssequenzen unterschieden. Die konzentri-

| Gesetzliche Rahmenbedingungen | | |
| --- | --- | --- |
| **Unterrichtsgestaltung** | | |
| Regeln **Classroom Management** | | Prozeduren |
| Beobachten **Spiel- und Lernbegleitung** | | Analysieren |
| **Unterrichtssequenzen** | | |
| | Geführte Sequenzen | Offene Sequenzen |
| Spiel-, Lerninhalte | • themengebunden | • themengebunden<br>• themenungebunden |
| Unterrichtsformen | • Darbietende Formen<br>• Erarbeitende Formen<br>• Entwickelnde Formen | • Freies Spiel<br>• Tages-, Wochenplan<br>• Werkstattarbeit |
| Sozialformen | • Klasse<br>• Gruppen | • Einzeln<br>• Gruppen |
| Unterstützen | | |
| Rituale | | Raumgestaltung |
| Lehrplan | | |

*Abbildung 4.1: Pädagogisch-didaktisches Konzept im Überblick (Wannack, Arnaldi & Schütz 2009b)*

---

8  Ganz herzlich möchte ich Ursula Arnaldi (Institut für Vorschulstufe und Primarstufe, PHBern) und Annalise Schütz (Privates Institut für Vorschulstufe und Primarstufe NMS Bern) für die wertvolle Zusammenarbeit zur Entwicklung eines pädagogisch-didaktischen Konzepts für die Eingangsstufe danken.

sche Anordnung soll die Stützfunktion des Classroom Management unterstreichen oder – wie Herzog es zum Ausdruck bringt – „Die Klassenführung schafft die Bedingungen, dass überhaupt unterrichtet werden kann" (Herzog 2002, p. 426). Dies bezieht sich nicht nur auf das eigentliche Unterrichten, sondern auch auf die Spiel- und Lernbegleitung, denn diese sind erst möglich, wenn das Classroom Management und die Gestaltung von Unterrichtssequenzen aufeinander abgestimmt sind. Der äusserste Kreis – gesetzliche Rahmenbedingungen – verweist darauf, dass in politischen Prozessen ausgehandelt wird, welche Funktionen an die Institutionen delegiert werden. Diese Funktionen finden ihren Ausdruck in den Bildungsgesetzgebungen. Weil Kindergarten und Volksschule je eine eigene Geschichte der Institutionalisierung aufweisen, soll zunächst kurz auf die Bedeutung der gesetzlichen Rahmenbedingungen eingegangen werden.

## 4.1 Gesetzliche Rahmenbedingungen

Nach der Gründung der ersten Kindergärten im früheren 19. Jahrhundert dauerte es fast 100 Jahre, bis diesbezüglich kantonale Gesetze verabschiedet wurden. Je nach Kanton wurde entweder ein eigenes Kindergarten-Gesetz geschaffen oder der Kindergarten in die Schulgesetzgebung integriert. Ähnlich verhielt es sich mit den Lehrplänen. Während die Einführung der Primarschulpflicht im 19. Jahrhundert Hand in Hand mit der Einführung von Lehrplänen einherging (Schmidt 2011), kam der erste Rahmenplan für den Kindergarten in der deutschen Schweiz erst 1971 heraus (Wannack 2003). Bis zur Einführung des Lehrplans 21 (Deutschschweizer Erziehungsdirektoren-Konferenz 2015) stützten sich Kindergarten und Volksschule auf je eigene, kantonale Lehrpläne ab. Sie unterschieden sich zum einen in ihrer Verbindlichkeit in Bezug auf das Erreichen von Lernzielen und zum anderen – mit wenigen Ausnahmen – in ihrer Strukturierung (Wannack 2003). Im Kanton Bern beispielsweise wurde 1999 ein neuer Kindergartenlehrplan eingeführt. Um den Anschluss an den Lehrplan der Volksschule zu gewähren, wurde zwar die Beschreibung von Richt- und Grobzielen aus dem Volksschullehrplan übernommen, die Fächerstruktur des Volksschullehrplans zur Beschreibung der Lerninhalte jedoch nicht. Dies ändert sich mit dem Lehrplan 21 (Deutschschweizer Erziehungsdirektoren-Konferenz 2014), der 2014 in einer ersten Fassung herauskam und ab 2015 von den Kantonen schrittweise eingeführt wird (Deutschschweizer Erziehungsdirektoren-Konferenz 2015). Dabei wird die obligatorische Schulzeit in drei Zyklen aufgeteilt: Zyklus 1 umfasst die Eingangsstufe mit Kindergarten und den ersten zwei Schuljahren der Primarstufe[9], Zyklus 2 das dritte bis sechste Primarschuljahr und Zyklus 3 das siebte bis neunte Schuljahr (Sekundarstufe I). Der Lehrplan 21 weist die sechs Fachbereiche Sprachen, Mathematik, Natur

---

9    Mit diesem Begriff wird die erste obligatorische Bildungsstufe des schweizerischen Bildungssystems benannt. Eine ausführlichere Beschreibung der Eingangsstufe findet sich in 5.2.

Mensch Gesellschaft, Gestalten, Musik sowie Bewegung und Sport auf. In den Fachbereichen wird – mit Ausnahmen – der Kompetenzaufbau vom Kindergarten bis zum neunten Schuljahr dargestellt. Pro Zyklus wird definiert, an welchen Kompetenzstufen gearbeitet werden soll. Sogenannte Grundansprüche am Ende eines Zyklus geben an, welche Kompetenzstufe die Schülerinnen und Schüler bis dahin erreicht haben sollten.

Die Ausführungen zu den gesetzlichen Rahmenbedingungen wie auch zu den Lehrplänen zeigen auf, dass eine schrittweise Annäherung von Kindergarten und Primarschule stattgefunden hat, die in der Integration des Kindergartens in die Volksschule kulminierte. Sowohl bei den gesetzlichen Rahmenbedingungen als auch bei den geltenden Lehrplänen handelt es sich um situative Voraussetzungen für den Unterricht (Herzog 2002).

## 4.2 Ebenen der Unterrichtsgestaltung

Nachfolgend wird ausführlicher auf die drei Ebenen Unterrichtssequenzen, Spiel- und Lernbegleitung sowie Classroom Management eingegangen.

### 4.2.1 Unterrichtssequenzen

Der Begriff Unterrichtssequenz wurde gewählt, weil damit das Verständnis von Unterricht als Abfolge von Spiel- und Lernangeboten in verschiedenen Unterrichts- und Sozialformen zum Ausdruck gebracht werden kann. Zugleich wird die Bezeichnung Unterrichtssequenz als Oberbegriff für die beiden Grundformen geführte Sequenz und offene Sequenz verwendet. Das Unterscheiden von zwei Grundformen könnte dazu verleiten, diese als Gegensätze zu betrachten – was denn auch durch Bezeichnungen wie lehrerzentrierter beziehungsweise schülerzentrierter Unterricht oder auch geschlossener respektive offener Unterricht suggeriert wird. Allerdings liegen die beiden Grundformen einander nicht diametral gegenüber; dies zeigen die wiederholten Versuche, zu definieren, was unter offenem Unterricht genau zu verstehen ist (z.B. Jürgens 2009; Ramseger 1992). Letztlich geht es vor allem darum, das Spektrum der möglichen Freiheitsgrade im Rahmen der verschiedenen Unterrichtsformen respektive losgelöst von diesen zu bestimmen. Dazu werden zwei Wege beschritten (vgl. Bohl & Kucharz 2010): Zum einen stellen Autorinnen und Autoren ihren Ausführungen zu offenem Unterricht eigene Definitionen voran, die mitunter sehr differieren können. Zum anderen wird versucht, anhand von Merkmalen respektive Dimensionen der Öffnung, offenen Unterricht zu umschreiben. Im Zentrum steht dabei die Führung oder Lenkung des Unterrichts durch die Lehrperson in Beziehung zu den Freiheitsgraden der Schülerinnen und Schüler. Basierend auf den dimensionalen Konzeptionen von Ramseger (1992), Brügelmann (1998) und Peschel (2003) legen Bohl, Kucharz (2010) eine Weiterentwicklung zur Beschreibung der Öffnung von Unterricht vor (vgl. Abbildung 4.2).

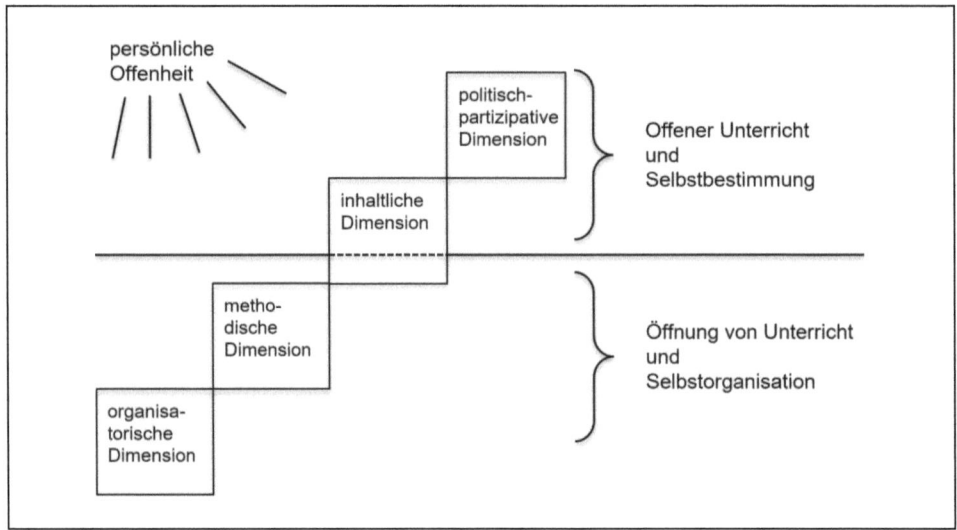

*Abbildung 4.2: Dimensionen der Öffnung des Unterrichts (Bohl & Kucharz 2010, p. 19)*

Bemerkenswert ist die Differenzierung in „Offenen Unterricht" und „Öffnung von Unterricht", die folgendermassen begründet wird:

> „Der Vorteil dieser Unterscheidung zwischen Öffnung und offenem Unterricht liegt darin, dass der offene Unterricht als Begriff ‚geschützt' bleibt und nicht für sehr begrenzte Freiheitsgrade verwendet wird. Gleichzeitig erachten wir es als legitim und sinnvoll, begrenzte Freiheitsgrade als Öffnung zu verstehen." (Bohl & Kucharz 2010. p. 20)

Als eher begrenzte Freiheitsgrade verstehen Bohl, Kucharz (2010) die Wahlmöglichkeiten der Schülerinnen und Schüler, im Rahmen der organisatorischen Dimension selber bestimmen zu können, in welcher Reihenfolge sie z.B. die Aufgaben angehen wollen, respektive innerhalb der methodischen Dimension, inwieweit sie eigene Lernwege einschlagen oder vorgegebenen Lernschritten folgen wollen (ebd.). Die inhaltliche Dimension stellt so etwas wie den Wendepunkt dar (ebd.): Wird Unterricht inhaltlich so weit geöffnet, dass es den Schülerinnen und Schülern frei steht, ihre Lerninhalte – in Rahmenthemen oder Fachbereichen – selber zu wählen oder sogar ihren eigenen Interessen nachzugehen, wenn sie sogar – im Sinne politisch-partizipativer Mitbestimmung – befugt sind, sich an Entscheidungen zu beteiligen, dann sprechen Bohl, Kucharz (2010) von Selbstbestimmung. Hingegen werden die Freiheitsgrade bezüglich der inhaltlichen Dimension, bei denen die Kinder bloss aus vorgegebenen Aufgabenstellungen auswählen können (ebd.), unter dem Begriff Selbstorganisation subsumiert.

Auch andere Autorinnen und Autoren äussern sich aufgrund der unterschiedlichen Umsetzung von offenem Unterricht sehr vorsichtig und präferieren Begriffe wie offene Lernsituationen (Lipowsky 1999) oder offene Unterrichtsformen (Gudjons 2011), um der Kritik zu vorzubeugen, dass offener Unterricht mitunter kaum offen sei respektive in einem institutionellem Rahmen wie der Schule einen Widerspruch in sich darstelle (Kasper 1995).

Ähnlich verhält es sich mit dem freien Spiel, das charakteristisch für den Kindergarten ist. Auch hier begegnen wir der Schwierigkeit, Spiel zu definieren (Einsiedler 1991; Huizinga 1997). Auch hier finden sich verschiedene Ansätze wie Umschreibungen (Hauser 2013), empirische Lösungsansätze (Einsiedler 1991) oder Definitionsversuche mittels Merkmalen (Hauser 2013; Krasnor & Pepler 1980; Oerter 1999). Zudem wird grundsätzlich darüber diskutiert, ob pädagogisch-didaktisch genutztes Spiel überhaupt noch als Spiel im eigentlichen Sinn zu betrachten sei (Böhm 1983; Flitner 1998).

Mit der Betonung der unterschiedlichen Grade der Öffnung von Unterricht – auch unter Einbezug des freien Spiels – wird der Übergang von geführten zu offenen Sequenzen fliessend, wie sich dies gut am Beispiel der Einzel-, Partner- oder Gruppenarbeit zeigen lässt. Während Bönsch (1998) diese Sozialformen als „Phasen der individuellen Arbeit" im Rahmen von lehrerorientiertem Unterricht verortet, werden sie z.B. von Giaconia, Hedges (1982) oder auch von Gudjons (2003) den offenen Unterrichtsformen zugeordnet.

Aufgrund der dargestellten Überlegungen scheint es sinnvoll, die beiden Grundformen geführte und offene Sequenz unter Einbezug der Perspektiven der Lehrperson sowie der Schülerinnen und Schüler als Pole eines Kontinuums zu sehen (vgl. Abbildung 4.3). Diese äusseren Merkmale von Unterricht (Lipowsky 2002) ermöglichen es, zu analysieren und zu reflektieren, in welchem Grad und in welchen Bereichen Lehrpersonen die Führung ausüben, respektive welche Wahlfreiheiten sie den Schülerinnen und Schülern einräumen.

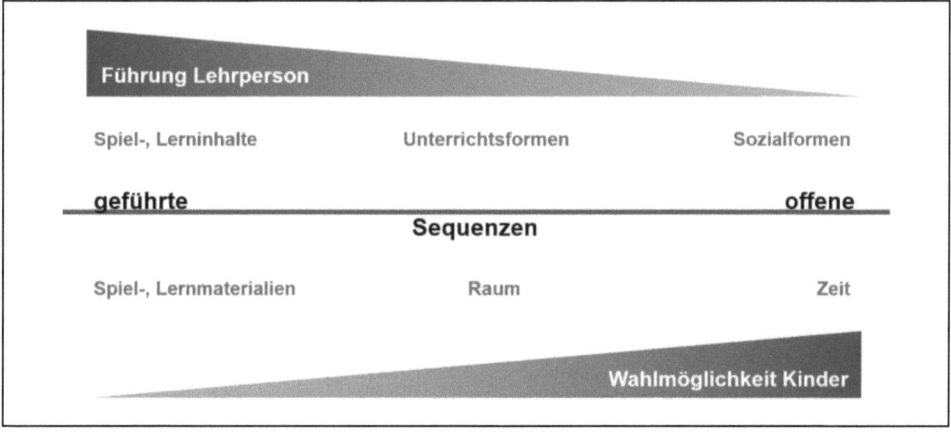

*Abbildung 4.3: Merkmale und Perspektiven geführter und offener Sequenzen (Wannack, Schütz & Arnaldi 2010)*

Als Nächstes wird nun konkret auf die Ausgestaltung dieser beiden Grundformen eingegangen. In Anlehnung an die zu Beginn des Kapitels erwähnten, empirischen

Arbeiten ist es naheliegend, die geführten und offenen Sequenzen über die drei Dimensionen Spiel- und Lerninhalte, Unterrichtsformen und Sozialformen näher zu charakterisieren.

Spiel- und Lerninhalte: Geführte Sequenzen werden vor allem genutzt, um in Abstimmung mit dem Lehrplan Spiel- und Lerninhalte aus den verschiedenen Fachbereichen einzuführen, zu üben und anzuwenden – was mit themengebunden umschrieben wird. Doch auch offene Sequenzen enthalten themengebundene Spiel- und Lernangebote. Oftmals handelt es sich dabei um Vertiefungs- und Übungsangebote zu einem bestimmten Spiel- und Lerninhalt, der zuvor in geführten Sequenzen erarbeitet wurde. Zusätzlich dazu werden jedoch auch Spiel- und Lerninhalte angeboten, die nicht unmittelbar mit den in den geführten Sequenzen erarbeiteten Themenbereichen in Verbindung stehen, und die dementsprechend als themenungebundene Spiel- und Lernangebote bezeichnet werden. Sie eröffnen den Schülerinnen und Schülern Freiräume, die es ihnen ermöglichen, sich mit spezifischen, selbst gewählten Themen auseinanderzusetzen und so ihren eigenen Interessen nachzugehen (Wannack 1997; 2001; 2004).

Unterrichtsformen: Die darbietenden, erarbeitenden und entwickelnden Unterrichtsformen zählen zu den geführten Sequenzen und stehen unter der direkten Führung durch die Lehrperson. Unter dem Begriff darbietende Formen werden instruktionale Tätigkeiten wie Vortragen, Vorzeigen, Erklären und Erzählen zusammengefasst (vgl. z. B. Berner, Fraefel & Zumsteg 2011). Erarbeitende Formen wie das Unterrichtsgespräch, Impulse in Form von Fragen der Lehrperson zu einem Spiel- und Lerninhalt dienen dem nochmaligen Durchgehen, dem Aufzeigen von Zusammenhängen oder der Reflexion eines Sachinhalts (Wiechmann 2009; 2011). In Klassengesprächen werden aktuelle Themen wie Erlebnisse der Schülerinnen und Schüler, Konflikte in der Klasse, Rückschau auf den Tag, die Woche etc. erörtert. Bei den entwickelnden Formen bildet in der Regel eine offene Aufgabenstellung den Ausgangspunkt. Die Schülerinnen und Schüler versuchen dabei möglichst selbstständig eine Lösung zu finden, indem sie beobachten, experimentieren, analysieren, diskutieren etc. (Neber 2009).

Es wurde bereits ausgeführt, dass der Begriff offener Unterricht für ein Sammelsurium von möglichen methodischen Formen steht. Auch bezüglich der einzelnen Methoden im Rahmen des offenen Unterrichts zirkuliert eine Vielzahl von Interpretationen und Bezeichnungen. Im vorliegenden Konzept werden drei Formen unterschieden, die im Kindergarten und in der Primarunterstufe häufig eingesetzt werden: freies Spiel, Werkstattarbeit sowie Tages- und Wochenplan. Anders als bei den geführten Sequenzen erfolgt bei den Unterrichtsformen in offenen Sequenzen eine indirekte Führung über Spiel- und Lernangebote respektive durch eine vorbereitete Spiel- und Lernumgebung, wie die nachfolgenden Beschreibungen zeigen.

– Im freien Spiel werden den Kindern über verschiedene Funktionsbereiche Spiel- und Lernangebote gemacht. Bei deren Gestaltung werden nebst den Fachbereichen auch die verschiedenen Spielformen berücksichtigt: Funktions-, Konstruktions-, Symbol- und Regelspiele. Eine weitere Dimension bildet das Spielmaterial, das Spielzeuge und Spielmittel umfasst (Mieskes 1983). Spielzeuge suggerieren bestimmte Spielideen, denken wir etwa an einen Krämerladen oder einen Spielzeugtraktor. Bei Spielmitteln hingegen handelt es sich um unstrukturierte Materialien wie z. B. Holzstecken, Tücher, Sand, Steine. Je nach ihren Materialeigenschaften eröffnen sie vielfältige Erfahrungs-, Gestaltungs- und Interpretationsmöglichkeiten, auch wenn sie nicht beliebig nutzbar sind. Das freie Spiel umfasst sowohl themengebundene als auch themenungebundene Spiel- und Lernangebote. Der Freiheitsgrad, der den Kindern dabei eingeräumt wird, kann sich z. B. auf die Wahl des Funktionsbereichs und der Mitspielerinnen und Mitspieler beziehen. Je nach dem Funktionsbereich haben die Kinder die Möglichkeit, ihren eigenen Spielrahmen zu setzen (Wannack, Arnaldi & Schütz 2009a).

–  Werkstattarbeit wird in der Regel so angelegt, dass ein Thema gewählt wird, zu dem Pflicht- und Wahlaufgaben formuliert werden. Jede Aufgabe liegt in schriftlicher Form vor, enthält Angaben zum benötigten Material, der Sozialform (Einzel-, Partner-, Gruppenarbeit) und je nachdem auch zum Schwierigkeitsgrad. Werkstattarbeitsaufgaben bezwecken das Erarbeiten neuer Inhalte, aber auch das Vertiefen, Üben oder Anwenden von bereits bekannten Inhalten (Reichen 1991). Oftmals wird die Werkstattarbeit als eine erste mögliche Form in Richtung Öffnung von Unterricht betrachtet, da sie eine für die Kinder klar ersichtliche, organisatorische und zeitliche Struktur aufweist (Bohl & Kucharz 2010; Peschel 2003).

–  Tages- und Wochenpläne enthalten nebst themengebundenen Aufgaben aus verschiedenen Fachbereichen auch themenungebundene Aufgaben. Zur Bearbeitung der schriftlich vorliegenden Aufgaben stehen den Schülerinnen und Schülern Zeitblöcke über Tage oder Wochen hinweg zur Verfügung. Auch in dieser Unterrichtsform obliegt es der Lehrperson, den jeweiligen Freiheitsgrad für die Kinder zu bestimmen. Definiert die Lehrperson sämtliche Pflicht- und Wahlangebote, können die Schülerinnen und Schüler lediglich die Reihenfolge der Bearbeitung, allenfalls auch die Sozialform und das Zeitbudget selber bestimmen. Können die Schülerinnen und Schüler jedoch innerhalb der Angebote wählen und ihren eigenen Tages- oder Wochenplan zusammenstellen, oder darüber hinaus auch eigenen Interessen nachgehen, erweitern sich ihre Freiräume erheblich (Vaupel 2011).

Sozialformen: Unterrichtsformen und Sozialformen sind eng miteinander verknüpft. Bei Unterrichtsformen im Rahmen geführter Sequenzen liegt der Fokus auf der ganzen Klasse. Dies ist auch bei Mehrjahrgangsklassen oder beim Team-Teaching der Fall, wenn also die Klasse in kleinere Einheiten aufgeteilt wird – z. B. Jahrgangsklasse oder Halbklasse. Häufig werden geführte Sequenzen in erarbeitenden oder entwickelnden Formen auch zeitweilig aufgelöst, damit die Kinder in Gruppen einer Aufgabe nachgehen können. Werden die Unterrichtsformen in offenen Sequenzen betrachtet, so gelangen vor allem die Sozialformen Einzelarbeit und Gruppenarbeit zur Anwendung.

Nachdem eingehender auf die Ebenen und Merkmale von Unterrichtssequenzen eingegangen worden ist, wird der Fokus nun auf die Spiel- und Lernbegleitung gelegt.

### 4.2.2 Spiel- und Lernbegleitung

Für die Tätigkeit der Lehrperson, Schülerinnen und Schüler in ihren Lernwegen zu begleiten, werden verschiedene Begriffe wie Lernunterstützung, Lernhilfe, Lernbetreuung, Lerncoaching oder auch Lernbegleitung verwendet (Krammer 2009). Im Zusammenhang mit dem freien Spiel wird oftmals von Unterstützung und Anregung gesprochen (Heimlich 2015). Aufgrund der Charakterisierung des Spiels als einer selbstbestimmten, phantasievollen und selbstregulierten Tätigkeit wird jedoch immer wieder danach gefragt, ob beziehungsweise inwieweit das Intervenieren angemessen sei (Heimlich 2015). Zur Klärung dieser Frage greifen verschiedene Autorinnen und Autoren auf die soziokulturelle Theorie von Vygotsky zurück (Gisbert 2004; Leuchter 2010; Wood & Attfield 2005). Im Zentrum des Interesses steht dabei die Zone nächster Entwicklung, die Kinder in der Interaktion mit Erwachsenen oder mit kompetenteren Kindern erreichen können (Vygotsky 1978). Was an dieser Stelle im Zusammenhang mit der Spielbegleitung angesprochen wurde, gilt im Allgemeinen auch für den in soziale Interaktionen eingebetteten Wissensaufbau (Vygotsky 1978). Die Spiel- und Lernbegleitung bezieht sich hingegen nicht nur auf kognitive, sondern auch auf emotionale, soziale und organisatorische Aspekte. Aus diesem Grund wird die Bezeichnung Spiel- und Lernbegleitung favorisiert, denn sie lässt eben diese Offenheit zu.

Um die Schülerinnen und Schüler in ihrem Spielen und Lernen begleiten zu können, muss die Lehrperson zunächst deren Spiel- und Lernprozesse beobachten und analysieren. Erst danach ist sie in der Lage, zu entscheiden, in welcher Art und Weise Unterstützung erforderlich ist. Diese kann beispielsweise beim Erteilen einer Aufgabe oder dem Ankünden einer Sequenz Werkstattarbeit darin bestehen, einzelnen Kindern oder Gruppen bei der Auswahl des Spiel- und Lernangebots oder bei der Organisation zu helfen, oder während des Spiel- und Lernprozesses eine Aufgabe gemeinsam zu lösen, einen Spielimpuls zu geben oder einfach motivationale Unterstützung zu bieten (Herger 2013; 2017). Es wurden verschiedene Modelle erarbeitet, die aufzeigen sollen, wie das Spielen und Lernen begleitet werden kann (Herger 2013; Krammer 2009). Zwei dieser Modelle werden nachfolgend beschrieben.

Cognitive Apprenticeship: Collins, Brown, Newman (1989) unterscheiden in ihrem Modell der kognitiven Berufslehre vier Kerntätigkeiten – Modeling, Coaching, Scaffolding, Fading –, die den Wissensaufbau der Schülerinnen und Schüler bezüglich Sachwissen, Problemlöse-, Kontroll- und Lernstrategien unterstützen sollen (ebd.).

Im Rahmen des Modeling werden den Kindern Tätigkeiten vorgemacht, zudem wird ihnen das Lösen von Aufgaben vorgezeigt und sprachlich kommentiert. Die Entscheidung, ob es des Coachings bedarf – sei es in Form von inhaltlichen Hilfestellungen oder Aufmunterungen –, entscheidet die Lehrperson aufgrund ihrer Beobachtung der Kinder. Als Scaffolding wird die Unterstützung der Kinder durch gezielte Fragen, Hinweise auf mögliche Lösungsstrategien oder das Zur-Verfügung-Stellen von Hilfsmaterialien bezeichnet. Unter dem Begriff Fading wird verstanden, dass die

Lehrperson ihre Hilfestellungen reduziert, sobald sie sieht, dass die Schülerinnen und Schüler die Aufgabe selber lösen können (ebd.). Da das Modell auch darauf abzielt, metakognitive Strategien zu fördern, ergänzen Collins, Brown, Newman (1989) diese vier Kerntätigkeiten um drei weitere – articulation, reflection, exploration. Dabei geht es darum, dass die Kinder ihr Vorgehen beschreiben, in der Klasse verschiedene Lösungen reflektiert werden und dass in einem nächsten Schritt – im Sinne des Explorierens – Anschlussfragen besprochen, neue Problemstellungen oder neue Interessen formuliert werden.

Play Training: In Rückbezug auf Piaget, Vygotsky und Sutton-Smith stellen Johnson, Christie, Yawkey (1987) drei Formen vor, um das Spiel der Kinder zu begleiten – Parallel Playing, Co-Playing, Play Tutoring. Im Parallelspiel greift die Lehrperson die Spieltätigkeit des Kindes auf und spielt parallel dazu für sich. Sie kommentiert ihr Spiel und versucht auf diese Weise, neue Spielimpulse zu geben. Beim Mitspiel klinkt sie sich direkt in das Spiel der Kinder ein oder wird von ihnen zum Mitspielen aufgefordert. Durch ihre aktive Rolle kann sie ihrem Spiel neue Impulse verleihen, ohne den Spielverlauf dadurch gänzlich zu bestimmen. Während diese beiden Formen darauf abzielen, im Rahmen bereits laufender Spieltätigkeiten Anregungen zu geben, geht es beim Spiel-Tutoring darum, neue Spielepisoden zu initiieren. Die Lehrperson kann dies von aussen tun (Outside Intervention), indem sie mit den Kindern neue Ideen generiert, oder von innen (Inside Intervention), indem sie den Spielrahmen setzt und den Spielverlauf bestimmt (ebd.).

Die Ebene der Spiel- und Lernbegleitung liegt nicht von ungefähr zwischen der Ebene der Unterrichtssequenzen und dem Classroom Management. Erst im Zusammenspiel dieser zwei Ebenen ist es möglich, den Schülerinnen und Schüler Spiel- und Lernangebote zur selbständigen Auseinandersetzung zur Verfügung zu stellen und damit Freiräume für die Spiel- und Lernbegleitung zu schaffen. Durch die Begleitung erhält die Lehrperson auch wertvolle Hinweise zur Gestaltung der nachfolgenden Unterrichtssequenzen oder der individuellen Hilfestellungen.

### 4.2.3 Classroom Management

Unsere Arbeitsdefinition von Classroom Management (vgl. 2.1.4) zeigt auf, dass wir Classroom Management als eine eigene Ebene in Anbetracht ihrer Stützfunktion für die Gestaltung von Unterrichtssequenzen sowie der Spiel- und Lernbegleitung konzipieren. Dies hat zur Folge, dass unser Modell nicht acht Schlüsselelemente enthält – wie dies bei Evertson, Emmer, Worsham (2003) sowie Evertson, Emmer (2013) der Fall ist –, sondern lediglich deren vier, die wir jedoch als zentral erachten: Regeln, Prozeduren, Raumgestaltung und Rituale. Regeln, Prozeduren und Raumgestaltung gehören unabdinglich zum Classroom Management (z. B. Manning & Bucher 2013; Pianta, La Paro & Hamre 2008; Poole & Evertson 2013). Die Rituale werden aus folgenden Gründen hinzugenommen: Einerseits handelt es sich dabei um ein relevantes stufenspezifisches Schlüsselelement, wie die zu Beginn des Kapitels 4 aufgeführten, empirischen Arbeiten deutlich machen, und andererseits wird damit der erweiterten Classroom-Management-Konzeption von Doyle Rechnung getragen (vgl. 2.1.3). Nachfolgend wird kurz auf diese vier Schlüsselelemente eingegangen.

Regeln: Auf einen einfachen Nenner gebracht, handelt es sich bei Regeln um allgemeine Normen bezüglich des erwarteten Verhaltens:

> „A rule identifies general expectations or standards for behavior. [...] Rules may indicate unacceptable behavior as well as expected, appropriate behavior [...]." (Evertson, Emmer & Worsham 2003, p. 20)

Laut Evertson (1994) beziehen sich die im Klassenzimmer geltenden Regeln auf fünf Aspekte: auf die Interaktion zwischen der Lehrperson und den Kindern, die Bewegung im Klassenzimmer, zeitliche Angaben, das Verhältnis zwischen der Lehrperson und den Kindern sowie auf das Verhältnis der Kinder untereinander. Evertson weist darauf hin, dass Regeln entweder formal eingeführt werden oder sich informal etablieren können.

Prozeduren: Häufig werden Regeln und Prozeduren in einem Atemzug genannt, so dass sich eine genaue Differenzierung der beiden Begriffe aufdrängt:

> „Procedures are for accomplishing particular classroom tasks; they are the ,how-to's for day-to-day functioning within the value system provided by the rules." (Evertson 1994, p. 817)

Während sich Regeln auf eher allgemeines Verhalten beziehen, zielen Prozeduren auf bestimmte, im Unterrichtsalltag häufig wiederkehrende Situationen ab – eben auf das „how-to" – und betreffen sehr spezifische, personelle, räumliche und materielle Aspekte.

Rituale: Dücker umschreibt Rituale als „sozial legitimierte, komplexe symbolische Handlungsabläufe" (Dücker 2012, p. 165). Gleichzeitig weist er jedoch darauf hin, dass es kaum möglich sei, eine verbindliche Definition für den Begriff Ritual zu finden. Stattdessen zählt er verschiedene Merkmale auf, die ein Ritual in mehr oder weniger stark ausgeprägter Form aufweisen kann, jedoch nicht zwingend aufweisen muss (Dücker 2007): Intentionalität, Symbolizität, Rahmen, narrative Struktur, Repetivität, Inszenierung, Performanz, Sequenzialität, Förmlichkeit, Öffentlichkeit, Komplexitätsreduktion, Selbstbezüglichkeit und Personal (Dücker 2012). Besonders hervorzuheben ist, dass Rituale mentale und körperliche Präsenz voraussetzen (Performanz) und sich häufig nebst der Sprache gestischer und mimischer Formen bedienen (Inszenierung) (ebd.). Zudem sind Rituale auf Personen angewiesen, die unterschiedliche Rollen wahrnehmen. Dadurch stellen Rituale ideale Lerngelegenheiten für Kinder dar (Wulf 2008).

Raumgestaltung: Mit der Gestaltung des Kindergartenraums oder des Schulzimmers wird – in Anlehnung an Bronfenbrenners Begrifflichkeit – ein Setting geschaffen, das er umschreibt als

> „Ort mit spezifischen physikalischen Eigenschaften, in dem die Teilnehmer in bestimmter Weise in bestimmten Rollen und in bestimmten Zeitabschnitten aktiv sind. Die Faktoren

Ort, Zeit, physikalische Eigenschaften, Aktivität, Teilnehmer und Rolle konstituieren die Elemente eines Settings." (Bronfenbrenner zitiert nach Walden & Schmitz 1999, p. 15).

Betrachten wir die Raumgestaltung zunächst aus der Perspektive der Lehrpersonen, gilt es Funktionsbereiche, Sitzkreis, Lehrerinnenpult, Tische, Stühle und Pulte sowie den Zugang zu häufig benutzten Unterrichts- und Spielmaterialien so zu arrangieren, dass diese gut erreichbar und die dazwischen liegenden Verkehrswege offensichtlich sind.

Unter dem Begriff Funktionsbereiche subsumieren wir einerseits Flächen wie z. B. Bau-, Bewegungs-, Lese-, Malecken. Sie sind durch das Material und die Einrichtung als solche erkennbar und werden oftmals durch Gestelle oder Paravents voneinander abgetrennt. Andererseits können auch Tische oder Ablageflächen als Funktionsbereiche eingerichtet werden, so etwa als Puzzle- oder Spieletisch oder auch als Computerplatz.

Wechseln wir die Perspektive und versetzen uns in die Kinder, so sind den genannten Elementen bestimmte Funktionen inhärent. Der Sitzkreis ist das Arrangement für gemeinsame Tätigkeiten in der Klasse. Die Funktionsbereiche beinhalten bestimmte Spiel- und Lernangebote, in die sich die Kinder einzeln oder in einer Gruppe vertiefen. Das Lehrerinnenpult ist im Erwachsenenmassstab und zeigt an, dass dieses der Lehrperson gehört. Tische, Stühle und Pulte sind in Kindergrösse, was darauf verweist, dass sie für die Kinder bestimmt sind.

Dieses didaktisch gestaltete Raumarrangement ist ein Element der Komposition einer Spiel- und Lernumgebung. Eng damit verbunden sind nebst der inhaltlichen Gestaltung der Spiel- und Lernangebote auch die Prozeduren und Regeln als weitere Elemente, die bei der Nutzung dieses Raumarrangements zum Tragen kommen.

Wie sich die Schlüsselelemente Regeln, Prozeduren, Rituale und Raumgestaltung im Unterrichtsalltag zeigen und in welchen Funktionen sie von den Lehrpersonen eingesetzt werden, ist Gegenstand des vorliegenden Forschungsprojekts. Das ausgearbeitete Classroom-Management-Modell wird in Kapitel 11 ausführlich vorgestellt.

## 4.3  Differenzierung und Individualisierung

Eng mit der Unterrichtsgestaltung im Kindergarten und der Primarunterstufe verwoben sind Fragen zur Differenzierung und Individualisierung des Unterrichts. Obwohl die beiden Begriffe zurzeit Hochkonjunktur haben – oder vielleicht gerade deshalb – findet sich eine Vielzahl von Interpretationen, die herauszuschälen versuchen, was darunter zu verstehen ist (Herrmann 2014; Trautmann & Wischer 2008; Wellenreuther 2009). Diffus bleibt dabei ebenfalls, in welchem Verhältnis diese Begriffe zueinander stehen (Reusser, Stebler, Mandel et al. 2013).

Wenden wir uns zunächst dem Begriff Differenzierung zu. In der Regel werden Differenzierungsmassnahmen hinsichtlich der Ebenen Schulsystem, Einzelschule und

Unterricht unterschieden (Bönsch 2004). Was das Schulsystem betrifft, wird dabei auf die gegliederte Sekundarstufe I sowie auf die verschiedenen Schultypen auf der Sekundarstufe II verwiesen. In Bezug auf die Schulebene bieten die einzelnen Schulformen verschiedene Möglichkeiten der Profilbildung, Maturitätsschulen z.B. durch die Wahl der Schwerpunktfächer. Im Rahmen der Unterrichtsdifferenzierung unterscheidet Bönsch (2004) zwischen äusserer und innerer Differenzierung. Im Sinn der äusseren Differenzierung wird Unterricht klassenübergreifend organisiert, sei es leistungsdifferenziert (Niveaugruppen) oder interessendifferenziert (Fächer-, Themenwahl) (ebd.). In unserem Zusammenhang interessiert vor allem die innere Differenzierung, die von Bönsch wie folgt definiert wird.

> „Unter Binnendifferenzierung (innerer Differenzierung) wird eine gruppeninterne Differenzierung verstanden. Die zugrundeliegenden Differenzierungskriterien können unterschiedlich sein. Lerngeschwindigkeit, Arbeitsmenge, Leistungshöhe, Lernschwierigkeiten, Arbeitsweisen, Kooperation, Interessen usw. Die Gruppe kann unterschiedlich gross sein: Klasse, Grossgruppe, Kleingruppe. Binnendifferenzierung strebt keine Dauerlösungen an, sie bleibt in der Regel situations- und lernzielgebunden." (Bönsch 2004, p. 34)

Basierend auf der Systematik von Klafki, Stöcker (1976) wurden unterschiedlichste Vorschläge zur Systematisierung von differenzierenden Massnahmen im Unterricht gemacht. In der Regel beziehen sich diese Vorschläge auf die Ebenen Ziele und Inhalte, Unterrichtsformen und personale Unterstützung (Reusser, Stebler, Mandel et al. 2013). Zusammenfassend kann mit Trautmann, Wischer (2008) formuliert werden, dass die Zielsetzung der Binnendifferenzierung darin besteht, für die Schülerinnen und Schüler gleichzeitig, also in ein und derselben Unterrichtssituation, durch verschiedene Angebote möglichst optimale Lernbedingungen zu kreieren. Um dieses Ziel erfüllen zu können, muss Unterricht „im Sinne innerer Differenzierung durchdacht werden." (Klafki 2007, p. 181).

Individualisierung ist gemäss Herrmann (2014) ein grundlegendes pädagogisches Prinzip, das das Lernen der einzelnen Schülerin, des einzelnen Schülers ins Zentrum der unterrichtlichen Massnahmen stellt. Ausgangspunkt für dieses pädagogische Prinzip sind die individuellen Bildungs- und Lernvoraussetzungen der Schülerinnen und Schüler, die unter dem Topos Heterogenität diskutiert werden. Ein Blick zurück in die Geschichte der Pädagogik zeigt, dass dieser Diskurs nicht etwa neu ist (Krammer 2009; Oelkers 1992; Trautmann & Wischer 2008). Besondere Aufmerksamkeit erhielt die Individualisierung durch die dezidierte Kindsorientierung in der Reformpädagogik (Oelkers 2010; Scheibe 1999). In diesem Zusammenhang wurden verschiedene Unterrichtskonzeptionen vorgeschlagen, darunter z.B. der Dalton-Plan von Helen Parkhurst (Besuden, Bischofs, Mühlmeyer et al. 1976), Hugo Gaudigs freie geistige Schularbeit (Scheibe 1999) oder John Deweys und William Heard Kilpatricks Projektunterricht (Oelkers 2010). In den 1960er und 1970er Jahren entfachte sich die Diskussion rund um die Individualisierung des Unterrichts erneut, diesmal aufgrund des Sputnik-Schocks, der umfassende Bildungsreformen nach sich zog (Trautmann

& Wischer 2008). Ferner trugen die soziologischen Befunde zu den damaligen ge-
sellschaftlichen Veränderungen – unter anderen die Individualisierungsthese Becks
(1986) – dazu bei, dass die Heterogenität der Schülerinnen und Schüler nunmehr
ins Blickfeld rückte. So erschienen damals etliche Publikationen zur inneren Differenzierung, etwa von Klafki, Stöcker (1976), Bönsch (1976), Glogauer (1976). Darin
wurden – in Rückgriff auf reformpädagogische Konzeptionen – verschiedenste Formen
des offenen Unterrichts, aber auch andere erweiterte Formen des Lehrens und Lernens propagiert (Nordwestschweizerische Erziehungsdirektorenkonferenz 1995). Eine
nochmalige Zuspitzung erfuhr die Thematik der Individualisierung angesichts der
Ergebnisse verschiedener internationaler Leistungsstudien wie TIMSS (Third International Mathematics and Science Study) oder auch PISA (Programme for International
Student Assessment). Diese zeigten auf, dass das Postulat der Bildungsgerechtig-
keit und Chancengleichheit bis dahin nicht im erwarteten Umfang hatte eingelöst
werden können. Buchtitel wie „Heterogenität, Integration und Differenzierung in
der Primarstufe" (Heinzel & Prengel 2002), „Heterogenität und Differenzierung"
(Bönsch 2011); „Individualisieren im Unterricht" (Paradies, Wester & Greving 2012),
„Alle gleich – alle unterschiedlich" (Buholzer & Kummer Wyss 2010) lassen deutlich
werden, dass erneut mehr auf Individualisierung und Differenzierung gesetzt wurde
(Bohl, Bönsch, Trautmann et al. 2012).

Während Individualisierung die Bildungs- und Lernvoraussetzungen sowie den
individuellen Lernprozess der einzelnen Kinder fokussiert, werden im Rahmen der
Binnendifferenzierung didaktische Möglichkeiten ins Zentrum gestellt, die individua-
lisiertes Lernen befördern können (Reusser, Stebler, Mandel et al. 2013). Solche Lerngelegenheiten sind nicht etwa auf Formen des offenen Unterrichts beschränkt, sondern
können auch im Rahmen geführter Sequenzen zum Tragen kommen (Wischer 2008),
beispielsweise in der Einzelarbeit in geführten Sequenzen, die oftmals von den Lehrpersonen individuell begleitet werden. Jedoch wird dem offenen Unterricht häufiger das
Potenzial für binnendifferenzierte Massnahmen zugeschrieben. Allerdings zeigt sich auf
der einen Seite, dass dieser nicht per se auf Individualisierung ausgelegt ist (Bohl, Batzel
& Richey 2011; Lipowsky 2002). Auf der anderen Seite lässt sich Binnendifferenzierung
auch dahingehend deuten, dass jeder Schülerin und jedem Schüler Lernangebote im
Sinne eines individuellen Lernprogramms zur Verfügung gestellt werden, wobei diese
Angebote auf die Lernvoraussetzungen oder auch Interessen idealerweise abgestimmt
sein sollten (Bohl, Batzel & Richey 2011). Besonders offensichtlich wird die Notwendigkeit zur Binnendifferenzierung und Individualisierung in Mehrjahrgangsklassen
(Laging 2007) oder auch in sogenannten Integrationsklassen, in denen Schülerinnen
und Schüler mit und ohne Behinderung unterrichtet werden (Sturny-Bossart 2010).

Individualisierung durch Binnendifferenzierung stellt also eine Antwort auf die
Frage nach dem Umgang mit Heterogenität auf den Ebenen der Ziele und Inhalte
sowie der Unterrichtskonzepte dar und bezieht sich auf die Oberflächenstruktur von
Unterricht. In Bezug auf die Tiefenstruktur des Unterrichts ist jedoch wenig bekannt.
Im Speziellen betrifft dies die Passung von Lernvoraussetzungen und Aufgabenstellun-

gen, aber auch der Lernbegleitung von Schülerinnen und Schülern (Reusser, Stebler, Mandel et al. 2013). Dies ist insbesondere im Lichte empirischer Ergebnisse wichtig, denn diese zeigen auf, dass schwächere Schülerinnen und Schüler in Formen des offenen Unterrichts auf inhaltliche Strukturierung und Unterstützung angewiesen sind, damit auch sie dabei gehaltvoll lernen können (Baines 2013; Cornish 2013).

## 4.4  Selbständiges Lernen

Die Thematik des selbständigen Lernens ist verknüpft mit der Unterrichtsgestaltung in der Eingangsstufe, insbesondere mit der Gestaltung offener Sequenzen. Der Abbildung 4.2 zu den Dimensionen der Öffnung des Unterrichts ist deutlich zu entnehmen, dass für selbständiges Lernen unterschiedliche Begrifflichkeiten Verwendung finden, darunter selbstorganisiertes und selbstbestimmtes Lernen, aber auch Umschreibungen wie selbstgesteuertes oder selbstreguliertes Lernen, bei denen es sich mitunter um Übersetzungen in Anlehnung an die englischen Begriffe self-directed learning oder auch self-regulated learning handelt (Brunstein & Spörer 2010).

Den Ausführungen von Bohl, Kucharz (2010), aber auch von Peschel (2003) ist bezüglich des selbstorganisierten Lernens zu entnehmen, dass es dabei um die Frage geht, inwieweit die Schülerinnen und Schüler Rahmenbedingungen wie z. B. die Abfolge der Aufgaben, den Lernort oder auch die Sozialform eigenständig wählen können. Beim selbstbestimmten Lernen hingegen geht es um den Grad der Mitbestimmung der Schülerinnen und Schüler hinsichtlich der inhaltlichen und der politisch-partizipativen Dimension, die zugleich auch die organisatorische und methodische Dimension umfassen. Davon können Ansätze des selbstregulierten respektive des selbstgesteuerten Lernens abgegrenzt werden. Im Rahmen dieser Ansätze stehen die folgenden Komponenten im Zentrum (Brunstein & Spörer 2010; Hasselhorn & Gold 2006; Levin & Arnold 2009):

–  Kognitive Komponenten: Basierend auf den Arbeiten von Weinstein, Mayer (1986) wird davon ausgegangen, dass der Wissenserwerb durch vier Teilprozesse gekennzeichnet ist – Selektion durch gerichtete Aufmerksamkeit, Speicherung der neuen Informationen, Konstruktion durch Aufbau von Schemata, Integration als Verknüpfung von vorhandenen und neuen Wissensbeständen. Sogenannte Stützstrategien (ebd.), nämlich Wiederholungs-, Elaborations- und Organisationsstrategien, begünstigen die Prozesse des Wissenserwerbs.

–  Motivationale Komponenten: Dazu gehören die Initiierung, die Aufrechterhaltung und die Bewertung des eigenen Lernens (Brunstein & Spörer 2010). Angesprochen sind damit motivationale, emotionale und volitionale Aspekte des selbstregulierten oder selbstgesteuerten Lernens.

–  Metakognitive Komponenten: Flavell (1976) unterscheidet zwischen dem metakognitiven Wissen, das die eigenen kognitiven Funktionen betrifft, und der

Kontrolle der eigenen kognitiven Aktivitäten, zu denen die Prozesse Planung, Regulierung und Korrektur bezüglich des eigenen Denkens und Handelns gehören (Brunstein & Spörer 2010).

Zimmermann (1994, zitiert nach Seel 2003) bringt die beschriebenen Komponenten des selbstregulierten Lernens anhand der nachfolgenden Fragen auf den Punkt: Warum? (Motiv), Wie? (Methoden und Strategien), Wann? (Zeitorganisation), Was? (Eigene Lernfortschritte), Wo? (Gestaltung des Arbeitsplatzes), Mit wem? (Nutzung sozialer Ressourcen). Hasselhorn, Gold wiederum verdichten diese begriffliche Frage kurz und knapp in der Formel: „Selbstgesteuertes ist selbständiges, ist selbstreguliertes Lernen" (Hasselhorn & Gold 2006, p. 302). Im Gegensatz dazu begreifen wir selbständiges Lernen als einen umfassenden Prozess, der sowohl die Aspekte der Selbstbestimmung als auch der Selbstregulation umfasst (Herger 2013).

Es wurde bereits angesprochen, dass besonders Unterrichtsformen in offenen Sequenzen u. a. mit der Zielsetzung des selbständigen Lernens eingesetzt werden. Selbständiges Lernen ist jedoch auch in Einzelarbeit oder Stillarbeit sowie Partner- oder Gruppenarbeit möglich respektive notwendig. Nach Phasen der direkten Instruktion – sei es in darbietenden oder erarbeitenden Formen – bieten Einzel-, Partner- oder Gruppenarbeiten die Möglichkeit des Übens oder des Anwendens von Spiel- und Lerninhalten. Solche Sequenzen, in denen die Schülerinnen und Schüler selbständig und selbsttätig lernen, werden demnach auch als Schülerarbeitsphasen bezeichnet (Krammer 2009; Lipowsky 2002) und stellen ebenfalls Gelegenheiten zur Individualisierung dar.

## 4.5 Fazit

Die Zielsetzung des vorliegenden Kapitels besteht darin, ein pädagogisch-didaktisches Konzept darzustellen, das auf empirischen Grundlagen unter Einbezug didaktischer Überlegungen erarbeitet wurde. Kernstück dieses Konzepts ist die Unterscheidung von verschiedenen Ebenen der Unterrichtsgestaltung, nämlich Unterrichtssequenzen, Spiel- und Lernbegleitung sowie Classroom Management. Dies erlaubt es, die einzelnen Ebenen wie auch deren wechselseitige Abhängigkeit systematisch zu untersuchen. Des Weiteren wurde eine begriffliche Systematik erarbeitet, die dazu dient, Aspekte und Merkmale der Unterrichtsgestaltung im Kindergarten und auf der Primarunterstufe detaillierter zu umschreiben. Da der Kindergarten und die Primarstufe eine je eigene Institutionengeschichte aufweisen, ist es zudem notwendig, die betreffenden gesetzlichen Rahmenbedingungen als konstitutive Elemente mitzuberücksichtigen.

Eng verknüpft mit der Unterrichtsgestaltung im Kindergarten und auf der Primarunterstufe sind die Individualisierung, die Binnendifferenzierung und das selbständige Lernen. Diese Anliegen werden primär im Zusammenhang mit den Unterrichtsformen in offenen Sequenzen diskutiert. Zentral für die Öffnung von Unterricht sind die

Perspektiven Wahlmöglichkeiten der Kinder und Führung durch die Lehrperson (vgl. Abbildung 4.3). Wie dargestellt, ergeben sich jedoch auch innerhalb der geführten Sequenzen Möglichkeiten der Individualisierung, Binnendifferenzierung und des selbständigen Lernens, insbesondere im Rahmen der Schülerarbeitsphasen. Hier zeigt sich denn auch, wie stark die Ebene der Unterrichtssequenzen mit dem Classroom Management und dessen Stützfunktion für den Unterricht sowie mit der Ebene der Spiel- und Lernbegleitung verwoben ist, wenn es darum geht, die Kinder in den diversen Unterrichtssequenzen zu begleiten.

In Kapitel 2 wurden wesentliche Elemente des Classroom Management und seiner Stützfunktion für den Unterricht dargestellt. In Kapitel 4 wurde dieser Ansatz im Rahmen eines pädagogisch-didaktischen Konzepts zur Unterrichtsgestaltung wiederum aufgegriffen. Aus dem Zusammenspiel der genannten Ebenen werden nun im folgenden Kapitel die Fragestellungen abgeleitet und das Untersuchungsdesign vorgestellt.

# 5 Forschungsdesign

Doyle, Carter (2006) charakterisieren den Unterrichtsalltag im Kindergarten und auf der Primarstufe als eine kohärente Erzählung, die aus strukturierten Aktivitäten und kurzen Lektionen sowie aus spontanen Gruppierungen besteht, die sich während des Tages verbinden, verwandeln, auseinandergehen und sich wiederfinden. Anlässlich ihrer Forschungen haben sie festgestellt, dass über den gelebten Alltag von Lehrerinnen und Kindern wenig bekannt ist, und postulierten, dass die Forschung diesem gelebten Alltag mehr Aufmerksamkeit widmen sollte – allerdings nicht in Form weiterer „effectiveness studies". Stattdessen müsse die Aufmerksamkeit auf die Erzählungen gerichtet werden, also auf die Gestaltung des Unterrichtsalltags und auf die Rolle, die das Classroom Management dabei spielt (ebd.). Diese Überlegungen sowie das Desiderat, dass das Classroom Management bis anhin kaum im Zusammenhang mit offenen Sequenzen untersucht worden ist, bildeten den Ausgangspunkt für das vorliegende Forschungsprojekt. Das vorgestellte pädagogisch-didaktische Konzept, das drei Ebenen der Unterrichtsgestaltung aufweist, liefert den analytischen Rahmen für die Formulierung der Fragestellungen.

## 5.1 Fragestellungen

Auf der Grundlage des im Kapitel 4 vorgestellten, pädagogisch-didaktischen Konzepts und unter Einbezug der Ausführungen zum Classroom Management in Kapitel 2 hat sich die Studie zum Ziel gesetzt, die folgenden Fragestellungen zu beantworten:

*Welche Elemente des Classroom Management finden sich in der Eingangsstufe?*

Ausgehend von den entsprechenden Ausführungen bei Evertsons, Emmers, Worsham (2003) werden die wesentlichen Elemente wie Raumgestaltung, Prozeduren, Regeln, Rituale, die Gestaltung von Übergängen zwischen den Unterrichtssequenzen sowie die zeitliche Rhythmisierung systematisch untersucht und detailliert beschrieben.

*Wie werden Elemente des Classroom Management eingesetzt, um den Kindern im Sinne der Lernzentrierung vielseitige Spiel- und Lernmöglichkeiten zu eröffnen?*

Der Fokus wird auf die Stützfunktion des Classroom Management bezüglich der unterrichtlichen Tätigkeiten der Lehrpersonen gerichtet. Es interessiert, wie geführte und offene Sequenzen angelegt sind, wie die Lehrpersonen die Übergänge dazwischen gestalten und welche Elemente sie einsetzen, damit sich die Schülerinnen und Schüler möglichst gut auf ihre Spiel- und Lerntätigkeiten konzentrieren können. Gefragt wird also nach dem Zusammenspiel von Elementen und Funktionen des Classroom Management und den eingesetzten Unterrichtssequenzen.

*Welche Stile des Classroom Management kommen vor? Wie schlagen sich die unter-schiedlichen Stile des Classroom Management in der Gestaltung von geführten und offenen Sequenzen nieder?*

Jede Lehrperson hat ihre eigene Vorgehensweise, wenn es darum geht, die Spiel- und Lerninhalte, die Unterrichts- und Sozialformen in Abstimmung mit ihren Zielen zu wählen und den Unterricht dementsprechend zu gestalten. Ausschlaggebend ist dabei die Auffassung der betreffenden Lehrperson über das Lehren und Lernen. Zwischen den Polen – Lehren als Übermittlung von Inhalten zu betrachten versus Lernen als reichhaltiges Angebot an die Lernenden zu verstehen, sich in freier Auseinandersetzung mit dem Stoff zu entfalten – liegt ein ganzes Spektrum von Möglichkeiten. Caselmann (1964) bezeichnete diese beiden Extrempositionen als logotropen beziehungsweise als paidotropen Stil. Dabei handelt es sich in der Praxis um ein Kontinuum zwischen Kind- und Sachorientierung, das oftmals auch beigezogen wird, um den Unterschied zwischen Kindergarten und Schule zu beschreiben. In unserem Forschungsprojekt lenken wir den Fokus auf das Spielen und Lernen der Kinder. Wie dargestellt, gibt es den einen Königsweg der Unterrichtsgestaltung nicht. Daher erscheint es uns sinnvoll, der Frage auf den Grund zu gehen, wie der angewandte Classroom-Management-Stil mit der Gestaltung von Spiel- und Lernangeboten zusammenhängt.

Geneigte Leserinnen und Leser dürften sich fragen, weshalb wir die Ebene der Spiel- und Lernbegleitung in dieser Studie nicht explizit berücksichtigen. Die Er-klärung liegt darin begründet, dass Kirsten Herger dieser Thematik im Rahmen ihrer Dissertation zum Thema „Die pädagogischen und didaktischen Tätigkeiten der Lehrperson in offenen Unterrichtssequenzen" nachgegangen ist (vgl. dazu Herger 2013; 2017).

## 5.2 Untersuchungsanlage

Mit der Inkraftsetzung der interkantonalen Vereinbarung über die Harmonisierung der obligatorischen Schule am 1. August 2009 – dem sogenannten HarmoS-Konkordat (Schweizerische Konferenz der kantonalen Erziehungsdirektoren 2007) – wurden den Kantonen verschiedene Modelle zur Verfügung gestellt, wie sie die Eingangsstufe aus-gestalten können (siehe Abbildung 5.1). Zum Zeitpunkt unseres Forschungsprojekts war nach wie vor das Modell „Kindergarten-Unterstufe" am häufigsten anzutreffen. Auch nach der Veröffentlichung der Ergebnisse aus dem Schulentwicklungsprojekt EDK-Ost 4bis8 (Erziehungsdirektorenkonferenz Ostschweiz und Fürstentum Liech-tenstein (EDK-Ost) und Partnerkantone 2010; Moser & Bayer 2010; Vogt, Zumwald, Urech et al. 2010) wurde weder das Modell Basisstufe noch das Modell Grundstufe in den Kantonen flächendeckend eingeführt. Dies trifft auch für den Kanton Bern zu.

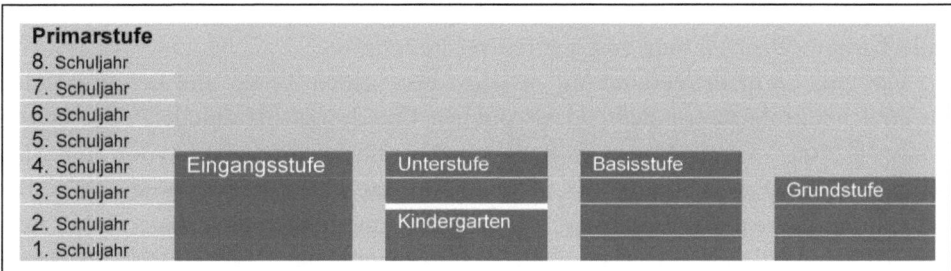

*Abbildung 5.1: Eingangsstufe und mögliche Modelle*

Immerhin steht den Gemeinden die Möglichkeit offen, zwischen dem traditionellen Modell und dem Basisstufen-Modell zu wählen.[10]

Nebst der Ausgangslage – einem quantitativen Grund – gab es auch qualitative Gründe, die Untersuchung in Kindergarten- und Unterstufenklassen durchzuführen. Wie bereits erwähnt wurde, sind empirische Studien zur Unterrichtsgestaltung im Kindergarten und in der Unterstufe rar. Unabhängig von den in Abbildung 5.1 aufgelisteten Modellen stellt sich bezüglich der Unterrichtsentwicklung nach wie vor die Herausforderung, kindergarten- und grundschulpädagogische Elemente konzeptionell zu fassen und weiterzuentwickeln. Deshalb haben wir uns entschieden, die Studie im herkömmlichen Modell Kindergarten und Unterstufe durchzuführen.

Für die Bearbeitung der eingeführten Fragestellungen wurde eine Untersuchungsanlage entworfen, die verschiedene methodische Zugänge aufweist und dem „mixed-methodology-design" (Flick 2004) folgt. In unserer Studie werden quantitative und qualitative Verfahren kombiniert werden (siehe Abbildung 5.2). Wir sind jedoch noch einen Schritt weiter gegangen und haben im qualitativen Teil der Studie eine Methoden-Triangulation vorgenommen (vgl. ebd.), indem wir uns dem Untersu-

| Vertiefungsmodell | | | | |
|---|---|---|---|---|
| 2008 | | 2009 | | |
| Mai | September, Oktober | Januar | März | Oktober - Dezember |
| Fragebogenstudie | | | | |
| Pretest | Befragung 400 Lehrpersonen | | | |
| | | Videobasierte Unterrichtsbeobachtung mit anschliessendem fokussiertem Interview | | |
| | | Pretest | Welle1 4 Lehrpersonen | Welle 2 8 Lehrpersonen |
| **Quantitativer Teil** | | **Qualitativer Teil** | | |

*Abbildung 5.2: Untersuchungsanlage*

---

10 Weiterführende Informationen finden sich unter: https://www.erz.be.ch/erz/de/index/kindergarten_volksschule/kindergarten_volksschule/informationen_fuereltern/kindergarten/basisstufe.html

chungsgegenstand aus zwei unterschiedlichen Perspektiven angenähert haben: mittels videobasierter Beobachtung und qualitativer Interviews.

Um eine optimale Verbindung zwischen den beiden Teilen und den Methoden zu erreichen, folgten wir dem „idealtypischen Forschungsablaufmodell", wie es von Mayring (2001) vorgeschlagen wird. Es umfasst die Schritte „Explikation und Spezifizierung der Fragestellung" (1), „Explikation des Theoriehintergrunds" (2), „Beschreibung der empirischen Basis" (3) und des „methodischen Ansatzes" (4), „die Darstellung der Ergebnisse" (5) und die „Schlussfolgerungen" (ebd.). Dieses Vorgehen hat uns ermöglicht, auf der Design-, Personen- und Datenebene (ebd.) das Augenmerk gezielt auf die systematische Kombination quantitativer und qualitativer Analyse zu richten und diese Verschränkung in möglichst vielen Phasen des Forschungsprozesses zu nutzen.

Der quantitative Teil der Studie besteht aus einer standardisierten, schriftlichen Fragebogenerhebung bei Lehrpersonen des Kindergartens und der Unterstufe. Damit wurde das Ziel verfolgt, eine breite Datenbasis zur Beschreibung der Unterrichtsgestaltung zu gewinnen und mittels Clusteranalyse diverse Classroom-Management-Stile zu extrahieren. Die Daten der quantitativen Erhebung bildeten ihrerseits die Grundlage für den zweiten, qualitativen Teil der Studie. Dazu wurden gezielt Lehrpersonen ausgewählt, unter Berücksichtigung bestimmter soziodemografischer und berufsbiografischer Merkmale sowie ihren Einschätzungen zum Classroom Management. Aus zeitökonomischen Gründen wurden die qualitativen Erhebungen in zwei Wellen durchgeführt. Zuerst wurden die Kindergarten- und Unterstufenlehrpersonen in ihrem Unterricht videografiert und anschliessend – d. h. innerhalb einer Woche nach der videografierten Unterrichtsbeobachtung – im Rahmen eines fokussierten Interviews (vgl. Lamnek 1995) individuell befragt. Der qualitative Teil der Studie wurde mit der Zielsetzung durchgeführt, dadurch einen differenzierten und vertieften Einblick in die Unterrichtsgestaltung und speziell ins Classroom Management der betreffenden Lehrpersonen zu erhalten.

Das Vertiefungsmodell (vgl. Mayring 2001) haben wir aus folgenden Gründen gewählt: Die Ergebnisse aus den Studien zur Analyse der Berufsfelder (Wannack 2001; Wannack 2004) zeigten aufgrund der Einschätzungen durch die Lehrpersonen auf, dass sich bezüglich der Charakteristika bestimmter beruflicher Tätigkeiten in der pädagogischen Praxis Unterschiede zwischen den Kindergarten- und Unterstufenlehrpersonen ergaben – so etwa in den Bereichen Grundlagen für die Unterrichtsgestaltung und didaktische Prinzipien wie auch Gestaltung von offenen Spiel- und Lernsituationen. Andererseits waren jedoch auch Bereiche auszumachen, bei denen sich die Einschätzungen der beiden Berufsgruppen kaum voneinander unterschieden: beispielsweise bei der Gestaltung von geführten Spiel- und Lernsituationen oder auch beim Rhythmisieren von Unterrichtssequenzen. Fragen zum Classroom Management wurden in dieser Studie zwar ebenfalls gestellt, konnten jedoch lediglich auf der Item-Ebene ausgewertet werden (ebd.). In der vorliegenden Studie geht es nun primär darum, anhand der Ergebnisse der Berufsfeldanalyse sowie neuerer Studien die Skalen weiterzuentwickeln. Die Fragebogenstudie diente ferner dazu, die Lehrpersonen für den qualitativen Teil nicht „zufällig" auszuwählen – also nach formalen Kriterien wie Anzahl Berufsjahre, Alter, Stufe usw. –, sondern mit dem Einbezug des Classroom-Management-Stils auch ein inhaltliches Kriterium zur Verfügung zu haben, um sich diesen mittels qualitativen Verfahren anzunähern.

Ein weiterer Grund für die Wahl des Vertiefungsmodells lag darin, dass wir über die Erhebung der Einstellungen der Lehrpersonen zu ihrer Unterrichtsgestaltung hinausgehen wollten, ist es doch hinlänglich bekannt, dass Selbsteinschätzung von Unterricht und effektives pädagogisches Handeln im Unterricht nicht unbedingt kongruent sein müssen (Helmke & Schrader 2006). Um das pädagogische Handeln der Lehrpersonen erfassen zu können, entschieden wir uns für die videobasierte Unterrichtsbeobachtung, denn diese bringt gegenüber der schriftlichen Aufzeichnung (vgl. dazu z. B. Atteslander 2008; Fassnacht 1995) eine Vielzahl von Vorteilen mit sich. Einer der grössten Vorteile liegt sicherlich darin, dass das Datenmaterial immer wieder betrachtet werden kann. Dies ermöglicht es, den Unterricht hinsichtlich verschiedener Fragestellungen, aus unterschiedlichen Perspektiven und auf unterschiedlichen Ebenen zu analysieren und dadurch – wie Dinkelaker, Herrle (2009) es formulieren – eine kontextualisierende Exploration struktureller Zusammenhänge aufzuzeigen. Darüber hinaus lassen sich die Daten qualitativ und quantitativ auswerten sowie für weitere Sekundäranalysen verwenden (vgl. dazu Reusser & Pauli 2003). Begünstigt wird der Einsatz von Video ferner durch die rasante technische Entwicklung, sei es bei den Aufnahmegeräten oder auch bei der Computer-Hard- und Software (Rauin, Herrle & Engartner 2015). Nicht zuletzt liefern Videoanalysen laut Wild (2003) der Unterrichtsforschung neue Impulse. Allerdings gilt es auch die Nachteile dieses Vorgehens mit zu bedenken, denn wie leicht entsteht der Eindruck, dass „alles" aufgenommen werden könne. Dabei ist jedoch zu berücksichtigen, dass es letztlich die filmende Person ist, die darüber entscheidet, welche Szenen schliesslich in welcher Art und Weise aufgenommen wird. Insofern zeigt das Video immer nur einen subjektiv gefärbten Ausschnitt aus dem tatsächlichen Unterrichtsgeschehen. Des Weiteren dürfte die Videokamera kaum so flexibel sein wie das physische Auge einer real beobachtenden Person. Mitzuberücksichtigen ist ferner die Invasivität ins Unterrichtsgeschehen durch die Videoaufnahme. Daher lohnt es sich, besondere Massnahmen zu ergreifen, um die damit einhergehende Störung möglichst gering zu halten (vgl. dazu 8.2.2).

Das fokussierte Interview – der dritte methodische Zugang zu dem von uns anvisierten Ziel – erlaubte es uns, von den Lehrpersonen mehr zu ihrem pädagogischen Handeln zu erfahren. Am Material erarbeitete Kriterien, basierend auf dem Fragebogen und der Videobeobachtung, dienten zur Auswahl verschiedener Videosequenzen, die – im Sinne der „video elicitation as a tool for reflection" (Stockall 2001) – als Stimulus für das fokussierte Interview verwendet wurden. Die daran anschliessenden Leitfragen eröffneten den Lehrpersonen einen Raum, in dem sie ihren Unterricht beschreiben, begründen und reflektieren konnten. Uns hingegen gewährten diese Fragen und die Antworten darauf einen halbstandardisierten Zugang, indem wir die für uns wichtigen

Bereiche abfragen konnten, was uns wiederum den Vergleich zwischen den diversen Lehrpersonen ermöglichte (vgl. dazu Lamnek 2005).

Das Vertiefungsmodell eröffnete uns also einen dreifachen Einblick in die Praxis der Lehrpersonen. Die Fragebogenstudie vermittelte uns einen Einblick in die Einstellungen und Selbsteinschätzungen der Lehrpersonen. Die videobasierte Unterrichtsbeobachtung ermöglichte uns eine Annäherung an das pädagogisch-didaktische Handeln im Unterricht. Im Rahmen des fokussierten Interviews erhoben wir gezielt Aspekte aus dem Berufswissen der Lehrpersonen. Das Vorgehen der „doppelten Triangulation" erlaubte uns einen mehrperspektivischen Zugang zum Untersuchungsgegenstand. Dabei verfolgen wir die Logik der Methoden-Triangulation, die darauf abzielt, einen Erkenntniszuwachs zu ermöglichen, der die Reichweite eines einzigen methodischen Zugangs bei weitem übertrifft (Flick 2004). Insofern geht es hier nicht einfach nur um übereinstimmende oder sich widersprechende Resultate mit Blick auf einen Gegenstand; vielmehr zeigen sich „unterschiedliche Konstruktionen eines Phänomens – etwa auf der Ebene des Alltagswissens und auf der Ebene des Handelns" (Flick 2004, p. 25). In der vorliegenden Studie bezieht sich dies – wie oben ausgeführt – auf die Erhebung von Einstellungen, Berufswissen und pädagogisch-didaktischem Handeln.

# 6 Quantitativer Teil der Studie

In diesem Kapitel wird detailliert auf das Vorgehen der Stichprobenziehung und die Zusammensetzung der Stichprobe eingegangen. Darauf folgen Erläuterungen zur Entwicklung des Fragebogens sowie zur Güte der gebildeten Skalen. Ferner wird aufgezeigt, wie die Daten aufbereitet und ausgewertet wurden.

## 6.1 Stichprobe

Die Stichprobe wurde gemäss dem Verfahren der „geschichteten Stichprobe" (Bortz 2004) gezogen und sollte für den deutschsprachigen Teil des Kantons Bern repräsentativ sein. Als Population dienten die Lehrpersonen des Kindergartens und der Unterstufe (vor dem HarmoS-Konkordat entsprach dies dem 1. und 2. Schuljahr). Gemäss der Bildungsstatistik des Kantons Bern für das Jahr 2006 arbeiteten 1575 Lehrpersonen im Kindergarten, davon waren 99 Prozent weiblich. In der ganzen Primarstufe – also 1. bis 6. Schuljahr (Bezeichnung vor dem HarmoS-Konkordat) – unterrichteten 6787 Lehrpersonen. Der Frauenanteil betrug 78 Prozent (Bildungs-planung und Evaluation 2007, p. 25), wobei keine detaillierten Angaben zur Anzahl der im 1. und 2. Schuljahr unterrichtenden Lehrpersonen vorlagen. Daher wurde approximativ von der gleichen Anzahl sowie einem ähnlich hohen Frauenanteil von ca. 99 Prozent ausgegangen wie bei den Lehrpersonen des Kindergartens.[11]

Bei der Ziehung der geschichteten Stichprobe von Kindergarten- und Unterstufenlehrpersonen wurde als erstes Kriterium der Gemeindetyp berücksichtigt, und zwar aus folgendem Grund: Das Bundesamt für Statistik unterzog auf der Grundlage der Volkszählung von 2002 sämtliche Gemeindetypen, die 1988 mittels des Zentren-Peripherien-Modells (Joye, Schuler, Nef et al. 1988) faktorenanalytisch entwickelt worden waren, einer Überprüfung (Schuler, Dessemontet & Joye 2005). Wesentliche Merkmale für die Bestimmung des Gemeindetyps sind die Wirtschaftssektoren und die Bevölkerungsstruktur. Die Gemeindetypen sind also – im Vergleich zur herkömmlichen Unterscheidung zwischen Stadt und Land – viel aussagekräftiger hinsichtlich der Frage, in welchen sozioökonomischen Kontext ein Kindergarten oder eine Schule eingebettet ist.

Das zweite Kriterium betrifft das Unterrichtspensum im Kindergarten und auf der Unterstufe. Häufig wird Teilzeit gearbeitet, sei dies im Rahmen von Stellenteilung oder durch die Übernahme bestimmter Bereiche wie z. B. Bewegungserziehung,

---

11 Ein Blick in die Bildungsstatistik des Kantons Bern für das Jahr 2018 zeigt, dass von 1851 Kindergartenlehrpersonen 98 Prozent und von den 7107 Primarlehrpersonen (1. bis 6. Schuljahr) 84 Prozent weiblichen Geschlechts waren (vgl. Generalsekretariat/Fachbereich Bildungsstatistik 2019).

musikalische Grundschule oder technisches respektive textiles Gestalten durch entsprechende Fachlehrpersonen. Für die Unterrichtsgestaltung ist jedoch primär die „Klassenlehrperson" zuständig, die in der Regel auch den höchsten Unterrichtsanteil in ihrer Klasse innehat. Deshalb wurden, wenn immer möglich nur Klassenlehrpersonen respektive Lehrpersonen mit einem Unterrichtspensum von mindestens 50 Prozent in ihrer eigenen Klasse in die Stichprobe einbezogen.

Den Zugang zu den Kindergarten- und Unterstufenlehrpersonen fanden wir, indem wir sämtliche Schulleitungen der Primarstufe des Kantons Bern anschrieben und sie darum baten, den in Frage kommenden Lehrpersonen unsere briefliche Anfrage mit Informationen zum Forschungsprojekt und einem Link zur Online-Befragung zukommen zu lassen. Mittels Online-Befragung wurden demografische (Geschlecht, Ausbildung) und berufliche Angaben (Unterrichtspensum, Berufserfahrung, Klassenlehrperson) sowie Angaben zur Klasse (Anzahl Kinder, Schulgemeinde) erhoben, damit wir die geschichtete Stichprobe gemäss unseren Kriterien ziehen konnten. Allerdings nahmen lediglich 315 Lehrpersonen an der Online-Befragung teil, und es war davon auszugehen, dass nicht alle von ihnen bei der effektiven Fragebogenstudie mitmachen würden. Daher eruierten wir mithilfe der Websites von Gemeinden und Schulen gezielt weitere 304 Lehrpersonen, die sich prinzipiell für die Stichprobe eigneten, wobei wir die Kriterien Gemeindetyp, Klassenlehrperson und Kindergarten respektive Unterstufe berücksichtigten.

Insgesamt stellten wir 309 Kindergarten- und 310 Unterstufenlehrpersonen den Fragebogen samt Begleitbrief und frankiertem und adressiertem Briefumschlag zu. Nach Ablauf des Rücksendetermins sandten wir den Lehrpersonen, die nicht geantwortet hatten, zur Erinnerung nochmals einen Fragebogen. Von den 619 versendeten Fragebogen konnten schliesslich 392 gültige Fragebogen für den quantitativen Teil der Studie genutzt werden, was einem Rücklauf von 63 Prozent entspricht. Wie der Tabelle 6.1 zu entnehmen ist, mussten wir auch Fragebogen eliminieren – beispielsweise, wenn die betreffende Lehrperson nicht den erforderlichen Kriterien entsprach oder den Fragebogen nur sehr lückenhaft beantwortet hatte.

Aufgrund von Überlegungen zur „optimalen Stichprobe" (Rost 2007) bezüglich Effektgrössen hatten wir vorgängig eine Gesamtstichprobe von 200 Kindergarten- und 200 Unterstufenlehrpersonen anvisiert. Wie Tabelle 6.1 zeigt, erreichten wir unser Ziel annähernd, indem wir die Daten von 209 Kindergartenlehrpersonen und 183 Unterstufenlehrpersonen einbeziehen konnten. In unserer Stichprobe figurieren lediglich drei Männer, die auf der Unterstufe unterrichteten.

Tabelle 6.2 stellt das Unterrichtspensum im Überblick dar. Bei den Lehrpersonen, die wir über die Websites von Kindergärten und Schulen eruierten, war es uns nicht möglich, die Höhe des Unterrichtspensums im Voraus zu ermitteln. Aufgrund des Rücklaufs entschieden wir uns, Lehrpersonen mit einem Unterrichtspensum unter 40 Prozent an ihrer Klasse auszuschliessen, diejenigen mit 40 bis 50 Prozent jedoch mitzuberücksichtigen. Dies dürfte sich nicht nachteilig ausgewirkt haben angesichts der Tatsache, dass es sich bei der Stichprobe mehrheitlich um Klassenlehrpersonen

*Tabelle 6.1: Versand und Rücklauf der Fragebogen*

| | Online KG[1] | Nicht online KG[2] | Online US[1] | Nicht online US[2] | Online total | Nicht online total | Total |
|---|---|---|---|---|---|---|---|
| Fragebogen versendet | 175 | 134 | 140 | 170 | 315 | 304 | 619 |
| Rücklauf 1. Termin | 103 | 56 | 85 | 57 | 188 | 113 | 301 |
| Rücklauf 2. Termin | 29 | 28 | 23 | 27 | 50 | 57 | 107 |
| Nicht gültig | 3 | 4 | 6 | 3 | 9 | 7 | 16 |
| Insgesamt gültig | 129 | 80 | 102 | 81 | 229 | 163 | 392 |

[1] Anzahl Lehrpersonen Kindergarten (KG) oder Unterstufe (US), die den Online-Fragebogen ausgefüllt haben.
[2] Anzahl Lehrpersonen Kindergarten (KG) oder Unterstufe (US), die direkt angeschrieben wurden.

handelte. Zudem hatten knapp 39 Prozent der Kindergartenlehrpersonen und immerhin 23 Prozent der Unterstufenlehrpersonen annähernd ein volles Unterrichtspensum inne.

*Tabelle 6.2: Unterrichtspensum, Klassenlehrperson und Anstellung je Bildungsstufe*

| | Unterrichtspensum | | | | | | |
|---|---|---|---|---|---|---|---|
| | 40–50% | 51–60% | 61–70% | 71–80% | 81–90% | 91–100% | Total |
| Lehrpersonen im Kindergarten | | | | | | | |
| Klassenlehrperson | 13 | 20 | 33 | 26 | 29 | 80 | 201 |
| Lehrperson mit Teilpensum | 4 | 1 | 1 | 0 | 0 | 0 | 6 |
| Lehrpersonen in der Unterstufe | | | | | | | |
| Klassenlehrperson | 17 | 20 | 21 | 40 | 37 | 42 | 177 |
| Lehrperson mit Teilpensum | 3 | 2 | 1 | 0 | 0 | 0 | 6 |
| Total | 37 | 43 | 56 | 66 | 66 | 122 | 390 |
| Fehlende Angaben | | | | | | | 2 |

In Tabelle 6.3 ist dargestellt, über welche Lehrdiplome und Berufserfahrung die Lehrpersonen verfügen. Die Abschlüsse lesen sich wie eine Geschichte der Bernischen Lehrerinnen- und Lehrerbildung, indem sämtliche Arten der seit den 1970er Jahren erteilten Lehrpatente und Lehrdiplome vertreten sind.

Von den 1970er Jahren bis anfangs 2000 wurden die Kindergarten- und Primarstufenlehrpersonen an den sogenannten Seminarien, also auf der Sekundarstufe II

*Tabelle 6.3: Lehrdiplom, Berufserfahrung und Anstellung je Bildungsstufe*

| | Berufserfahrung in Jahren | | | | | | | |
|---|---|---|---|---|---|---|---|---|
| | 0–5 | 6–10 | 11–15 | 16–20 | 21–25 | 26–30 | >30 | Total |
| **Lehrpersonen im Kindergarten** | | | | | | | | |
| Patent KG[1] | 7 | 45 | 35 | 33 | 33 | 9 | 14 | 176 |
| Patent Primar[2] | 0 | 0 | 0 | 1 | 0 | 2 | 0 | 3 |
| LLB[5] | 8 | 0 | 0 | 0 | 0 | 0 | 0 | 8 |
| PHBern[6] | 13 | 0 | 0 | 0 | 0 | 0 | 0 | 13 |
| Ausserkantonal[7] | 5 | 0 | 0 | 0 | 2 | 0 | 0 | 7 |
| Ausländisch[8] | 0 | 0 | 1 | 0 | 0 | 0 | 0 | 1 |
| **Lehrpersonen Unterstufe** | | | | | | | | |
| Patent KG | 0 | 2 | 2 | 1 | 3 | 0 | 0 | 8 |
| Patent Prim | 3 | 19 | 20 | 15 | 32 | 32 | 20 | 141 |
| mLB[3] | 0 | 2 | 2 | 3 | 3 | 0 | 0 | 10 |
| LAB[4] | 0 | 1 | 1 | 0 | 0 | 0 | 0 | 2 |
| LLB | 8 | 0 | 0 | 0 | 0 | 0 | 0 | 8 |
| PHBern | 6 | 0 | 0 | 0 | 0 | 0 | 0 | 6 |
| Ausserkantonal | 2 | 3 | 1 | 1 | 0 | 1 | 0 | 8 |
| Total | 52 | 72 | 62 | 54 | 73 | 44 | 34 | 391 |
| Fehlend | | | | | | | | 1 |

[1] Patent KG: Patent seminaristische Kindergärtnerinnen-Ausbildung
[2] Patent Primar: Patent seminaristische Lehrerinnen- und Lehrerbildung
[3] mLB: Patent maturitätsgebundene Lehrerinnen- und Lehrerbildung
[4] LAB: Patent Lehrerinnen- und Lehrerbildung für Berufsleute
[5] LLB: Lehrdiplom Lehrerinnen- und Lehrerbildung, Kanton und Universität Bern, Studiengang Kindergarten und untere Primarstufe
[6] PHBern: Lehrdiplom der Pädagogischen Hochschule Bern, Studiengang Kindergarten und Primarstufe
[7] Ausserkantonal: Ausserkantonales Patent ohne Spezifizierung der Stufe
[8] Ausländisch: Ausländisches Lehrdiplom ohne Spezifizierung der Stufe

ausgebildet. In einem längeren Prozess, der seinen Anfang bereits in den 1970er Jahren nahm (vgl. Thomet 1988; Wyss 1976a; Wyss 1976b), wurde allmählich die Tertiarisierung der Seminarien in die Wege geleitet. Im Kanton Bern geschah dies zunächst im Jahr 2001 durch die Angliederung der Lehrerinnen- und Lehrerbildung an die Universität. Dabei handelte es sich jedoch lediglich um eine Übergangslösung (vgl. Herzog 2001). Im Jahr 2004 wurde schliesslich das Gesetz über die deutsch-sprachige Pädagogische Hochschule verabschiedet und deren Betrieb im Jahr 2005 an der PHBern aufgenommen. Eine der grossen Neuerungen, die diese Reform hervor-brachte, war die Zusammenführung der Ausbildung der Kindergarten- und Primar-stufenlehrpersonen im Rahmen ein und desselben Studiengangs. Absolventinnen der Studiengänge LLB und PHBern haben also seither die Wahl, am Kindergarten oder auf der Primarunterstufe (1. bis 6. Schuljahr) zu unterrichten. Dieser kurze historische Rückblick erklärt denn auch, weshalb die betreffenden Studienabgängerinnen zum Zeitpunkt der Befragung erst wenig Berufserfahrung aufweisen konnten. In unserer Stichprobe bilden also nach wie vor die seminaristisch ausgebildeten Lehrpersonen die Hauptgruppe. Sie decken das ganze Spektrum an Berufserfahrung ab.

Um die Repräsentativität der Stichprobe für den Kanton Bern zu überprüfen, haben wir bei der Erziehungsdirektion des Kantons Bern[12] um Angaben zur Anzahl Kindergärten und Unterstufenklassen je Gemeinde für das Schuljahr 2008/2009 gebe-ten. Diese Angaben bereiteten wir anhand der Gemeindetypen auf. Die Tabelle 6.4 zeigt die Verteilung der Kindergarten- und Unterstufenklassen gesamthaft für den Kanton Bern sowie die prozentualen Anteile je Haupttyp. Daneben ist die Verteilung der Stichprobe auf die Gemeindetypen dargestellt und es wird ersichtlich, dass es uns mehrheitlich gelungen ist, Lehrpersonen proportional zur Gesamtanzahl der Klassen zu ziehen und sich die Abweichungen innerhalb von 2 Prozent bewegen.

Ein häufig diskutiertes Problem bei postalischen Fragebogenerhebungen sind die Nicht-Antwortenden. Es wird moniert, dass nichts bekannt sei über die Gründe, weshalb Fragebögen nicht ausgefüllt werden (vgl. z.B. Bortz & Döring 2006). Dies hat uns bewogen, den 211 Lehrpersonen, die uns den Fragebogen nicht retourniert hatten, einen weiteren kurzen Fragebogen mit geschlossenen Angaben zu häufigen Gründen für das Nicht-Ausfüllen zuzustellen (vgl. Laatz 1993; Rost 2007), wobei auch die Möglichkeit bestand, eigene Gründe hinzuzufügen.

---

12 Für die Zusammenstellung der Daten danken wir dem Amt für Kindergarten, Volksschule und Beratung der Erziehungsdirektion des Kantons Bern recht herzlich.

*Tabelle 6.4: Anzahl Kindergarten- und Primarunterstufenklassen im Schuljahr 2008/09 im Kanton Bern (absolute und relative Zahlen)*

| Haupttypen Gemeindetypen | Kindergarten | | Unterstufe | |
|---|---|---|---|---|
| | Anzahl Klassen Total N = 772 | Stichprobe Kindergartenlehrpersonen N = 209 | Anzahl Klassen Total N = 1160 | Stichprobe Unterstufenlehrpersonen N = 183 |
| **1 Zentren**<br> 1 Grosszentren<br> 2 Mittelzentren<br> 3 Kleinzentren | 70<br><br>23% | 52<br><br>25% | 60<br><br>20% | 36<br><br>20% |
| **2 Suburbane Gemeinden**<br> 9 Arbeitsplatzgemeinden metropolitaner Regionen<br> 10 Suburbane Wohngemeinden metropolitaner Regionen<br> 12 Arbeitsplatzgemeinden nicht metropolitaner Regionen<br> 13 Suburbane Wohngemeinden nicht metropolitaner Regionen | 74<br><br>25% | 55<br><br>26% | 77<br><br>26% | 50<br><br>27% |
| **3 Einkommensstarke Gemeinden**<br> 5 Einkommensstarke Gemeinden | 4<br>1% | 1<br>0% | 4<br>1% | 1<br>1% |
| **4 Periurbane Gemeinden**<br> 11 Periurbane Gemeinden metropolitaner Regionen<br> 14 Periurbane Gemeinden nicht metropolitaner Regionen | 27<br><br>9% | 20<br><br>10% | 27<br><br>9% | 15<br><br>8% |
| **5 Touristische Gemeinden**<br> 6 Touristische Gemeinden<br> 7 Semitouristische Gemeinden | 16<br>5% | 11<br>5% | 17<br>6% | 10<br>5% |
| **6 Industrielle und tertiäre Gemeinden**<br> 4 Peripheriezentren<br> 8 Gemeinden mit Heimen und Institutionen<br> 17 Industriell-tertiäre Gemeinden<br> 18 Industrielle Gemeinden | 30<br><br>10% | 18<br><br>9% | 32<br><br>11% | 18<br><br>10% |
| **7 Ländliche Pendlergemeinden**<br> 15 Wegpendlergemeinden mit hoher Zuwanderung<br> 16 Wegpendlergemeinden mit geringer Zuwanderung | 29<br><br>10% | 17<br><br>8% | 27<br><br>9% | 20<br><br>11% |

| Haupttypen Gemeindetypen | Kindergarten | | Unterstufe | |
|---|---|---|---|---|
| | Anzahl Klassen Total  N = 772 | Stichprobe Kindergartenlehrpersonen  N = 209 | Anzahl Klassen Total  N = 1160 | Stichprobe Unterstufenlehrpersonen  N = 183 |
| **8 Agrargemischte Gemeinden** 19 Agrarindustrielle Gemeinden 20 Agrartertiäre Gemeinden | 35  12% | 25  12% | 40  13% | 21  11% |
| **9 Agrarische Gemeinden** 21 Agrarische Gemeinden 22 Gemeinden mit starkem Bevölkerungsrückgang | 15  5% | 10  5% | 17  6% | 12  7% |

127 Lehrpersonen, also einiges mehr als die Hälfte, haben darauf reagiert. Wie Tabelle 6.5 aufzeigt, lagen die Gründe vorwiegend im Umfang des Fragebogens (er enthielt 28 Fragen und war zeitlich auf ca. 30 Minuten ausgelegt) sowie im ungünstigen Zeitpunkt, während allgemeine Gründe wie Zeitknappheit, genereller Verzicht auf die Teilnahme an Befragungen oder auch Desinteresse am Thema weniger ins Gewicht fielen.

*Tabelle 6.5: Gründe für das Nicht-Ausfüllen des Fragebogens*

| Gründe[1] | Lehrpersonen KG  N = 61 | Lehrpersonen US  N = 66 | Total |
|---|---|---|---|
| Der Fragebogen war mir zu umfangreich. | 26 | 44 | 70 |
| Der Fragebogen kam für mich zu einem ungünstigen Zeitpunkt. | 29 | 35 | 64 |
| Ich habe zu wenig Zeit, um an Befragungen teilzunehmen. | 19 | 19 | 38 |
| Ich mache grundsätzlich an keiner Befragung mehr mit. | 15 | 10 | 25 |
| Das Thema der Befragung hat mich nicht interessiert. | 1 | 3 | 4 |
| Die Befragung schien mir nicht vertrauenswürdig. | 0 | 0 | 0 |

[1] Mehrfachantworten möglich

## 6.2 Erhebungsinstrument

Im Hinblick auf die Entwicklung des Fragebogens respektive die Operationalisierung der Fragestellungen wurden zunächst die Themenkreise festgelegt und mögliche, bereits vorhandene Skalen recherchiert. Wo nötig, wurden Fragen, Skalen und Items angepasst beziehungsweise neu entwickelt. Bei den Antwortformulierungen haben wir uns für eine unipolare, verbal benannte fünfstufige Rating-Skala entschieden, die – gemäss Laatz (1993) – eine gute Zuverlässigkeit, eine geringe Zahl an Unentschiedenen sowie eine gute Trennung der Gruppen unterstützt.

Der Fragebogen enthielt insgesamt vier Teile. Im ersten Teil ging es um Unterrichtsformen, Spiel- und Lernbegleitung sowie um das Classroom Management. Die dazu gestellten Fragen betrafen die Planung und Durchführung von Unterrichtssequenzen, deren Nutzung für die Individualisierung, die Lernbegleitung der Kinder in den verschiedenen Unterrichtssequenzen, die Regeln und Prozeduren sowie den Überblick über die Klasse. (vgl. Tabellen 6.6 und 6.7).

Zusätzlich wurden die Lehrpersonen gebeten, die momentane Einrichtung ihres Kindergartens respektive ihres Klassenzimmers zu zeichnen. Dazu wurde ihnen je eine Skizze als Beispiel gegeben (vgl. Abbildung 6.1).

Im zweiten Teil des Fragebogens standen die Einstellungen und Überzeugungen der Lehrpersonen hinsichtlich des Lernens der Kinder, ihrer unterrichtlichen Selbstwirksamkeit sowie ihres Umgangs mit den Kindern im Zentrum (vgl. Tabelle 6.8).

Der dritte Teil des Fragebogens betraf Einschätzungen und Angaben der Lehrpersonen zu ihrer Klasse. In diesem Rahmen wurden Daten zur Einschätzung folgender Aspekte erhoben: Heterogenität bezüglich der Entwicklungsbereiche (Denk-, Wahrnehmungs-, Merk-, Erlebnis- und motorische Fähigkeit, Aufmerksamkeit, Konzen-

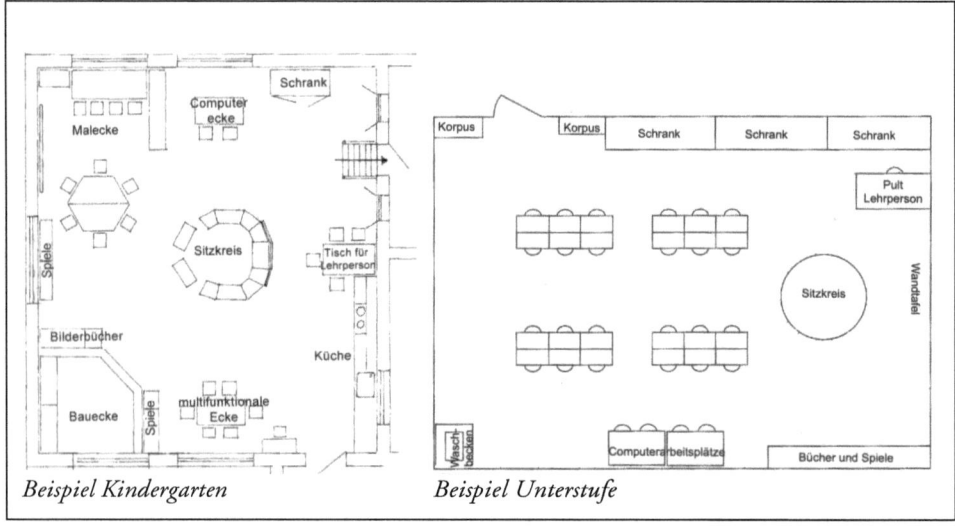

*Abbildung 6.1: Beispiele für die Raumeinrichtung aus dem Fragebogen*

*Tabelle 6.6: Unterrichtsgestaltung – Skalen, Quellenangaben und Güte der Faktoren*

| Konzeptname | Quellenangabe | Faktoren | $N^a$ | $R^{2\,b}$ | $\alpha^c$ |
|---|---|---|---|---|---|
| Planung und Durchführung | Neuenschwander et al. 2003, Rakoczy et al. 2005 | Flexibilität in Planung und Durchführung von Unterrichtssequenzen | 390 | 0.43 | .65 |
| Geführte Unterrichtssituationen | In Anlehnung an Wannack 2004, Rakoczy et al. 2005 | Geführte Sequenzen | 386 | 0.42 | .63 |
| Offene Unterrichtssituationen | Wannack 2004, Eigenentwicklung Wannack, Herger | Offene Sequenzen und Individualisierung | 388 | 0.49 | .67 |
| | | Offene Sequenzen und selbständiges Lernen | | | .61 |
| Individualisierende Lernmöglichkeiten | Makarova et al. 2008, Wannack 2004 | Individualisierende Lernmöglichkeiten | 386 | 0.35 | .63 |
| Aufbau und Strukturierung von Lerninhalten | In Anlehnung an Wannack 2004, Neuenschwander et al. 2003 | Aufbau und Strukturierung von Lerninhalten | 389 | 0.42 | .64 |
| Das Lernen der Kinder anleiten und reflektieren | Eigenentwicklung Herger | Das Lernen thematisieren | 374 | 0.47 | .62 |
| | | Fehlende Ressourcen | | | .68 |
| | | Anleitung zum Planen des Lernens | | | .53 |
| Das Lernen der Kinder im Fach anleiten (Unterstufe) | Eigenentwicklung Herger | Fachorientierte und fächerübergreifende Strategien | 177 | 0.59 | .64 |

[a] Anzahl der einbezogenen Antworten
[b] Erklärte Varianz der Faktorenanalyse
[c] Cronbach-Alpha standardisiert

*Tabelle 6.7:  Classroom Management – Skalen, Quellenangaben und Güte der Faktoren*

| Konzeptname | Quellenangabe | Faktoren | $N^a$ | $R^{2\,b}$ | $\alpha^c$ |
|---|---|---|---|---|---|
| Regeln einführen und anwenden | Makarova et al. 2008, Wannack 2004, Neuenschwander et al. 2003, Eigenentwicklung Wannack, Herger | Regeleinführung und -anwendung durch die Lehrperson | 385 | 0.42 | .73 |
| | | Einbezug der Kinder in die Regelerstellung | | | .69 |
| Organisation von Routinen | Makarova et al. 2008, Wannack 2004, Eigenentwicklung Wannack, Herger | Zugang zu Material | 388 | 0.62 | .70 |
| | | Übergänge Unterrichtssequenzen | | | .67 |
| Aufmerksamkeit und Konzentration in der Klasse | Makarova et al. 2008, Wannack 2004 | Aufmerksamkeit der Kinder | 383 | 0.45 | .77 |
| | | Überblick der Lehrperson | | | .61 |

[a] Anzahl einbezogene Antworten
[b] Erklärte Varianz der Faktorenanalyse
[c] Cronbach-Alpha standardisiert

tration) sowie des Entwicklungsstands im Spiel-, Lern-, Arbeits- und Sozialverhalten; Verhaltensauffälligkeiten; Zusammensetzung der Klasse (Jahrgangs- versus altersgemischte Klassen) und Klassengrösse.

Demografische und berufsbiografische Angaben zu den Lehrpersonen wurden im vierten Teil des Fragebogens ermittelt. Im Hinblick auf die qualitative Studie wurde ebenfalls erhoben, ob die Lehrpersonen bereit wären, an der videobasierten Beobachtung teilzunehmen.

Den Fragebogenentwurf unterzogen wir einem Pretest durch zehn Kindergarten- und zehn Unterstufenlehrpersonen. Diese wurden gebeten, ihn auszufüllen und anschliessend daran zur Verständlichkeit sowie zur Abfolge und Anzahl der Fragen Stellung zu nehmen und überdies ihren persönlichen Eindruck zu schildern. Anhand der dadurch gewonnenen Rückmeldungen überarbeiteten wir den Fragenbogen. Die definitive Version enthielt schliesslich 28 Fragen, die in ca. 30 Minuten beantwortet werden konnten.

*Tabelle 6.8: Einstellungen und Überzeugungen der Lehrpersonen – Skalen, Quellenangaben und Güte der Faktoren*

| Konzeptname | Quellenangabe | Faktoren | $N^a$ | $R^{2\,b}$ | $\alpha^c$ |
|---|---|---|---|---|---|
| Das Lernen der Kinder | Kleickmann 2009, Hartinger et al. 2006 | Instruktionaler Lernbegriff | 383 | 0.45 | .77 |
| | | Offener Lernbegriff | | | .61 |
| Unterrichtliche Selbstwirksamkeit | In Anlehnung an Tschannen-Moran & Woolfolk 2001, Schönbächler 2005 | Störungen vermeiden | 386 | 0.43 | .83 |
| | | Verstehen fördern | | | .77 |
| | | Auf Schülerinnen und Schüler eingehen | | | .79 |
| Umgang mit den Kindern | In Anlehnung an Makarova et al. 2008, Mayr et al. 2002, Gruehn 2000 | Empathie der Lehrperson | 389 | 0.45 | .69 |
| | | Integrität der Lehrperson | | | .70 |

[a] Anzahl der einbezogenen Antworten
[b] Erklärte Varianz der Faktorenanalyse
[c] Cronbach-Alpha standardisiert

## 6.3 Auswertung der Fragebogendaten

Für die Dateneingabe nutzten wir einen Scanner und die Software Remark Office (Version 5.5). Die Datenkontrolle und -bereinigung erfolgte parallel zum Scan-Prozess. Für die Auswertung haben wir sämtliche Daten in der Software SPSS aufbereitet.

Zum Zweck der Quantifizierung der skizzierten Einrichtungen in den Kindergärten respektive den Klassenzimmern entwarfen wir ein Kategoriensystem, das Funktionsbereiche und die Ausstattung der Spiel- und Lernangebote unterschied. Wegleitend für die Kategorisierung der Funktionsbereiche waren die Spielformen, wie sie in 4.2.1 aufgezählt wurden. Jedem Funktionsbereich wurden anschliessend die Spiel- und Lernangebote zugeordnet (vgl. Tabelle 6.9).

Auf die Mobiliarliste wurden einerseits Einrichtungsgegenstände wie Pulte, Tische, Stühle und andererseits Wandtafeln respektive Whiteboards aufgenommen. In den Klassenzimmern der Unterstufe wurde zudem die Pultordnung (Reihen, Hufeisen, Pultgruppen) ausgezählt.

Zur Datenaufbereitung der Fragebogenitems gehörte die Kategorisierung verschiedener Variablen wie z. B. das Jahr der Diplomierung der Lehrpersonen, die Rekodierung von Variablen sowie die Definition von Gruppierungskriterien. Anschliessend

*Tabelle 6.9: Kategoriensystem Funktionsbereiche*

| Spielformen Zusätzliche Angebote | Funktionsbereiche | Ausstattung Spiel- und Lernangebot |
|---|---|---|
| Funktionsspiele | Bewegungsecke (Innenraum) | Bewegungslandschaften, Parcours |
| | Gestalten | Maltisch, Zeichnen, Werken inkl. Werkbank |
| | | Malwand, Staffelei |
| | | Kneten, Ton |
| | | Perlen auffädeln, Sticken |
| Konstruktionsspiele | Bauen mit unstrukturiertem Material | Holz, Bauklötze, Sand etc. |
| | Bauen mit strukturiertem Material | Baukästen (z. B. Matador, Lego) |
| Symbolspiele | Kleine Welt | Puppenhaus, Bauernhof |
| | | Fahrzeuge (z. B. Brio-Eisenbahn, Auto) |
| Rollenspiele | Familienecke | Küche, Wohnung |
| | | Berufswelt (Marktstand, Verkaufsladen, Arztpraxis) |
| Regelspiele | Gesellschaftsspiele, Spieltische | Karten-, Brett- und Würfelspiele, Memo-Spiele, Lernspiele |
| Zusätzliche Angebote | Thematische Funktionsbereiche | Bezug zu einem Unterrichtsthema (z. B. Schwimmen-Sinken, Schmetterling) |
| | Leseecke | Frei zugängliche Bilderbücher, Bücher, Zeitschriften für Kinder |
| | Ruheecken, Rückzugsmöglichkeiten | Z. B. Sofa, Hochbett, Zelt |
| | Informationstechnologien | Computer mit diverser Software |

unterzogen wir die Skalen einer Hauptkomponentenanalyse mit Varimax-Rotation. Dabei wurde mit fehlenden Werten so verfahren, dass diese listenweise ausgeschlossen wurden. Sowohl bei den unverändert übernommenen Skalen als auch bei den überarbeiteten und erweiterten Skalen konnten die Faktorenstrukturen mit wenigen Ausnahmen repliziert werden. Wo dies nicht gelang, verwendeten wir die eigene Faktorenlösung. Die Faktoren wurden anschliessend einer Reliabilitätsprüfung anhand der Berechnung des standardisierten Cronbach-Alpha unterzogen (für die ausführliche Dokumentation siehe Wannack, Herger, Gruber et al. 2009). Bei den weiteren

Auswertungen haben wir, wo immer möglich, mit den aggregierten Daten gerechnet.

Ein wesentliches Auswertungskriterium waren die Classroom-Management-Stile. Diese wurden mithilfe des explorativen Verfahrens der Clusteranalyse bestimmt. Da wir es mit einer grossen Stichprobe zu tun hatten, verwendeten wir das Verfahren der Clusterzentrenanalyse. Diese ist gemäss Bühl (2009) speziell für grosse Stichproben geeignet, denn im Gegensatz zu hierarchischen Verfahren kann die Anzahl Cluster hier vorgegeben werden (ebd.). Zur Bestimmung der Clusterzentren wurde die euklidische Metrik herangezogen. Bevor wir die Clusterzentrenanalyse vornahmen, überführten wir die Daten in z-Werte mit dem Ziel, die über verschiedene Skalen gewonnenen Daten zu standardisieren.

Die Skalen „Regeln einführen und anwenden", „Organisation von Abläufen" sowie „Aufmerksamkeit und Konzentration in der Klasse" wurden in die Clusterzentrenanalyse mit einbezogen. Nach mehreren Versuchen mit zwei, drei und vier Clustern entschieden wir uns für die 3-Cluster-Lösung – einerseits aus inhaltlichen Gründen und andererseits wegen der Gruppengrösse. In Tabelle 6.10 sind die Stile, ihre arithmetischen Mittelwerte sowie die Standardabweichung je Classroom-Management-Faktor dargestellt. Zu ergänzen ist ferner, dass mittels eines Chiquadrat-Tests geprüft wurde, ob Lehrpersonen einer bestimmten Bildungsstufe in einem der Classroom-Management-Stile übervertreten waren. Es zeigte sich, dass dies nicht der Fall war.

Zur Benennung der Classroom-Management-Stile griffen wir auf die Skalen zurück. So ist beim regelorientierten Stil – verglichen mit dem prozedurenorientierten Stil – ersichtlich, dass darunter Lehrpersonen subsumiert wurden, die diesem Aspekt für sich als sehr zutreffend einschätzten. Zugleich zeigen sich hier die tiefsten Einschätzungen bezüglich der Prozeduren und des Faktors Aufmerksamkeit der Kinder. Im Gegensatz zum regelorientierten Stil wurden unter dem prozedurenorientierten Stil Lehrpersonen zusammengefasst, die die Tätigkeiten in diesem Bereich als für sie sehr zutreffend einschätzten. Am tiefsten schätzten diese Lehrpersonen ihren Überblick über die Klasse ein. Die Bezeichnung multidimensionaler Stil verweist darauf, dass Lehrpersonen, die diesem Stil zugeordnet werden, bei allen Faktoren eine hohe Zustimmung aufwiesen. Sie legen also in hohem Mass Wert darauf, Regeln einzuführen, die Kinder bei der Regelgestaltung mit einzubeziehen, den selbständigen Zugang der Kinder zum Material sicherzustellen und die Übergänge zwischen den Unterrichtssequenzen organisatorisch so anzulegen, dass sich diese reibungslos gestalten. Sie schätzten die Aufmerksamkeit der Kinder im Unterricht und ihren Überblick über die Klasse am höchsten ein.

Die Ermittlung von Classroom-Management-Stilen erlaubte es uns, zusätzlich zu den demographischen und beruflichen Angaben sowie der Bildungsstufe auch über eine „inhaltliche" Variable zu verfügen. Diese diente zur Beantwortung der Frage, ob sich verschiedene Classroom-Management-Stile eruieren lassen (vgl. 5.1). Darüber hinaus wird der Classroom-Management-Stil zur Ziehung der qualitativen Stichprobe verwendet, und zwar im Sinne des Vertiefungsmodells (vgl. 5.2), damit gezielt

*Tabelle 6.10: Classroom-Management-Stile (arithmetischer Mittelwert und Standardabweichung)*

| Skalen und Faktoren[1] | regel-orientierter Stil N = 97 | prozeduren-orientierter Stil N = 99 | multi-dimensionaler Stil N = 188 |
|---|---|---|---|
| **Regeln** | | | |
| Regeleinführung und -anwendung durch die Lehrperson | **4.64** 0.31 | 4.31 0.45 | **4.79** 0.23 |
| Einbezug der Kinder in die Regelgestaltung | **3.87** 0.59 | 3.70 0.59 | **4.17** 0.64 |
| **Prozeduren** | | | |
| Zugang zum Material | 4.06 0.43 | **4.79** 0.32 | **4.86** 0.22 |
| Übergang zwischen den Unterrichtssequenzen | 3.69 0.59 | **3.79** 0.53 | 4.47 0.50 |
| **Gegenwärtigkeit** | | | |
| Aufmerksamkeit der Kinder | 2.98 0.68 | 3.35 0.48 | **3.64** 0.57 |
| Überblick der Lehrperson | 4.07 0.36 | 3.71 0.45 | **4.33** 0.36 |

[1] Sämtliche Items wurden anhand einer fünfstufigen Skala eingeschätzt: 1 = stimmt gar nicht, 2 = stimmt eher nicht, 3 = stimmt teils-teils, 4 = stimmt eher, 5 = stimmt voll und ganz.

Lehrpersonen mit einem bestimmten Classroom-Management-Stil ausgewählt werden können. Die quantitativen Classroom-Management-Stile werden dann schliesslich auch für die Typenbildung und -beschreibung in Kombination mit den qualitativen Ergebnissen genutzt.

# 7 Ergebnisse der Fragebogenstudie

Im vorliegenden Kapitel werden die Ergebnisse aus der Fragebogenstudie präsentiert. Im Zentrum stehen die Einschätzungen der Lehrpersonen zu ihrer Unterrichtsgestaltung. Zu Beginn wird auf den zentralen Aspekt des Classroom Management – die Raumgestaltung – eingegangen. Anschliessend werden anhand der Analysekriterien Bildungsstufe und Classroom-Management-Stil ausgewählte Aspekte zu unterrichtlichen Tätigkeiten der Lehrpersonen fokussiert. Mit Ergebnissen zum Thema Lehrerselbstwirksamkeit wird auf die Wichtigkeit des Classroom Management für den Aufbau der Lehrerselbstwirksamkeit eingegangen. Mit einem Fazit wird das Kapitel abgeschlossen.

## 7.1 Unterrichtsgestaltung

Auf der Grundlage der Ausführungen in Kapitel 4 legten wir den Lehrpersonen fünf Themenbereiche zur Ebene Unterrichtssequenzen vor. Es sind dies Fragen zu unterrichtlichen Tätigkeiten der Planung und Durchführung, der geführten und offenen Unterrichtssituationen, den individualisierenden Lernmöglichkeiten sowie des Aufbaus und der Strukturierung von Lerninhalten. Ergänzend dazu wurden die Raumskizzen analysiert. Nachfolgend finden sich die Ergebnisse zu diesen Thematiken.

### 7.1.1 Raumgestaltung

Wie in 2.1.4 ausgeführt wurde, bildet die Raumgestaltung den Ausgangspunkt für das Classroom Management und damit einhergehend auch für das Arrangement des Spiel- und Lernangebots. In ihrer Kombination machen diese beiden Aspekte die Spiel- und Lernumgebung aus, in der sich Lehrpersonen und Kinder bewegen. Ein wesentlicher Bestandteil davon ist nebst den architektonischen Gegebenheiten das für die Raumeinrichtung verwendete Mobiliar. Die Auswertung der Raumskizzen (vgl. Tabelle 7.1) zeigt erwartungsgemäss auf, dass in Klassenzimmern der Unterstufe die klassischen Einrichtungsgegenstände Schülerpulte (100 Prozent), Lehrerpult oder Lehrertisch (99 Prozent) sowie Wandtafel (97 Prozent) den Raum dominieren. Hinzu kommen Sitzkreise (84 Prozent) und zusätzliche Arbeitsplätze respektive multifunktionale Tische (81 Prozent).

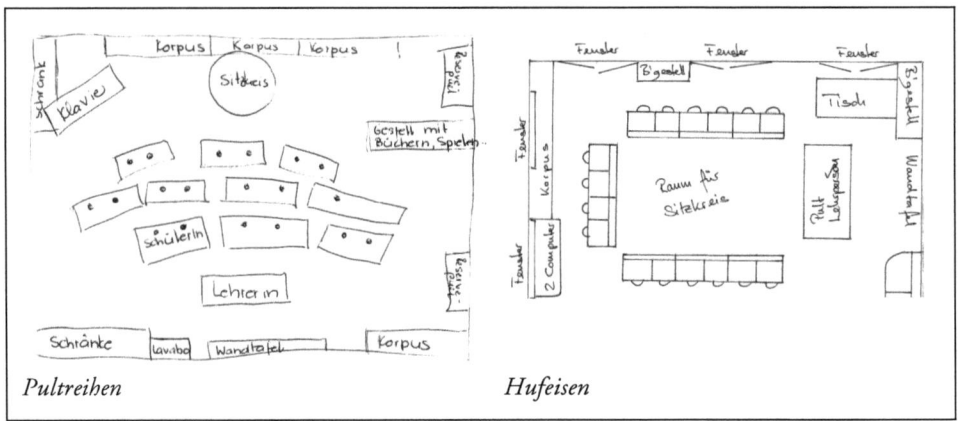

*Pultreihen*                                                    *Hufeisen*

*Abbildung 7.1: Klassenzimmer Unterstufe mit Pultanordnung und Sitzkreis*

Die Sitzkreise werden eher hinten im Klassenzimmer (43 Prozent) oder vorne bei der Wandtafel (33 Prozent) angeordnet, teils aber auch in der Zimmermitte (17 Prozent) und seltener seitlich im Zimmer (7 Prozent). Wird die Pultanordnung näher betrachtet, finden sich in 56 Prozent der Klassenzimmer (N = 176) Pultreihen, in 27 Prozent Hufeisen und in 18 Prozent Pultgruppen. Die folgenden zwei Skizzen illustrieren die Raumeinrichtung Pultreihen und Hufeisen mit Sitzkreis.

*Tabelle 7.1:  Raumeinrichtung und Mobiliar*

|  | Kindergarten N = 199 | Unterstufen N = 176 |
|---|---|---|
| Sitzkreis | 99% | 84% |
| Schülerpulte |  | 100% |
| Zusätzliche Arbeitsplätze / multifunktionale Tische | 31% | 81% |
| Lehrerpult oder -tisch | 88% | 99% |
| Wandtafel | 16% | 97% |
| Multifunktionale Tafel (für Informationen, Ämterplan, zeitliche Verlaufsstruktur usw.) | 3% | 32% |

So wie die Pulte zu den Klassenzimmern gehören, ist der Sitzkreis (99 Prozent) typisch für die Kindergärten (N = 199). Auch das Lehrerpult respektive der Lehrertisch ist mit 88 Prozent weit verbreitet. Beim Betreten eines Kindergartens sind es jedoch vor allem die verschiedenen Funktionsbereiche, die ins Auge stechen. Der Tabelle 7.2 ist zu entnehmen, dass in allen Kindergärten Möglichkeiten für Konstruktionsspiele (100 Prozent) vorhanden sind, die dem Funktionsbereich Bauen mit unstrukturiertem Material zugeordnet sind. Angebote zu Regelspielen (93 Prozent) im Funktionsbereich Gesellschaftsspiele und zu Funktionsspielen (92 Prozent) im Bereich Gestalten sind

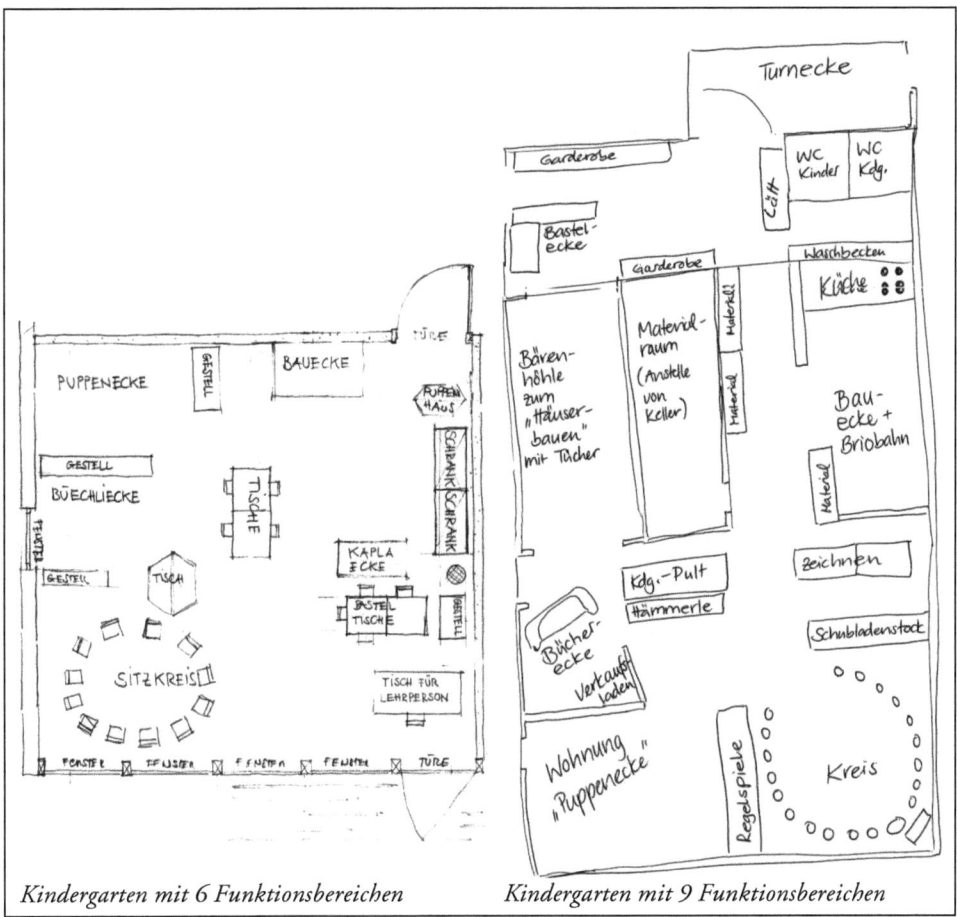

Kindergarten mit 6 Funktionsbereichen        Kindergarten mit 9 Funktionsbereichen

*Abbildung 7.2: Kindergärten und ihre Funktionsbereiche*

ebenfalls häufig, aber auch Rollenspiele (84 Prozent) im Funktionsbereich Familie sind gut vertreten.

Die Auszählung der Anzahl Funktionsbereiche hat ergeben, dass in den Innenräumen von Kindergärten (inklusive Garderobe) in 49 Prozent 7 bis 9 verschiedene Funktionsbereiche, in 36 Prozent 4 bis 6 Funktionsbereiche und in 15 Prozent 10 bis 12 Funktionsbereiche vorhanden sind. Wiederum illustrieren zwei Skizzen, wie eine solche Raumgestaltung aussehen kann.

Werden Gemeinsamkeiten hinsichtlich der Funktionsbereiche in Kindergärten und Klassenzimmern der Unterstufe fokussiert, so betrifft dies die Gesellschaftsspiele und Spieltische sowie das Lesen (vgl. Tabelle 7.2).

Nach dieser Beschreibung der unterschiedlichen „physischen Ausgestaltung" der Räume werden nachfolgend die Ergebnisse zu den unterrichtlichen Tätigkeiten der Lehrpersonen dargestellt.

*Tabelle 7.2: Funktionsbereiche in Kindergärten und Klassenzimmern (Angaben in Prozent)*

| Spielformen Zusätzliche Angebote | Funktionsbereich | Spiel- und Lernangebot | Kindergärten N = 199 | Unterstufen N = 176 |
|---|---|---|---|---|
| Funktionsspiele | Bewegung (Innenraum) | Bewegungslandschaften, Parcours | 48% | 8% |
| | Gestalten | Maltisch, Zeichnen, Werken inkl. Werkbank | 92% | |
| | | Malwand, Staffelei | 28% | |
| | | Kneten, Ton | 31% | |
| | | Perlen auffädeln, Sticken | 24% | |
| Konstruktionsspiele | Bauen mit unstrukturiertem Material | Holz, Bauklötze, Sand etc. | 100% | |
| | Bauen mit strukturiertem Material | Baukästen (z. B. Matador, Lego) | 37% | |
| Symbolspiele | Kleine Welt | Puppenhaus, Bauernhof | 55% | |
| | | Fahrzeuge (z. B. Brio-Eisenbahn, Auto) | 40% | |
| Rollenspiele | Familie | Küche, Wohnung | 84% | |
| | | Berufswelt (Marktstand, Verkaufsladen, Arztpraxis | 17% | |
| Regelspiele | Gesellschaftsspiele, Spieltische | Karten-, Brett- und Würfelspiele, Memo-Spiele, Lernspiele | 93% | 75% |
| Zusätzliche Angebote | Thematische Funktionsbereiche | Beziehen sich auf ein Unterrichtsthema (z. B. Schwimmen-Sinken; Schmetterling) | 19% | 13% |
| | Lesen | Frei zugängliche Bilderbücher, Bücher, Zeitschriften für Kinder | 84% | 76% |
| | Rückzugsmöglichkeiten | Sofa, Hochbett, Zelt | 24% | 44% |
| | Informationstechnologien | Computer mit diverser Software | 26% | 69% |

## 7.1.2  Die unterrichtlichen Tätigkeiten

Von Interesse ist, wie die Unterrichtsgestaltung von den Lehrpersonen eingeschätzt wird. Dazu werden zweifaktorielle Varianzanalysen mit den unabhängigen Variablen „Bildungsstufe" und „Classroom-Management-Stil" durchgeführt. Für den paarweisen Vergleich post hoc wird der Tukey's Honestly Significant Difference-Test (Tukey-HSD) verwendet, sofern die Varianzhomogenität der Gruppen – geprüft mit der Levene-Teststatistik – gegeben ist. Ansonsten wird auf den paarweisen Vergleich verzichtet. Sämtliche Items wurden anhand einer 5-stufigen Likert-Skala (1=stimmt gar nicht; 2=stimmt eher nicht; 3=stimmt teils-teils; 4=stimmt eher; 5=stimmt voll und ganz) eingeschätzt. Grundlage für die Auswertung bilden die in 6.2 faktorenanalytisch gewonnenen und auf interne Konsistenz geprüften, aggregierten Variablen, wenn diese ein Cronbachs Alpha >.60 aufweisen. Um den Effekt der unabhängigen Variablen auf die abhängigen Variablen zu prüfen, wird zunächst eine multivariate Varianzanalyse pro Themenbereich gerechnet.

Wenden wir uns der Unterrichtsgestaltung zu, ist aus Tabelle 7.3 ersichtlich, dass es dabei zum einen um die Unterrichtsplanung und -durchführung geht, also darum, ob und wie offen die Lehrpersonen planen, wie flexibel sie während des Unterrichts auf verschiedene Interessen und Fragen der Kinder eingehen und ob sie je nach Unterrichtsverlauf an ihrer Planung festhalten oder nicht. Zum anderen haben wir die geführten und offenen Unterrichtssequenzen anvisiert (vgl. dazu 4.2.1), wobei uns speziell interessiert, in welcher pädagogisch-didaktischen Absicht diese eingesetzt werden. Beispielitems für die geführten Unterrichtssequenzen sind „Ich benutze frontale Unterrichtsphasen, um den Kindern einen Sachverhalt zu erklären" oder „In erarbeitenden Unterrichtsphasen schaffe ich Gesprächssituationen mit der ganzen Klasse". Für die offenen Sequenzen unterscheiden wir die Ziele der Individualisierung (z.B. „Offene Unterrichtsphasen nutze ich, um gezielt mit einzelnen Kindern oder einer Kindergruppe an einem Inhalt zu arbeiten") und des selbständigen Lernens (z.B. „Ich ermögliche den Kindern in offenen Unterrichtsphasen ihren eigenen Interessen nachzugehen").

Die multivariate Varianzanalyse fällt für die beiden Haupteffekte hochsignifikant aus (vgl. Tabelle 7.3). Im Detail betrachtet weisen die Kindergartenlehrpersonen im Vergleich zu den Unterstufenlehrpersonen bezüglich der Nutzung der geführten Unterrichtsequenzen einen signifikant tieferen Mittelwert auf, hingegen ist bei den Ersteren der Mittelwert hinsichtlich der Nutzung offener Sequenzen für das selbständige Lernen signifikant höher. Aus den Einschätzungen zu den beiden anderen Aspekten geht aufgrund des nicht signifikanten Ergebnisses hervor, dass Kindergarten- und Unterstufenlehrpersonen sowohl in der Planung als auch in der Unterrichtsdurchführung Freiräume offenlassen, um in der Lage zu sein, auf situative Gegebenheiten einzugehen. Auf die Einschätzung, offene Sequenzen für das selbständige Lernen zu nutzen, hat die Bildungsstufe ebenfalls keinen Einfluss.

Durchwegs signifikante Resultate ergaben sich beim Faktor Classroom-Management-Stil. Die Gruppe der Lehrpersonen, die dem multidimensionalen Stil zuzu-

*Tabelle 7.3: Unterrichtsgestaltung (Mittelwerte, Varianzanalysen)*

| | Bildungsstufe[a] | | CM-Stil[b] | | | Bildungsstufe[c] | CM-Stil[c] | Interaktion[c] | Tukey[d] | Korr. $R^2$ [e] |
|---|---|---|---|---|---|---|---|---|---|---|
| | KG N | US N | R N | P N | M N | F, p df | F, p df | F, p df | p | |
| Flexibilität in Planung und Durchführung von Unterrichtssequenzen | 3.94 204 | 3.76 178 | 3.68 97 | 3.91 98 | 3.92 187 | 2.95 ns 1,376 | 5.00[3] 2,376 | 4.51[1] 2,376 | R < P[1] R < M[2] | .05 |
| Geführte Sequenzen | 3.45 202 | 3.68 178 | 3.54 96 | 3.42 97 | 3.63 185 | 13.81[3] 1,372 | 3.30[1] 2,372 | 0.44 ns 2,372 | P < M[1] | .05 |
| Offene Sequenzen und Individualisierung | 3.88 205 | 3.76 176 | 3.72 96 | 3.65 98 | 3.97 187 | 2.93 ns 1,375 | 11.90[3] 2,375 | 2.58 ns 2,375 | R < M[2] P < M[3] | .08 |
| Offene Sequenzen und selbständiges Lernen | 4.33 204 | 3.86 176 | 3.92 96 | 4.15 97 | 4.19 187 | 57.52[3] 1,374 | 5.05[2] 2,374 | 0.23 ns 2,374 | R < P[1] R < M[2] | .16 |
| Multivariate Varianzanalyse[f] | | | | | | 18.25[3] 4,365 | 5.48[3] 8,728 | 1.79 ns 8,728 | | |

[a] Mittelwerte und Gruppengrösse Kindergartenlehrpersonen (KG) und Unterstufenlehrpersonen (US)
[b] Mittelwerte und Gruppengrösse Classroom-Management-Stil (CM-Stil); R = regelorientiert,
   P = prozedurenorientiert, M = multidimensional
[c] F-Wert (f); Signifikanz (p) wobei ns=nicht signifikant, [1]p < .05, [2]p < .01, [3]p < .001; Freiheitsgrade (df)
[d] Paarweiser Vergleich der Faktorenstufen Classroom-Management-Stil mittels Tukey-HSD;
   Signifikanzniveau [1]p < .05, [2]p, < .01, [3]p < .001
[e] Korrigiertes $R^2$ gibt den Anteil aufgeklärter Varianz für die abhängige Variable an
[f] Multivariate Varianzanalyse mittels Hotelling-Spur-Test

rechnen sind, weisen überall die höchsten Mittelwerte auf und unterscheiden sich im Post-hoc-Paarvergleich ebenfalls am meisten von den anderen beiden Stilen. Ihre Einschätzung deutet darauf hin, dass sie bei der Planung flexibler sind und sowohl geführte wie auch offene Sequenzen in höherem Mass nutzen als Lehrpersonen der anderen Stile. Die unterschiedlichen Einschätzungen zwischen Lehrpersonen mit regelorientiertem Stil und solchen mit prozedurenorientiertem Stil lassen darauf schliessen, dass Erstere bei der Unterrichtsplanung und -durchführung weniger flexibel sind als Letztere und offene Sequenzen weniger für das selbständige Lernen nutzen. Insgesamt ist zu vermerken, dass der Varianzaufklärungseffekt der beiden unabhängigen Variablen Bildungsstufe und Classroom-Management-Stil lediglich bescheiden ausfällt.

Als Nächstes wenden wir uns der Frage zu, welchen Prinzipien die Lehrpersonen bei den Aufgabenstellungen im Allgemeinen und im Speziellen hinsichtlich Individualisierung folgen. Zur Einschätzung des Aufbaus und der Strukturierung von Lerninhalten wurden den Lehrpersonen Items wie „Lerninhalte werden von mir schrittweise aufgebaut" vorgelegt. Aussagen wie „Ich stelle gezielt Aufgaben für die Kinder mit dem gleichen Leistungsniveau zusammen" wurden zwecks Einschätzung von indivi-

*Tabelle 7.4: Aufgabenstrukturierung und -angebot (Mittelwerte, Varianzanalysen)*

| | Bildungsstufe[a] | | CM-Stil[b] | | | Bildungs-stufe[c] | CM-Stil[c] | Inter-aktion[c] | Tukey[d] | Korr. $R^2$[e] |
|---|---|---|---|---|---|---|---|---|---|---|
| | KG N | US N | R N | P N | M N | F, p df | F, p df | F, p df | p | |
| Aufbau und Strukturierung von Lerninhalten | 3.85 204 | 4.02 177 | 3.79 96 | 3.71 97 | 4.12 188 | 6.88[2] 1, 375 | 25.49[3] 2, 375 | 0.48 ns 2, 375 | R < M[3] P < M[3] | .13 |
| Individua-lisierende Lernmög-lichkeiten | 3.91 201 | 3.93 177 | 3.78 96 | 3.80 96 | 4.06 186 | 1.19 ns 1, 372 | 16.30[3] 2, 372 | 2.03 ns 2, 372 | R < M[3] P < M[3] | .08 |
| Multivariate Varianzanalyse[f] | | | | | | 3.64[1] 2, 370 | 15.79[3] 4, 738 | 1.61 ns 4, 738 | | |

[a] Mittelwerte und Gruppengrösse Kindergartenlehrpersonen (KG) und Unterstufenlehrpersonen (US)
[b] Mittelwerte und Gruppengrösse Classroom-Management-Stil (CM-Stil); R = regelorientiert, P = prozedurenorientiert, M = multidimensional
[c] F-Wert (f); Signifikanz (p) wobei ns=nicht signifikant, [1]p < .05, [2]p < .01, [3]p < .001; Freiheitsgrade (df)
[d] Paarweiser Vergleich der Faktorenstufen Classroom-Management-Stil mittels Tukey-HSD; Signifikanzniveau [1]p < .05, [2]p < .01, [3]p < .001
[e] Korrigiertes $R^2$ gibt den Anteil aufgeklärter Varianz für die abhängige Variable an
[f] Multivariate Varianzanalyse mittels Hotelling-Spur-Test

dualisierenden Lernmöglichkeiten präsentiert. Wiederum haben wir ein signifikantes Ergebnis für die zwei Haupteffekte (vgl. Tabelle 7.4). Aus den Einschätzungen der Unterstufenlehrpersonen ist zu entnehmen, dass diese die Lerninhalte in höherem Mass strukturiert aufbauen. Kein signifikanter Unterschied ergibt sich hingegen bei der Einschätzung zu den individualisierenden Lernmöglichkeiten. Signifikant unterscheiden sich jedoch die Einschätzungen bei der Gruppierung nach den Classroom-Management-Stilen. Lehrpersonen mit multidimensionalem Stil weisen die höchste Zustimmung bei „Aufbau und Strukturierung von Lerninhalten" sowie „Individualisierende Lernmöglichkeiten" auf und unterscheiden sich im paarweisen Vergleich signifikant von Lehrpersonen mit regel- oder prozedurenorientiertem Stil.

Sowohl der Unterrichtsgestaltung als auch den Aufgabenstellungen inhärent sind Vorstellungen der Lehrpersonen über die Art und Weise, wie die Kinder lernen. Um diese zu erheben, wurden den Lehrpersonen Items vorgelegt, die eher die instruktionale Seite und damit die Tätigkeiten der Lehrperson betonen, so etwa „Durch das Nachvollziehen eines vorgegebenen Lösungsweges lernen die Kinder am besten, ein Problem zu verstehen", oder „Am besten lernen die Kinder aus Darstellungen und Erklärungen ihrer Lehrperson". Demgegenüber stehen Items im Sinne eines offenen Lernbegriffs, die eher die Aktivitäten der Kinder ins Zentrum rücken. Beispiele dafür sind „Die Kinder verstehen im Unterricht etwas nur dann, wenn sie die Erklärungen zur Lösung von Problemen selbst entwickeln", oder „Die Lehrpersonen sollten die Kinder bei ihrer Suche nach einem geeigneten Lösungsweg ganz eigenständig vorgehen lassen und sich dabei vollkommen zurückhalten". Die multivariate Varianzanalyse fällt weder für die Haupteffekte noch den Interaktionseffekt signifikant aus. Das heisst, dass sowohl die Bildungsstufe als auch der Classroom-Management-Stil keinen Unterschied aufzuzeigen vermögen, was die Einschätzung bezüglich des instruktionalen respektive offenen Lernbegriffs betrifft.

*Tabelle 7.5: Umgang mit Kindern (Mittelwerte, Varianzanalysen)*

| | Bildungsstufe[a] | | CM-Stil[b] | | | Bildungs-stufe[c] | CM-Stil[c] | Inter-aktion[c] | Tukey[d] | Korr. $R^{2f}$ |
|---|---|---|---|---|---|---|---|---|---|---|
| | KG N | US N | R N | P N | M N | F, p df | F, p df | F, p df | p | |
| Empathie der Lehrperson | 4.45 205 | 4.30 176 | 4.23 96 | 4.28 98 | 4.51 187 | $10.27^3$ 1, 375 | $19.14^3$ 2, 375 | 0.14 ns 2, 374 | R < M³ P < M³ | .11 |
| Integrität der Lehrperson | 4.56 202 | 4.58 176 | 4.43 94 | 4.46 97 | 4.57 187 | 1.23 ns 1, 372 | $32.44^3$ 2, 372 | 0.56 ns 2, 372 | Post hoc[e] | .15 |
| Multivariate Varianzanalyse[g] | | | | | | $7.07^2$ 2, 370 | $20.51^3$ 4, 738 | 0.35 ns 4, 738 | | |

[a] Mittelwerte und Gruppengrösse Kindergartenlehrpersonen (KG) und Unterstufenlehrpersonen (US)
[b] Mittelwerte und Gruppengrösse Classroom-Management-Stil (CM-Stil); R = regelorientiert,
   P = prozedurenorientiert, M = multidimensional
[c] F-Wert (f); Signifikanz (p) wobei ns=nicht signifikant, [1]$p < .05$, [2]$p < .01$, [3]$p < .001$; Freiheitsgrade (df)
[d] Paarweiser Vergleich der Faktorenstufen Classroom-Management-Stil mittels Tukey-HSD;
   Signifikanzniveau [1]$p < .05$, [2]$p < .01$, [3]$p < .001$
[e] Für die abhängige Variable wird kein Post hoc-Test gerechnet, da keine Varianzhomogenität vorliegt.
[f] Korrigiertes $R^2$ gibt den Anteil aufgeklärter Varianz für die abhängige Variable an
[g] Multivariate Varianzanalyse mittels Hotelling-Spur-Test

Anders hingegen verhält es sich bei Fragen nach dem Umgang mit den Kindern (vgl. Tabelle 7.5). Der Faktor „Empathie der Lehrperson" setzt sich zusammen aus Items wie „Ich spüre sofort, wenn zwischen zwei Kindern etwas nicht stimmt" oder „Ich merke ziemlich schnell, wenn ein Kind Kummer hat"; der Faktor „Integrität der Lehrperson" enthält Items wie „Ich bin geduldig mit den Kindern" oder „Ich bin den Kindern gegenüber gerecht". Die Ergebnisse in Tabelle 7.5 zeigen, dass die Einschätzungen der Kindergarten- und Unterstufenlehrpersonen hinsichtlich der „Empathie der Lehrperson" einen hohen Mittelwert erreichen und der Unterschied zwischen den beiden Gruppen signifikant ist. Auch hinsichtlich des Classroom-Manage-ment-Stils ergaben sich signifikante Unterschiede. Wiederum schwingt die Gruppe des multidimensionalen Stils in ihrer Einschätzung obenaus und unterscheidet sich signifikant von den anderen beiden Stilen. Im Vergleich zum Faktor „Empathie der Lehrperson" erreicht der Faktor „Integrität der Lehrperson" höhere Mittelwerte, wobei der Unterschied in Bezug auf die Bildungsstufe nicht signifikant ist. Hingegen fällt das Ergebnis betreffend den Classroom-Management-Stil signifikant aus. Auffällig ist, dass auch für diesen Faktor der multidimensionale Stil den höchsten Mittelwert aufweist. Da jedoch die Varianzhomogenität nicht gegeben ist, wird auf den paarweisen Vergleich verzichtet. Insgesamt vermögen die beiden unabhängigen Variablen 11 Prozent respektive 15 Prozent der Varianz aufzuklären.

Nachfolgend wird nun darauf eingegangen, wie sich die Lehrpersonen in ihrer Selbstwirksamkeit einschätzen.

## 7.2 Lehrerselbstwirksamkeit

In 2.3 wurde das Modell von Tschannen-Moran et al. (1998) zur Lehrerselbstwirksamkeit sowie das Befragungsinstrument TSES (Tschannen-Moran & Woolfolk Hoy 2001) vorgestellt. Es wurde aufgezeigt, dass der erfolgreich erlebte Einsatz von Classroom-Management-Strategien im Sinne von „Mastery Experiences" eine wichtige Informationsquelle für den Aufbau der eigenen Selbstwirksamkeitsüberzeugungen darstellt. In Zusammenhang mit Classroom-Management-Stilen wurde ausgeführt, dass es nicht sozusagen einen Königsweg gibt, sondern vielmehr verschiedene Stile zum Einsatz kommen. In der Folge interessiert, in welchem Zusammenhang Bildungsstufe, Classroom-Management-Stil und Lehrerselbstwirksamkeit stehen.

*Tabelle 7.6: Lehrerselbstwirksamkeit (Mittelwerte, Varianzanalysen)*

| | Bildungsstufe[a] | | CM-Stil[b] | | | Bildungsstufe[c] | CM-Stil[c] | Interaktion[c] | Tukey[d] | Korr. $R^{2\,e}$ |
|---|---|---|---|---|---|---|---|---|---|---|
| | KG N | US N | R N | P N | M N | F, p df | F, p df | F, p df | p | |
| Störungen vermeiden | 4.31 202 | 4.32 176 | 4.13 94 | 4.15 97 | 4.49 187 | 0.16 ns 1, 372 | $37.44^3$ 2, 372 | 0.1 ns 2, 372 | $R < M^3$ $P < M^3$ | .17 |
| Verstehen fördern | 3.87 203 | 3.97 175 | 3.75 94 | 3.76 97 | 4.10 187 | $6.33^1$ 1, 372 | $24.05^3$ 2, 372 | 1.56 ns 2, 372 | $R < M^3$ $P < M^3$ | .13 |
| Auf Schülerinnen und Schüler eingehen | 4.12 200 | 3.97 173 | 3.81 93 | 3.94 96 | 4.23 184 | $6.00^1$ 1, 367 | $38.23^3$ 2, 367 | 2.54 ns 2, 367 | $R < M^3$ $P < M^3$ | .20 |
| Multivariate Varianzanalyse[f] | | | | | | $10.00^3$ 3, 362 | $16.46^3$ 6, 722 | 1.44 ns 6, 722 | | |

[a] Mittelwerte und Gruppengrösse Kindergartenlehrpersonen (KG) und Unterstufenlehrpersonen (US)
[b] Mittelwerte und Gruppengrösse Classroom-Management-Stil (CM-Stil); R = regelorientiert, P = prozedurenorientiert, M = multidimensional
[c] F-Wert (f); Signifikanz (p) wobei ns=nicht signifikant, $^1$p < .05, $^2$p < .01, $^3$p < .001; Freiheitsgrade (df)
[d] Paarweiser Vergleich der Faktorenstufen Classroom-Management-Stil mittels Tukey-HSD; Signifikanzniveau $^1$p < .05, $^2$p < .01, $^3$p < .001
[e] Korrigiertes $R^2$ gibt den Anteil aufgeklärter Varianz für die abhängige Variable an
[f] Multivariate Varianzanalyse mittels Hotelling-Spur-Test

Unter Lehrerselbstwirksamkeit werden Items subsumiert wie „Können Sie alternative Erklärungen oder Beispiele geben, wenn die Kinder Inhalte nicht verstehen?" (Verstehen fördern); „Können Sie die Kinder dazu bringen, Regeln zu befolgen?" (Störungen vermeiden); „Können Sie sich an das individuelle Können der Kinder anpassen?" (Auf

Schülerinnen und Schüler eingehen). Wir haben wieder zwei signifikante Ergebnisse, was die Haupteffekte anbelangt (vgl. Tabelle 7.6). So weisen die Kindergartenlehrpersonen beim Faktor „Auf Schülerinnen und Schüler eingehen" im Vergleich zu den Unterstufenlehrpersonen einen höheren Mittelwert auf. Umgekehrt verhält es sich bei der Einschätzung „Verstehen fördern". Ein bereits bekanntes Ergebnis zeigt sich für die Zugehörigkeit zum Classroom-Management-Stil. Lehrpersonen mit multidimensionalem Stil schätzen alle drei Faktoren höher ein als Lehrpersonen mit prozeduren- und regelorientiertem Stil und unterscheiden sich im Paarvergleich zugleich signifikant von diesen.

## 7.3  Fazit

Im Rahmen der Fragebogenstudie wurden die Lehrpersonen zum Classroom-Management-Element Raumgestaltung aufgefordert, mittels einer Zeichnung Angaben zu ihrem Kindergarten respektive Klassenraum und weiteren genutzten Räumlichkeiten zu machen. Pulte und Wandtafel sind nach wie vor die dominierenden Einrichtungsgegenstände in der Primarunterstufe und prägen somit die Raumgestaltung. Hinzu kommen die zusätzlichen Arbeitsplätze respektive multifunktionalen Tische, die als Pendant zu den Funktionsbereichen im Kindergarten betrachtet werden können. Eingelassen in die Raumgestaltung ist der Sitzkreis, der im Kindergarten kaum fehlt und in hohem Mass auch in Unterstufenklassenzimmern zu finden ist. Die Raumgestaltung trägt damit sowohl im Kindergarten als auch in der Unterstufe den Tätigkeiten im Rahmen offener und geführter Sequenzen Rechnung.

Was die Einschätzungen ihrer unterrichtlichen Tätigkeiten bezüglich der Aspekte Flexibilität in Planung und Durchführung von Unterrichtssequenzen sowie offene Sequenzen zur Individualisierung anbelangt (vgl. Tabelle 7.3), ergibt sich kein signifikanter Unterschied zwischen den Lehrpersonen der beiden Bildungsstufen. Wohl aber ergeben bei den geführten Sequenzen – nämlich ein signifikant höherer Mittelwert bei den Unterstufenlehrpersonen – wie auch bei den offenen Sequenzen zur Förderung des selbständigen Lernens – hier zeichnet sich ein signifikant höherer Mittelwert bei den Kindergartenlehrpersonen ab. Dieses Ergebnis wird dahingehend interpretiert, dass sich darin die unterschiedlichen Leitmotive der beiden Bildungsstufen widerspiegeln (vgl. dazu Wannack 2004). Das Leitmotiv der Entwicklungsorientierung im Kindergarten wird didaktisch ins freie Spiel übersetzt, in dessen Rahmen sich die Kinder selbständig Wissen und Können in den verschiedenen Spiel- und Lernangeboten der Funktionsbereiche aneignen können, wodurch sie gleichzeitig in ihrer Selbständigkeit gefördert werden. Leitmotiv für die Didaktik der Unterstufe ist das Lernen in Fachbereichen. Es favorisiert – u. a. auch über Lehrmittel – ein eher strukturiertes Vorgehen im Rahmen geführter Sequenzen. Der signifikant tiefere Mittelwert bezüglich der offenen Sequenzen im Dienste des selbständigen Lernens wird dahingehend interpretiert, dass sich die Individualisierung in der Unterstufe primär auf unterschiedliche

Lernniveaus respektive Aufgabenstellungen bezieht; somit steht hier eher das selbstorganisierte Lernen im Vordergrund (vgl. dazu 4.4). Gestützt wird diese Interpretation durch die Ausführungen im Lehrplan 21 (vgl. Deutschweizer Erziehungsdirektoren-Konferenz 2016). Der Kindergarten und die ersten beiden Schuljahre der Primarstufe bilden den Zyklus 1. Zwar folgt der Lehrplan 21 der Fachbereichs-Logik, doch es wurde als wichtig erachtet, entwicklungsorientierte Zugänge zu den Fachbereichen darzustellen, um damit dem Perspektivenwechsel von der Entwicklung zum Lernen im Zyklus 1 Ausdruck zu verleihen (ebd. p. 38). In diese Argumentationslinie reihen sich in unserem Verständnis die Ergebnisse zum Umgang mit den Kindern wie auch zur Lehrerselbstwirksamkeit ein. Die Kindergartenlehrpersonen weisen einen höheren Mittelwert hinsichtlich Empathie auf als die Unterstufenlehrpersonen, was einerseits im Alter der Kinder begründet sein mag, und andererseits darin, dass die Kinder im Rahmen des Kindergartens erstmals in eine Klassengemeinschaft eingeführt werden (vgl. dazu auch Kapitel 3). Hinsichtlich der Lehrerselbstwirksamkeit sticht hervor, dass bei den Kindergartenlehrpersonen der Mittelwert für den Faktor „Auf Schülerinnen und Schüler eingehen" signifikant höher ist als bei den Unterstufenlehrpersonen. Ausserdem schätzen Letztere den Faktor „Verstehen fördern" signifikant höher ein, was unserer Ansicht nach in Einklang mit ihrem Leitmotiv Lernen steht.

Hinsichtlich der unabhängigen Variablen Bildungsstufe und Classroom-Management-Stil ist zu vermerken, dass keine der multivariaten Varianzanalysen einen signifikanten Effekt hinsichtlich der Interaktion aufweist. Dies stimmt überein mit den Ausführungen in 6.3, nach denen in keinem der Classroom-Management-Stile eine der Lehrpersonengruppen nach Bildungsstufe signifikant übervertreten ist. Erinnern wir uns an die Charakteristiken der Classroom-Management-Stile (vgl. 6.3), wonach die Lehrpersonen des multidimensionalen Stils sämtliche Aspekte des Classroom Management am höchsten eingeschätzt haben. Im Gegensatz dazu legen Lehrpersonen mit regelorientiertem Stil mehr Gewicht auf die Regeleinführung und Regelanwendung. Sie stimmen zu, dass sie in hohem Mass darauf achten, die Klasse zu überblicken, und gleichzeitig schätzen sie die Aufmerksamkeit der Kinder am tiefsten ein. Die Lehrpersonen mit prozedurenorientiertem Stil haben ihren Fokus auf Routinen und Übergänge gerichtet. Sie schätzen den Bereich Regeln und Überblick am tiefsten ein (vgl. dazu Abbildung 7.3).

Wie die Varianzanalysen zeigen, scheinen Lehrpersonen mit multidimensionalem Classroom-Management-Stil – gemäss ihren Einschätzungen – am ehesten in der Lage zu sein, die unterschiedlichen Aspekte der Unterrichtsgestaltung auf hohem Niveau zu integrieren. Sie können als Lehrpersonen beschrieben werden, die in ihrer Unterrichtsplanung und -durchführung zielstrebig und zugleich flexibel sind, geführte und offene Sequenzen verknüpft mit sachlichen und pädagogischen Zielsetzungen einsetzen und dabei auf den Aufbau und die Strukturierung sowie das Anbieten von individualisierenden Spiel- und Lernaufgaben achten. Sie weisen, was den Umgang mit den Kindern anbelangt, die höchsten Mittelwerte auf und schätzen auch ihre unterrichtliche

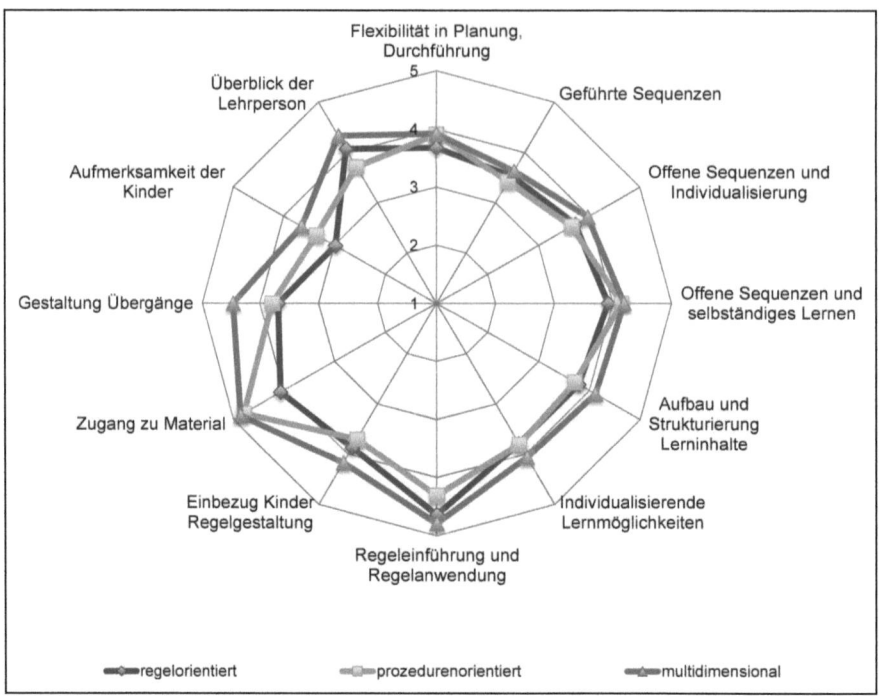

*Abbildung 7.3: Classroom-Management-Stile und Unterrichtsgestaltung*

Selbstwirksamkeit am höchsten ein. Die Lehrpersonen mit multidimensionalem Stil zeichnen sich gleichzeitig auch durch eine hohe Lehrerselbstwirksamkeit aus (vgl. 2.3).

Insgesamt unterscheiden sich Lehrpersonen mit multidimensionalem Stil deutlich – in vielen Fällen sogar signifikant – von denjenigen, die einen der beiden anderen Classroom-Management-Stile vertreten, die ihrerseits relativ nahe zusammenliegen (vgl. dazu die nicht signifikanten Paarvergleiche post hoc). Trotzdem zeigen sich auch in diesen Bereichen Unterschiede, betrachten wir die Profile im Überblick (vgl. Abbildung 7.3). So tendieren Lehrpersonen mit regelorientiertem Stil – laut den Einschätzungen – dazu, bei der Planung und Durchführung von Unterricht weniger flexibel zu sein sowie in geführten und offenen individualisierenden Sequenzen klare Aufgabenstellungen zu favorisieren – knapp zusammengefasst, könnte hier auch von einem auf die Klasse fokussiertem Profil gesprochen werden. In vielen Bereichen bewegen sich die Mittelwerte der Lehrpersonen mit regel- respektive prozedurenorientiertem Stil auf ähnlichem Niveau. Der wohl augenfälligste Unterschied liegt darin, dass die Lehrpersonen mit prozedurenorientiertem Stil im Gegensatz zum Profil der regelorientierten Lehrpersonen dazu tendieren, einen Rahmen für das Spielen und Lernen der Kinder zu schaffen. Von daher könnte von einem auf die Spiel- und Lernumgebung fokussierten Profil gesprochen werden. Ob sich diese Unterschiede zwischen den Classroom-Management-Stilen auch aus den Daten der qualitativen Studie bestätigen lassen, wird Gegenstand von Kapitel 12 sein.

# 8 Qualitativer Teil der Studie

Gemäss der Untersuchungsanlage besteht die Aufgabe des qualitativen Teils der Studie darin, durch videobasierte Unterrichtsbeobachtungen und fokussierte Interviews einen vertieften Einblick in das pädagogische Handeln der Lehrpersonen sowie in ihre Konstrukte betreffend Unterrichtsgestaltung und Unterrichtsdurchführung zu erhalten. Zunächst wird auf die Bestimmung und die Beschreibung der Stichprobe eingegangen. Anschliessend werden die Erhebung und die Auswertung der Video- und Interviewdaten beschrieben. Abgeschlossen wird das Kapitel mit Darlegungen zur Methoden- und Datentriangulation.

## 8.1 Stichprobe

Die Stichprobenziehung für die qualitative Teilstudie erfolgte aus der Stichprobe der Fragebogenerhebung. Die Stichprobe sollte sich aus sechs Kindergarten- und sechs Unterstufenlehrpersonen zusammensetzen, wobei die folgenden Kriterien erfüllt sein mussten:

- Die drei Classroom-Management-Stile (regelorientiert, prozedurenorientiert und multidimensional), welche aus der Fragebogenuntersuchung hervorgegangen sind, sollten durch je zwei Kindergarten- und Unterstufenlehrpersonen vertreten sein.
- Die Lehrpersonen haben eine Anstellung als Klassenlehrperson und unterrichten mehr als 50 Prozent.
- Die Berufserfahrung der Lehrpersonen sollte möglichst breit gestreut sein.
- Im Fragebogen hatten die Lehrpersonen ihre Zustimmung für die videobasierte Unterrichtsbeobachtung gegeben.

Für die erste Welle im März 2009 wurden fünf Lehrpersonen angefragt. Eine Lehrperson sagte aus zeitlichen Gründen ab; die übrigen vier Lehrpersonen stimmten zu und konnten videografiert beziehungsweise interviewt wurden. Die zweite Welle fand von Oktober bis Dezember 2009 statt. Von den elf angefragten Lehrpersonen sagten drei Lehrpersonen aus folgenden Gründen ab: Zielstufe gewechselt, Mutterschaftsurlaub, Auslandsaufenthalt. Die definitive Stichprobe mit zwölf teilnehmenden Lehrpersonen sah schliesslich wie folgt aus:

Wie aus der Tabelle 8.1 ersichtlich ist, gelang es uns nicht, Unterstufenlehrpersonen ausfindig zu machen, die sich dem regelorientierten Classroom-Management-Stil hätten zuordnen lassen. Wir entschieden uns daher, an ihrer Stelle Lehrpersonen mit multidimensionalem Stil beizuziehen. Einerseits weisen diese Lehrpersonen in allen Faktoren des Classroom Management – Regeleinführung und -anwendung durch die Lehrperson, Einbezug der Kinder in die Regelerstellung, Zugang zu Materialien, Übergänge zwischen den Unterrichtssequenzen, Aufmerksamkeit der Kinder, Gegen-

*Tabelle 8.1: Zusammensetzung der Stichprobe*

| Bildungsstufe | Berufs-erfahrung | Classroom-Management-Stile | | | Total |
|---|---|---|---|---|---|
| | | regel-orientiert | prozedu-ren-orientiert | multi-dimen-sional | |
| Kindergarten | 0–5 Jahre | 1 | 0 | 0 | 1 |
| | 5–10 Jahre | 0 | 0 | 1 | 1 |
| | 10–15 Jahre | 0 | 1 | 0 | 1 |
| | 15–20 Jahre | 1 | 0 | 0 | 1 |
| | 20–25 Jahre | 0 | 0 | 1 | 1 |
| | > 25 Jahre | 0 | 1 | 0 | 1 |
| 1. Schuljahr (3. Schuljahr gemäss HarmoS) | 10–15 Jahre | 0 | 0 | 1 | 1 |
| | > 25 Jahre | 0 | 1 | 0 | 1 |
| 2. Schuljahr (3. Schuljahr gemäss HarmoS) | 0–5 Jahre | 0 | 0 | 1 | 1 |
| | 5–10 Jahre | 0 | 0 | 1 | 1 |
| 1. und 2. Schuljahr (3. und 4. Schuljahr gemäss HarmoS) | 10–15 Jahre | 0 | 1 | 0 | 1 |
| | 20–25 Jahre | 0 | 0 | 1 | 1 |
| Insgesamt | | 2 | 4 | 6 | 12 |

wärtigkeit der Lehrperson – eine hohe Zustimmung auf (siehe 6.3) und andererseits handelt es sich dabei um die anzahlmässig grösste Gruppe.

Das Kriterium, dass die teilnehmenden Klassenlehrpersonen mehr als 50 Prozent in der eigenen Klasse unterrichten sollten, erfüllten alle. Bei fünf Kindergarten- und einer Unterstufenlehrperson betrug die Anstellung über 91 Prozent. Zwei Unterstufen-lehrpersonen arbeiteten zwischen 81–90 Prozent. Eine Zweitklasslehrperson hatte eine Anstellung zwischen 71–80 Prozent inne und je eine Lehrperson des Kindergartens und der Unterstufe ein Pensum zwischen 61–70 Prozent. Hinzu kam eine Zweitklass-lehrperson, die zwischen 51–60 Prozent arbeitete. Ebenfalls konnten Lehrpersonen mit der angestrebten Verteilung der Berufserfahrung gefunden werden. Sowohl bei den Kindergarten- als auch bei den Unterstufenlehrpersonen lag die Bandbreite zwischen 0–5 Jahren und mehr als 25 Jahren (vgl. Tabelle 8.1).

Betrachten wir den Ausbildungshintergrund, so wiesen fünf Kindergartenlehrper-sonen ein entsprechendes seminaristisches Patent und eine Lehrperson ein Lehrdi-plom der Lehrerinnen- und Lehrerbildung des Studiengangs Kindergarten und untere Primarstufe des Kantons Bern auf. Bei den Lehrpersonen der Unterstufe hatten vier Lehrpersonen ein Patent der seminaristischen Lehrerinnen- und Lehrerbildung. Eine Lehrperson verfügte über ein Lehrdiplom der Lehrerinnen- und Lehrerbildung des Studiengangs Kindergarten und untere Primarstufe des Kantons Bern und eine Lehrperson hatte bereits den Studiengang Kindergarten und Primarstufe an der Pädagogischen Hochschule Bern absolviert. Eine Lehrperson verfügte zudem über ein Lehrdiplom für geistig Behinderte.

## 8.2 Videobasierte Unterrichtsbeobachtung

Im Vorfeld der videobasierten Unterrichtsbeobachtung arbeitete das Projektteam in Anlehnung an Hugener, Pauli, Reusser (2006) eine Anleitung aus, die die organisatorischen und technischen Vorbereitungsarbeiten, die effektiven Videoaufnahmen und mögliche Lösungsvorschläge für allfällige Problemsituationen umfasste. Ergänzt wurde diese Anleitung mit einer Checkliste für die Vorbereitungsarbeiten am Aufnahmetag. Im Pretest, der je in einem Kindergarten und einer Unterstufe durchgeführt wurde und sowohl die videobasierte Beobachtung als auch das fokussierte Interview umfasste, unterzogen wir die Aufnahmeanleitung einer ersten Probe. Anhand der gemachten Erfahrungen überarbeiteten wir die Anleitung inklusive der Checkliste und verwendeten diese danach für sämtliche Videoaufnahmen (eine ausführliche Beschreibung davon findet sich in Wannack, Herger & Barblan 2011).

### 8.2.1 Vorbereitende Überlegungen

Die Unterrichtslektionen wurden mit Hilfe von zwei Kameras gefilmt. Eine Kamera war während der zwei Lektionen ausschliesslich auf die Lehrperson gerichtet und wurde daher als Lehrpersonenkamera bezeichnet. Damit wurden die Lehraktivitäten sowie die Interaktionen zwischen der Lehrperson und den Kindern aufgenommen. Um eine gute Audio-Qualität zu erhalten, wurde die Lehrperson mit einem Funkmikrophon ausgerüstet, dessen Ton auf dem Video der Lehrpersonenkamera zu hören war. Die zweite Kamera (Klassenkamera genannt) fungierte als Überblickskamera und diente dazu, das Geschehen innerhalb der Klasse zu filmen. Aus dieser Zwei-Kamera-Strategie ergab sich automatisch auch eine Zwei-Personen-Strategie; d.h., bei jeder Videoaufnahme waren zwei Personen anwesend, wobei die eine Person für die Lehrpersonenkamera und die andere für die Klassenkamera verantwortlich war. Die beiden Personen unterstützten sich beim Auf- und Abbau der Videokameras.

Nebst der Festlegung des „Drehbuchs" mussten auch technische und organisatorische Aspekte vor, während und nach den Videoaufnahmen beachtet werden. So wurde vor jeder Aufnahme die ganze Videoausrüstung überprüft. Beim Vorbesuch klärten wir bereits Licht- und Platzverhältnisse sowie mögliche Standorte für die Kameras ab. Wir entschieden uns, die beiden Kameras – wenn immer möglich – auf der Fensterseite des

Raums zu positionieren, um zu vermeiden, dass wir uns gegenseitig filmen würden. Des Weiteren wurde darauf geachtet, dass die Lehrpersonenkamera die Lehrperson mit minimalem Standortwechsel verfolgen konnte. Dies war in den Schulzimmern einfacher zu bewerkstelligen als in den Kindergärten.

Für die Videoaufnahmen legten wir folgende Regeln fest: Zu Beginn der Aufnahme, die kurz vor Unterrichtsbeginn startete, synchronisierten wir die Videoaufnahmen mittels Klatschen im Aufnahmebereich der beiden Kameras. Das Beenden einer Aufnahme wurde durch ein vorgängig vereinbartes, nonverbales Zeichen angekündigt. Wir entschieden zudem, die Videoaufnahmen in zwei Teilen auszuführen. Im Kindergarten wurde die Aufnahme jeweils zwischen zwei Unterrichtsphasen respektive vor dem Znüni[13] für ein paar Sekunden unterbrochen. In der Unterstufe wurde während der kleinen oder grossen Pause nicht gefilmt. Diese Entscheidung trafen wir einerseits aus Sicherheitsgründen, damit wir bei einem allfälligen technischen Problem lediglich eine Aufnahme verlieren würden, und andererseits, um eine grobe Struktur zu erhalten.

### 8.2.2 Vorgehen

Die ausgewählten Lehrpersonen wurden zuerst telefonisch angefragt, ob sie nach wie vor bereit wären, beim qualitativen Teil der Studie mitzumachen. Bei einer Zusage sendeten wir ein Gesuch an die zuständige Schulleitung. Sobald deren Zustimmung eintraf, gaben die Lehrpersonen den Kindern einen Brief an die Eltern mit nach Hause. Dieser enthielt eine Beschreibung des Projekts und einen Talon, mit dem die Eltern ihr Einverständnis erklären konnten, dass ihr Kind videografiert wurde. Falls die Eltern mit den Videoaufnahmen nicht einverstanden waren, wurde darauf geachtet, dass das betroffene Kind auf dem ganzen Video nicht zu sehen war.

Als Nächstes vereinbarten wir mit jeder Lehrperson drei Termine. Der erste Termin diente der Vorbesprechung, d.h., die zwei für die Durchführung der Videoaufnahmen vorgesehenen Personen reisten zur Lehrperson, um die Rahmenbedingungen für die videobasierte Unterrichtsbeobachtung abzuklären. Dazu verwendeten wir ein standardisiertes Formular, mittels dem Ort, Stufe, Anzahl der anwesenden Kinder, nicht zu filmende Kinder, grober Unterrichtsverlauf und spezielle Vorfälle – während der Videoaufnahmen – erhoben wurden (vgl. Wannack, Herger, Barblan 2011). Am zweiten Termin führten wir die videobasierte Unterrichtsbeobachtung durch. Aufgenommen wurden jeweils zwei Unterrichtslektionen, die im Klassenzimmer oder im Kindergartenraum stattzufinden hatten. Unterrichtsfächer wie Sport, Rhythmik oder technisches Gestalten wurden somit ausgeschlossen. Einzige Bedingung für diese zwei Unterrichtslektionen war, dass die Lehrpersonen eine geschlossene und eine offene Sequenz durchführen sollten. Beim dritten Termin interviewten wir die Lehrpersonen. Als Befragungsgrundlage dienten drei ausgewählte Videosequenzen, die wir speziell

---

13 Znüni: Deutschschweizer Ausdruck für das Pausenbrot am Vormittag.

für diesen Zweck ausgesucht hatten. Die Lehrpersonen konnten auf diese Sequenzen aus ihrer Sicht reagieren und sie kommentieren. Im Anschluss daran wurden an sie vertiefende Fragen zum Classroom Management, zur Spiel- und Lernbegleitung sowie zum Unterricht gestellt (für detailliertere Angaben siehe 8.3).

Insgesamt verliefen die Videoaufnahmen dank der Vorbereitung und Vorbesprechung reibungslos. Dennoch gilt es die Problematik der Invasivität zu beachten, die die videobasierte Unterrichtsbeobachtung zwangsläufig mit sich bringt. Mit verschiedenen Massnahmen versuchten wir dieser Problematik vorzubeugen. So diente bereits der Vorbesuch bei der Lehrperson dazu, diese über unsere Zielsetzungen, die Videoaufnahmen und den Umgang mit den Daten zu informieren sowie Fragen ihrerseits zu beantworten. Die Lehrperson kündigte den Kindern unseren Besuch an und besprach mit ihnen den Ablauf der Videoaufnahmen. Am Aufnahmetag waren wir frühzeitig da, so dass genügend Zeit vorhanden war, um den Kindern zu ermöglichen, zuerst selber eine Aufnahme zu machen und diese dann anzuschauen. Häufig führten uns die Lehrpersonen nochmals ein und erklärten den Kindern die Zielsetzungen der Videoaufnahmen. Die Person, die die Klassenkamera führte, schätzte ein, ob die Kinder häufig in Richtung Kamera blickten, oder ob sie das Vorhandensein zusätzlicher Personen und Kameras mehr oder weniger ignorierten. In der Regel vergassen die Kinder die Kameras schon kurz nach Unterrichtsbeginn.

### 8.2.3 Aufbereitung der Videodaten

Nach den Aufnahmen wurden die Videodaten unter Verwendung der Software Final-Cut Express (Version 4.0.1) von den Kameras auf eine Harddisk gespielt. Gleichzeitig wurde auf einer zweiten Harddisk eine Sicherheitskopie erstellt. Wir verfügen je Lehrpersonen- und Klassenkamera über Videoaufnahmen von rund 19 Stunden. Die Aufnahmedauer in den einzelnen Klassen dauerten von 1 Stunde 28 Minuten bis zu 1 Stunde 42 Minuten.

Im nächsten Schritt wurden die in HD-Qualität[14] aufgenommenen Videoclips der Lehrpersonenkamera in mpeg4-Dateien konvertiert und in das Videoanalyse-Programm Transana (Multiuser-Version 2.41) importiert. In diesem Programm erfolgte dann die Transkription der verbalen Äusserungen der Lehrpersonen respektive ihrer Interaktion mit den Kindern gemäss der in dieser Software implementierten „Jeffersons Transcriptions Notation" (Jefferson 1984). Wir haben die Transkriptionsregeln ins Deutsche übersetzt und mit entsprechenden Beispielen aus unseren Videoclips versehen (vgl. Tabelle 8.2).

---

14 HD: High Definition Video bezeichnet hochauflösende Videoformate. In unserem Fall handelt es sich um Full HD 1920 × 1080 mit einer Rate von 16 Mbit/s).

*Tabelle 8.2: Transkriptionsregeln nach Jefferson (1984) in eigener deutscher Übersetzung*

| Bezeichnung | Beschreibung | Beispiel |
|---|---|---|
| (#) | Pause: keine Handlung und nichts Gesprochenes, 1sec= # | *((Alle Kinder sind ruhig))*(###) Haben noch ein paar andere Lernaufgaben zum Weiterarbeiten. |
| | Anfang und Ende bei gleichzeitigem Sprechen | A: Hallo [wie geht es dir? B: Ich habe es] gefunden! |
| Mhm *((langgezogen))* | Zwischenlaute möglichst lautgetreu, Langgezogene Laute | [Mhm *((langgezogen))*] |
| (...) | Nicht verstandene Wörter | Ich habe (...) gesehen. |
| (Velo) | Bedeutung vermutet, unsicher | (A ...) |
| ... | Satz wird nicht beendet / auf anderer Zeile fortgefahren | A: Ich sehe dort die... B: Was? A: ...Wand! |
| – | Korrektur der Sprecherin im Wort / Satz selber | Bsp1: Vor- Vorderrad Bsp2: Ich will – eh, ich meine – ich will sagen |
| ° | Flüstern, leise gesprochen | [° Seid jetzt leise.] |
| Kapitallettern | Lautes Sprechen, Schreien | RUHE! |
| ?! | Auffordernde Frage | Du machst die Aufgaben auf morgen, gell?! Räumt ihr das noch auf?! |
| (.hhh) | Hörbares Einatmen | (.hhh) das ist mir schon wichtig. |
| (hhh) | Hörbares Ausatmen | LP: [*((geht durch Raum))* (hhh)] |
| ((Text)) | Beschreibende Handlung | *((LP setzt sich hin))* |
| | Lehrperson betont ein Wort | LP: Jetzt musst du [*((betont))* hier] |

Das Transkribieren der Videoaufnahmen barg die Gefahr in sich, nebst den verbalen Äusserungen der Lehrperson auch deren Tätigkeiten und diejenigen der Kinder zu beschreiben. Wir entschieden uns – wie bereits bei den Videoaufnahmen – eng auf die Lehrperson zu fokussieren, nur minimale Beschreibungen einzufügen und das audiovisuelle Material für sich sprechen zu lassen. Zudem haben wir nebst den vorgegebenen Transkriptionsregeln weitere – auf unsere Daten zugeschnittene – Regeln erarbeitet und festgelegt. Dazu gehört ebenfalls ein System zur Anonymisierung der Transkripte bezüglich der Namen der Lehrpersonen und der Kinder sowie der Kindergarten- und Schulorte (vgl. Tabelle 8.3).

Was die Unterrichtssprache anbelangt, so wurde mehrheitlich Standardsprache gesprochen, so dass dies bei der Transkription keine Probleme verursachte. Bei dialektsprachlichen Sequenzen gingen wir so vor, dass wir möglichst nahe am gesprochenen Wort vom Dialekt in die Standardsprache übersetzten. Spezifische Begriffe (z.B. Znüni) oder Wendungen („du seisch") haben wir lautgetreu niedergeschrieben (vgl. Tabelle 8.3).

*Tabelle 8.3: Ergänzende, am Material erarbeitete Transkriptionsregeln*

| Bezeichnung | Beschreibung | Beispiel |
|---|---|---|
| 4/vier | Zahlen ausschreiben ausser in Rechnungsaufgaben | |
| Zeitmarken-Vergabe | Zeitmarken bei Lied/Vers setzen und Videosequenzen | |
| Titelvergabe | Videosequenzen betiteln | „Spiel- und Lernbeglei-tung" |
| *((lacht))* | Lachen | *((lacht))* |
| | Wort/Satz wird lachend gesagt | [*((lachend))* Wi-ie lus-tig!] |
| m-m | Verneinendes mm | m-m |
| mhm | Zustimmendes mhm | mhm |
| „gäu" | Berndeutscher Ausdruck (in Anführungszeichen setzen) | „Äuä" |
| Auf Standfoto durchnummerieren, Namen ersetzen, wenn gefunden | Kinderbezeichnung (Aufnahmen Klassenkamera anschauen, wenn unklar) | Kind1 = Kevin Kind2 Kind3 |

Den Abschluss des Procedere bildete das Korrekturlesen der angefertigten Transkripte; dabei wurden unklare Stellen beseitigt und die Anwendung der Transkriptionsregeln vereinheitlicht. Zu ergänzen ist, dass wir die Videodaten der Klassenkamera nicht transkribiert haben, da die Aufnahmen der Klassenkamera nicht in die weiteren Auswertungen einbezogen wurden. Die Videoaufnahmen der Klassenkamera waren lediglich als „back up" gedacht, falls die Lehrpersonenkamera ausfallen sollte. Wenn also in der Folge von Videodaten gesprochen wird, dann handelt es sich immer um die Aufnahmen der Lehrpersonen.

### 8.2.4 Auswertung der Videodaten

Dinkelaker und Herrle (2009) unterscheiden zwecks Analyse von Videodaten vier Verfahren, die hinsichtlich ihrer Aussagekraft eine unterschiedliche Reichweite haben. So erlauben die Segmentierungs- wie auch die Konfigurationsanalyse einen ersten Zugang im Sinne der Gewinnung eines Überblicks über die Videodaten. Während es bei der Segmentierungsanalyse darum geht, den sequentiellen Verlauf eines Geschehens in unterschiedliche Sequenzen zu gliedern, steht bei der Konfigurationsanalyse die simultane Raumordnung in einem ausgewählten Moment im Zentrum. Die Sequenz- und die Konstellationsanalyse gehen einen Schritt weiter, indem sie Strukturen respektive Bedeutungen im Datenmaterial fokussieren (ebd.).

Auch Hugener, Pauli, Reusser (2006) beschreiben Analyseverfahren auf unterschiedlichen Stufen, und zwar anhand des Merkmals „Inferenz" (ebd. 46ff.), also der möglichen Folgerungen, die aus dem analysierten Datenmaterial gezogen werden können. Die Stufe der niedrig-inferenten Kodierung entspricht weitgehend dem, was Dinkelaker und Herrle als Segmentierungsanalyse bezeichnen. Werden ausgewählte Sequenzen zu einem Thema vertiefter analysiert, so bezeichnen dies Hugener et al. als mittel-inferente Stufe. Das Rating der Unterrichtsqualität einer videografierten Lektion markiert die hoch-inferente Stufe. Sie ist dadurch gekennzeichnet, dass komplexe, zusammenhängende Merkmale integriert und bewertet werden.

Die nachfolgend beschriebenen Schritte der Datenauswertung beziehen sich ausschliesslich auf die Aufnahmen der Lehrpersonenkamera. Der Rückgriff auf die Aufnahmen der Klassenkamera war nicht notwendig.

Für die Bearbeitung der Videodaten der Lehrpersonenkamera verwendeten wir die Segmentierungsanalyse, um – wie von Dinkelaker und Herrle vorgeschlagen – das Material zu gliedern. Dazu haben wir in Anlehnung an Mayring, Gläser-Zikuda,

*Tabelle 8.4: Kategoriensystem Segmentierungsanalyse Videodaten Lehrpersonenkamera*

| Kategorie | Subkategorie | Definition und Beispiele |
|---|---|---|
| Geführte Sequenzen und Sozialform | Geführte Sequenz Klasse | Lehrperson führt eine Sequenz mit der ganzen Klasse durch, in der sie z. B. ein Lied singt, etwas einführt, mit den Kindern etwas bespricht. |
| | Geführte Sequenz Halbklasse oder abteilungsweiser Unterricht in 1. und 2. Klasse | Lehrperson teilt Klasse auf und arbeitet mit einer Klassenhälfte. |
| | Geführte Sequenz Gruppe | Lehrperson bildet mehrere Gruppen und erteilt diesen einen Auftrag. |
| | Geführte Sequenz Einzelarbeit | Lehrperson gibt den Auftrag so, dass jedes Kind ihn alleine ausführen muss. |
| Offene Sequenzen | | Offene Sequenzen in Form von Unterrichtsformen wie freies Spiel, Wochenplan, Werkstatt usw., aber auch Sequenzen, in denen Kindern individuelle Aufgaben zugeteilt werden. |
| Übergänge | Übergang in einer Sequenz | In geführter Sequenz wird Unterrichts- oder Sozialform gewechselt oder Still-, Einzelarbeit erklärt. |
| | Übergang zwischen Sequenzen | Übergänge zwischen offenen, geführten oder speziellen Sequenzen wie z. B. Znüni, Pause – offene Sequenz – Abschluss des Morgens |
| Spezielle Sequenzen | | Sequenzen wie Ankommen, gemeinsames Znüni, Pause, Abschluss des Morgens |

Ziegelbauer (2005) in mehreren Durchläufen ein Kategoriensystem erarbeitet, das vier Sequenzen unterscheidet (vgl. Tabelle 8.4).

Der Segmentierungsanalyse inhärent ist die Festlegung der Kodiereinheit in Form des Event-Sampling. Dieses ist im Gegensatz zum Time-Sampling, bei dem das Videomaterial in immer gleich lang dauernde Kodiereinheiten unterteilt wird, zeitlich variabel (Hugener, Rakoczy, Pauli et al. 2006). Um die einzelnen Sequenzen mittels Zeitmarker voneinander abzugrenzen, musste der Beginn einer Sequenz definiert werden. Dazu haben wir die folgenden, am Material entwickelten Kodierregeln oder – wie Dinkelaker und Herrle (2009) sie bezeichnen – „Gliederungssignale" verwendet:

–   Akustisches Signal (z. B. Glockenspiel)
–   Wenn die Lehrperson verbal auf eine nächste Sequenz hinweist
–   Bei „Übergangswörtern" wie: so, also, gut
–   Wenn die Kinder etwas zur Lehrperson sagen, worauf diese mit einem Sequenzwechsel reagiert. Z. B. Kind: „Ich bin fertig!" Lehrperson: „Dann kannst du schon mal aufräumen."
–   Wenn die Lehrperson das Thema wechselt.

Grundsätzlich dauert eine Sequenz so lange, bis gemäss den aufgeführten Kodierregeln der Zeitmarker für eine neue Sequenz gesetzt wird.

Für die Kodierung wurde in der Videoanalyse-Software Transana ein entsprechender Kodierbaum eingerichtet. Sämtliche Lehrpersonen-Videos haben wir doppelkodiert, strittige Fälle ausdiskutiert und definitiv einer Sequenz zugewiesen. Dieses aufwendige Verfahren wurde gewählt, weil die so ermittelten Sequenzen die Grundlage für die weiteren Analyseschritte bildeten. Die Ergebnisse der Segmentierungsanalyse präsentieren sich in quantitativer Form, indem die zeitlichen Anteile der einzelnen Sequenzen exportiert werden und für weitere deskriptive Auswertungen zur Verfügung stehen. In qualitativer Hinsicht wurden die kodierten Sequenzen im Rahmen der Sequenzanalyse vertieft ausgewertet.

Die Sequenzanalyse haben wir so angelegt, dass die Auswertung der einzelnen Sequenzen beziehungsweise der Übergänge nahe am Datenmaterial erfolgte. Aus diesem Vorgehen ergaben sich jeweils je eigene Kategoriensysteme für die verschiedenen Sequenzen (vgl. Tabellen 8.5 bis 8.8). Wie in 5.2 beschrieben, stehen bei der Sequenzanalyse die Handlungsmuster der Lehrpersonen im Zentrum. Die Kategoriensysteme sind so aufgebaut, dass sie sich an den Unterrichtssequenzen orientieren. In diesen Sequenzen werden Muster herausgearbeitet und dann wird danach gefragt, welche Elemente des Classroom Management erkennbar sind und in welcher Funktion sie eingesetzt werden.

Was die geführten Sequenzen in Kombination mit verschiedenen Sozialformen betrifft, zeigte sich, dass sich die Muster einerseits bestimmten Unterrichtsformen zuordnen liessen, und andererseits, dass der Morgenbeginn als Ritual selbst eine geführte Sequenz darstellt (vgl. Tabelle 8.5). Den Ausgangspunkt für die Analyse der offenen

*Tabelle 8.5: Kategorien geführte Sequenzen und Classroom Management*

| Kategorie | Subkategorie Muster | Subkategorie Elemente Classroom Management | Subkategorie Funktion Classroom Management |
|---|---|---|---|
| Geführte Sequenzen Klasse | Morgenbeginn | Ritual Prozeduren | Interaktion Rhythmisierung Überblick |
| | Fachinhalte erarbeitend, darbietend | Raumgestaltung Regeln | |
| | Reflexion | | |
| Geführte Sequenzen Halbklasse | Fachinhalte erarbeitend | Raumgestaltung Regeln Prozeduren | Interaktion Organisation Überblick |
| Geführte Sequenzen Gruppe | Gruppenarbeit selbständig | Raumgestaltung Prozeduren | Interaktion Organisation Überblick |
| | Gruppenarbeit geführt | Raumgestaltung Regeln | |
| Geführte Sequenzen Einzelarbeit | Einzelarbeit selbständig | Raumgestaltung Regeln Prozeduren | Interaktion Überblick |
| | Einzelarbeit geführt | | |

Sequenzen bildeten die Unterrichtsformen. In Abstimmung mit den Ausführungen in 4.2.1 interessierten vor allem die den Kindern eingeräumten Wahlfreiheiten, die über die extrahierten Muster (vgl. Tabelle 8.6) dargestellt werden können.

Zur Analyse der Übergänge konnte die Kategorie „Übergänge in Sequenzen" aus der Segmentierungsanalyse übernommen werden, während die Kategorie „Übergänge zwischen Sequenzen" weiter ausdifferenziert wurde, und zwar in „Übergänge von geführten zu offenen Sequenzen" und „Übergänge zwischen offenen und speziellen Sequenzen" (vgl. Tabelle 8.7). Tabelle 8.8 zeigt auf, welche Muster in speziellen Sequenzen zu finden sind.

Die Strategie der Doppelkodierung im Rahmen der Segmentierungsanalyse hat sich bewährt; es ergaben sich durch die Sequenzanalyse keine Änderungen mehr an der Zuteilung, so dass nun die Charakteristika der verschiedenen Sequenzen herausgearbeitet werden konnten.

Konkret sind wir bei der Sequenzanalyse so vorgegangen, dass wir die entsprechenden Videosequenzen anhand der Leitfrage, welche Unterschiede und welche Gemeinsamkeiten die Videosequenzen hinsichtlich der Unterrichtssequenzen und des Classroom Management aufweisen, mehrmals durchsahen und auch die Transkrip-

*Tabelle 8.6: Kategorien offene Sequenzen und Classroom Management*

| Kategorie | Subkategorie Muster | Subkategorie Elemente Classroom Management | Subkategorie Funktion Classroom Management |
|---|---|---|---|
| Freies Spiel | Freie Wahl Spiel- und Lernangebote | Raumgestaltung Prozeduren Regeln | Strukturierung Organisation Interaktion Überblick |
| | Zuteilung Spiel- und Lernangebote | | |
| Werkstatt-Unterricht | Werkstattgruppe | Raumgestaltung Prozeduren Regeln | Strukturierung Organisation Interaktion Überblick |
| | Freie Wahl Lernpartnerschaft | | |
| Wochenplanarbeit | Individueller Wochenplan | Raumgestaltung Regeln Prozeduren | Strukturierung Organisation Interaktion Überblick |
| | Gleiche Aufgaben im Wochenplan für alle Kinder | | |

tionen durchlasen. Die so herauskristallisierten Muster überprüften wir anhand einer letzten Durchsicht des Videomaterials. Insofern haben wir versucht – in Analogie zu einer qualitativen Inhaltsanalyse von Interviewtranskriptionen – material- und theoriegeleitet eine qualitative Inhaltsanalyse von Videosequenzen durchzuführen. Aufgrund dieser Vorgehensweise erübrigte sich die Berechnung der Interkoder-Reliabilität, da ja die ganze Analyse im Team durchgeführt wurde.

*Tabelle 8.7: Kategorien Übergänge*

| Kategorie | Subkategorie Muster | Subkategorie Elemente Classroom Management | Subkategorie Funktion Classroom Management |
|---|---|---|---|
| Übergänge in Sequenzen | Wechsel der Sozialform | Verteilen | Organisation Überblick |
| | Wechsel des Spiel- und Lerninhalts | Sammeln | |
| Übergänge von geführten zu offenen Sequenzen | Vorbereitete Spiel- und Lernangebote | Verteilen | Organisation Strukturierung Interaktion |
| | Schülerinnen und Schüler bereiten Spiel- und Lernangebot vor | Verteilen Routinen | |
| | Unterschiedliche Zeitpunkte für den Wechsel zwischen Spiel- und Lernangeboten | | |
| Übergänge zwischen offenen und speziellen Sequenzen | Abschluss einer offenen Sequenz | Sammeln Routinen | Organisation Überblick |
| | Vor dem Znüni, Pause | | |
| | Nach dem Znüni, Pause | Sammeln | |

*Tabelle 8.8: Kategorien spezielle Sequenzen*

| Kategorie | Subkategorie Muster | Subkategorie Elemente Classroom Management | Subkategorie Funktion Classroom Management |
|---|---|---|---|
| Spezielle Sequenzen | Ankommen | Rituale Prozeduren | Interaktion Organisation |
| | Gemeinsame Pause | Rituale Prozeduren | |

## 8.3  Fokussiertes Interview

Beim fokussierten Interview gingen wir davon aus, dass die zu interviewenden Personen bestimmte Situationen realiter erlebt haben mussten. Aufgabe der Forschenden war es, aus diesen selbst beobachteten Feldsituationen relevante Themen für die Er-arbeitung des Interviewleitfadens abzuleiten (Lamnek 2005). Das Ziel bestand also darin, aufgrund der durch die Situationsanalyse erhaltenen Kriterien die subjektive Erfahrung der Person in dieser Situation zu erfassen (ebd.). Um nun die „verbal reproduzierten Reaktionen der Betroffenen" – wie Lamnek (2005) es formuliert – zu ermitteln, nahmen wir die „Elicitation-Method" (Harper 2002) zu Hilfe. Um das Potential dieser Methode, nämlich Informationen, Gefühle und Erinnerungen zu evozieren, zieht Harper folgendes Zitat von John Berger bei: „The thrill found in a photograph comes from the onrush of memory. This is obvious when it's a picture of something we once knew." (Berger zitiert in Harper 2002, p. 13) Mit dem Vorlegen von Bild- oder Videomaterial wurde eine gemeinsame Ausgangslage für das fokussierte Interview geschaffen, und zwar in Form einer Feldsituation, die sowohl die Befragten als auch die Forschenden kannten. Zudem diente uns die „video elicitation as a tool for reflection" (Stockall 2001). Sie stellte für die Befragten einen Stimulus dar, so dass „they can create a contextual field that evokes memories, experiences, and reflexivity" (ebd., p. 30). Dadurch, dass das pädagogische Handeln der Befragten und gleichzeitig auch deren diesbezügliche Reflexionen erhoben wurden, erhielten wir einen doppelten Einblick in die Praxis der betreffenden Lehrpersonen.

## 8.3.1 Interviewleitfaden

Konkret sind wir so vorgegangen, dass wir für jede Lehrperson drei Videosequenzen mit je einer Länge von ca. zwei Minuten aus der videobasierten Beobachtung auf-bereiteten. Diese bezogen sich auf die Themen „Regeln und Rituale", „Übergänge" sowie „Spiel- und Lernbegleitung". Wie von Stockall (2001) vorgeschlagen, liessen wir die Lehrperson in einem ersten Schritt auf die jeweilige Videosequenz reagieren. Anschliessend wurde die Thematik anhand von Fragen aus dem Interviewleitfaden vertieft.

Der Interviewleitfaden wurde theoriegeleitet erarbeitet und umfasste Haupt- und Vertiefungsfragen. Die Hauptfragen wurden allen Lehrpersonen gestellt. Die Ver-tiefungsfragen kamen dann zum Zug, wenn die Ausführungen der Lehrpersonen zu oberflächlich blieben oder das Interview ins Stocken geriet. Damit war einerseits ein Orientierungsrahmen gegeben und andererseits wurde gewährleistet, dass die relevan-ten Themen in allen Interviews angesprochen wurden (vgl. Lamnek 2005). Insofern handelt es sich um ein halbstandardisiertes Verfahren, das den Interviewten die offene Formulierung ihrer Ausführungen erlaubt, die Vergleichbarkeit der Interviews ermög-licht und so auch die Auswertung erleichtert (vgl. Mayring 2002).

*Tabelle 8.9: Interviewleitfaden*

| Thema | Fragen* | Quellenangabe |
|---|---|---|
| Videose-quenzen | Wenn Sie zurück blicken auf diese Szene, was fällt Ihnen auf?<br>– Würden Sie aus der heutigen Sicht etwas anders machen? | Eigenentwicklung |
| Regeln | Welche Regeln gelten in Ihrer Klasse?<br>– Wie führen Sie diese Regeln ein?<br>– Wie erarbeiten Sie die Regeln in der Klasse? | In Anlehnung an Evertson, Emmer & Worsham 2003, Marzano, Marzano & Pickering 2007 |
|  | Wie setzen Sie die Regeln durch?<br>– Verfügen Sie über ein Belohnungs-/ Bestrafungssystem?<br>– Kommen im Verlauf des Jahres neue Regeln hinzu? Weshalb? |  |
| Rituale | Gibt es bestimmte Rituale, die Sie jeweils in der neuen Klasse einführen?<br>– Zu welchem Zweck führen Sie Rituale durch?<br>– Gibt es Rituale für besondere Ereignisse wie z. B. Geburtstage? | In Anlehnung an Weinstein & Mignano 2007 |
| Rhythmi-sierung | Wie sieht für Sie der typische Verlauf eines Unterrichtsmorgens aus?<br>– Wie gestalten Sie Übergänge zwischen den Sequenzen?<br>– Wie gestalten Sie die Übergänge von geführten zu offenen Sequenzen?<br>– Wie gestalten Sie die Übergänge von offenen zu geführten Sequenzen? | In Anlehnung an Evertson et al. 2003 |
| Prozedu-ren | Gibt es bestimmte Arbeitsabläufe, die Sie mit den Kindern eingeübt haben?<br>– Wie führen Sie diese Arbeitsabläufe jeweils ein?<br>– Worauf achten Sie bei der Durchführung von Arbeitsabläufen? | In Anlehnung an Evertson & Neal 2006, Marzano et al. 2003 |
| Einrich-tung, Raumge-staltung | Wie entscheiden Sie, welche Lern- und Spielangebote bestehen (z. B. bei Werkstattarbeit)?<br>– Welche Vorüberlegungen machen Sie sich bezüglich der Einrichtung im Klassenzimmer bzw. im Kindergarten?<br>– Haben Sie dazu ein Pädagogisches Konzept?<br>– Verändern Sie die Einrichtung während des Schuljahres? Wenn ja, aus welchen Gründen? | In Anlehnung an Evertson et al. 2006 |
| Spiel- und Lernbe-gleitung | Während geführter und offener Sequenzen kommt es immer wieder zu Situationen, in denen Sie Kinder in ihrem Lernen und Spielen individuell begleiten. Wie organisieren Sie solche Lern- bzw. Spielbegleitungen?<br>– In welchen Situationen ist es möglich, individuelle Lern- bzw. Spielprozesse zu begleiten?<br>– Wie schaffen Sie es, den Überblick zu halten?<br>– Gibt es bestimmte Regeln, die nur in offenen oder geführten Sequenzen gelten? | In Anlehnung an Eschelmüller 2007, |

| Thema | Fragen* | Quellenangabe |
|---|---|---|
| Selbständiges Lernen | Welche Rahmenbedingungen müssen Ihrer Meinung nach vorhanden sein, damit selbständiges Lernen für die Kinder möglich ist?<br>  – Geben Sie bestimmte Arbeitsabläufe vor? | In Anlehnung an Evertson et al. 2006, Marzano et al. 2003, Konrad & Traub 2009 |
| | Was machen Sie, wenn ein Kind in einer solchen Situation nicht zurechtkommt?<br>  – Geben Sie den Kindern Hilfe in Bezug darauf, wie sie ihr Lernen planen können?<br>  – Gibt es Hilfen in Bezug darauf, wenn Kinder nicht mehr wissen, wie sie weiterfahren sollen?<br>  – Besprechen Sie mit der Klasse das Ergebnis eines Lernprozesses?<br>  – Wie gelingt es Ihnen, dass die Kinder an ihrer Aufgabe dranbleiben oder diese weiter vertiefen?<br>  – Wie viel Verantwortung sollten die Kinder in Bezug auf ihren Lern- bzw. Spielprozess übernehmen? | |
| Fragen von Seiten der Lehrperson | Haben Sie Ihrerseits noch Fragen oder Bemerkungen?<br>Sind aus Ihrer Sicht alle wichtigen Themen vorgekommen?<br>Möchten Sie noch nachträgliche Ergänzungen zu einem Thema anbringen? | Eigenentwicklung |

* Fragen: Die vertiefenden Fragen weisen einen Spiegelstrich auf und sind in kleinerer Schrift gehalten.

Ausgehend von den Videosequenzen stellten wir den Interviewleitfaden für jede Lehrperson individuell zusammen. Durch die Themensetzung für die Auswahl der Videosequenzen sowie den Interviewleitfaden war garantiert, dass die Lehrpersonen – über das ganze fokussierte Interview gesehen – zu den gleichen Inhalten befragt wurden.

Durchgeführt wurde das fokussierte Interview im Klassenzimmer oder im Kindergarten der Lehrperson. Es dauerte 30 bis 45 Minuten und wurde mit einem MP3-Player aufgenommen. Alle Interviews wurden von der gleichen Person geführt. Die zweite Person achtete jeweils darauf, dass alle Hauptfragen gestellt wurden, und schaltete sich bei Unklarheiten ein. Die Interviews wurden mit einer Ausnahme in Hochdeutsch geführt.

### 8.3.2  Transkription der Interviewdaten

Für die Aufbereitung der Audiodaten zwecks Verschriftlichung des Materials standen uns verschiedene Möglichkeiten zur Verfügung: von phonologischen Systemen bis hin zum zusammenfassenden Protokoll (vgl. Dittmar 2009; Mayring 2002). Dienlich waren uns in diesem Zusammenhang die Maximen von Dittmar (2009):

„–  Definiere den Untersuchungszielen angemessene, optimale Verschriftlichungskategorien.
 –  Mache dein System zugänglich (z. B. so leicht und einfach lesbar wie möglich).
 –  Wähle stabile und robuste Zeichen.

- Wähle dein Zeicheninventar nach den Prinzipien der Ökonomie aus.
- Gestalte dein System so, dass es für verschiedene Arbeitszusammenhänge und Funktionen anpassungsfähig ist.
- Gestalte dein System so, dass es für EDV-gestützte Analysen von sprachlichen und kommunikativen Funktionen leicht und angemessen verwendet werden kann." (Dittmar 2009, p. 84 ff.)

Im Sinne der „pragmatischen Authentizität" (ebd.) entschieden wir uns für das – zwar aufwendige – Verfahren der wortwörtlichen Transkription, indem wir die Interviews in Hochdeutsch niederschrieben. Hingegen verzichteten wir weitgehend auf eine umfangreiche Notation, was die Prosodie und nonverbale Äusserungen betrifft. Für uns stand die Lesbarkeit und die Einheitlichkeit der Video- und Interviewtranskripte im Vordergrund, weshalb wir die gleichen Transkriptionsregeln verwendeten (vgl. 8.2.3). Insofern verfügen wir über umfangreiche Transkriptionen, die hinsichtlich der inhaltlich-thematischen Schwerpunktsetzung geglättet wurden (vgl. Mayring 2002).

Wir sind so vorgegangen, dass wir die Audiodaten verschriftlicht haben, dies mit Hilfe der Software f4[15], welche alle notwendigen Funktionen für die Transkription (wie Rücklauf, Vorlauf per Taste oder Pedal, unterschiedliche Abspielgeschwindigkeiten etc.) zur Verfügung stellt. Sämtliche Personen- und Ortsangaben wurden anonymisiert. Den Gesprächsverlauf haben wir so dargestellt, dass wir bei jedem turn-taking eine neue Zeile verwendeten:

> I.: Dann erzählen sie dir das einfach, [wenn jetzt jemand das nicht gemacht hat.
> M.T.: D-ja, je nach dem, ja, genau.]
> I.: Und gibt es da Konsequenzen oder ist das mehr...[ehm.
> M.T.: Also] wenn sie jetzt wie, also [wenn sie...
> I.: Wenn d-wenn] die Stoppregel verletzt wurde von einem Kind.
> M.T.: Ja, eben, dann verlieren sie auch ein Blumenblatt.
> I.: Ah, [okay. Das geht auch in das sel- [das ist eben ein. (US6, FI[16])

Die als Rich-Text-Format abgespeicherten Dokumente wurden anschliessend in die Software zur qualitativen Datenanalyse MAXQDA[17] eingelesen.

### 8.3.3 Inhaltsanalyse der fokussierten Interviews

Die Auswertung der Interviewdaten erfolgte mittels qualitativer Inhaltsanalyse, deren Spezifika respektive Zielsetzung Mayring (2008) wie folgt beschreibt:

> „Zusammenfassend will also Inhaltsanalyse
> - Kommunikation analysieren;
> - fixierte Kommunikation analysieren;

---

15 Für nähere Angaben siehe: http://www.audiotranskription.de/f4.htm
16 Legende: US6 – Lehrperson 6 Unterstufe; FI – fokussiertes Interview,
17 Eine ausführliche Dokumentation findet sich auf https://www.maxqda.de/

- dabei systematisch vorgehen;
- das heisst auch theoriegeleitet vorgehen;
- mit dem Ziel, Rückschlüsse auf bestimmte Aspekte der Kommunikation zu ziehen." (ebd. p. 13)

Um diese Zielsetzungen zu erreichen, schlägt Mayring im Rahmen einer Methodik der systematischen Interpretation verschiedene Techniken der qualitativen Inhaltsanalyse vor, die sich um die drei folgenden Formen der Interpretation gruppieren: Zusammenfassung, Explikation, Strukturierung (ebd.). Unabhängig davon sind die folgenden Punkte zu beachten. Zunächst geht es darum, das „Material in den Kommunikationszusammenhang" (ebd. p. 42) einzubetten, d. h., es muss geklärt werden, welche Fragestellungen leitend für die Analyse sind. Im Anschluss daran ist gemäss dem Anspruch des systematischen, regelgeleiteten Vorgehens ein Ablaufmodell der Analyse zu entwickeln, die so expliziert wird, dass sie durch Aussenstehende nachvollzogen werden kann. Dies geschieht einerseits, indem die Analyseeinheiten (Kodier-, Kontext- und Auswertungseinheit) festgelegt werden. Andererseits stellt das Kategoriensystem „das zentrale Instrument der Analyse dar" (ebd. p. 43). Obwohl von Techniken gesprochen wird, steht der Gegenstandsbezug über diesen. Es muss eingeschätzt werden, welche Technik dem Gegenstand angemessen ist oder ob dieses Vorgehen angepasst werden muss. Im Rahmen von Probedurchläufen müssen die Kategorien überprüft und gegebenenfalls revidiert werden. Dabei wird auch immer wieder auf theoretische Grundlagen rekurriert und auf theoretische Stringenz geachtet. Nebst der Prüfung, ob quantitative Analyseschritte sinnvoll sind, geht es abschliessend darum, die Güte der Analyse einzuschätzen. Diese wird im Sinn eines Re-Tests durchgeführt: „Die Forschungsoperation wird ein zweites Mal vorgenommen und überprüft, ob sie zu denselben Ergebnissen führt" (Mayring 2008, p. 109).

In Abstimmung mit den Fragestellungen der Studie bietet sich für unsere Daten die Technik der Strukturierung an. Diese zielt darauf ab, „eine bestimmte Struktur aus dem Material herauszufiltern" (ebd. 82), wobei vier Formen der Strukturierung zur Verfügung stehen – formale, inhaltliche, typisierende und skalierende Strukturierung. Wir verwendeten die inhaltliche Strukturierung, da uns diese ermöglichte, für die Fragestellungen relevante Themen aus dem Material zu extrahieren. Dabei folgten wir den drei von Mayring (ebd.) vorgeschlagenen Schritten Definition der Kategorien, Bestimmung der Ankerbeispiele und Erarbeitung der Kodierregeln, die nachfolgend beschrieben und dokumentiert werden.

Zunächst legten wir die Analyseeinheiten fest. In der Regel bestand eine Kodiereinheit (definiert als kleinster Materialbestandteil) aus einer Sinneinheit der Ausführungen der Lehrperson. Sinneinheit deshalb, weil in ein und derselben Antwort immer wieder auch Themenwechsel vorkamen. Falls eine Sinneinheit nur im Zusammenhang mit der Frage der Interviewerin respektive mit einem Kommentar verständlich war, haben wir auch diese einbezogen. Falls sich eine Sinneinheit über mehrere turn-takes von Lehrperson und Interviewerin hinzog, so haben wir diese im Sinne der Kontexteinheit als den grössten Textbestandteil behandelt. Gemäss den Fragestellungen hatte die Thematik des Classroom Management erste Priorität und stellte deshalb die erste Auswertungseinheit dar, gefolgt von den Themen Unterrichtssequenzen sowie Spiel- und Lernbegleitung.

Wie aus den Kategorien der Videosequenzen und dem Interviewleitfaden hervorgeht, waren darin bereits erste grobe Kategorien zu den Themen Classroom Management sowie Spiel- und Lernbegleitung vorgegeben. An zwei transkribierten Interviews haben wir die Kategorien zum Classroom Management geprüft und materialgeleitet ausdifferenziert. Dazu gehörten auch die Definition der Kategorien sowie die Auswahl möglicher Ankerbeispiele. Anhand dieses ersten Materialdurchgangs erstellten wir einen Kodierbaum in MAXQDA und kodierten dementsprechend die nächsten Interviews.

Wir benötigten mehrere Materialdurchgänge pro Thema, bis wir schliesslich ein Kategoriensystem mit möglichst trennscharfen Kategorien – und im Anschluss daran den Kodierleitfaden – entwerfen konnten. Dazu gehörte ebenfalls, dass wir eine hierarchische Begrifflichkeit entwickelten, die deutlich macht, um welche Ebene es sich jeweils handelt. Wir gingen von den drei Themen Classroom Management (vgl. Tabelle 8.10), Unterrichtssequenzen sowie Spiel- und Lernbegleitung aus (vgl. Tabelle 8.11) und erarbeiteten für jedes dieser Themen je ein eigenes Kategoriensystem. Pro Kategoriensystem unterschieden wir Facetten, Kategorien und Subkategorien. Die Facetten bezeichnen die Unterthemen wie z. B. Regeln oder Prozeduren im Rahmen des Classroom Management. Diese wiederum enthalten Kategorien und Subkategorien.

Zum Thema Unterrichtssequenzen ergab sich lediglich die Facette „Spiel- und Lernangebote", weshalb diese nicht tabellarisch aufgeführt wird. Sie umfasst Überlegungen zu den Fragen, nach welchen Kriterien Spiel- und Lernangebote in geführten und offenen Sequenzen gemacht werden, und wie die Zusammenstellung mittelfristig in Abstimmung mit dem Lehrplan angelegt wird. Der Vollständigkeit halber wird das Kategoriensystem für die Spiel- und Lernbegleitung abgebildet, doch wird in der Folge nicht näher darauf eingegangen. Die ausführlichen forschungsmethodischen Grundlagen dazu sind Herger (2013) zu entnehmen.

*Tabelle 8.10: Überblick Facetten, Kategorien und Subkategorien zum Classroom Management*

| Facetten | Kategorien | Subkategorien 1 | Subkategorien 2 |
|---|---|---|---|
| Regeln | | | |
| | Regelinhalte | Integrität | |
| | | Kommunikation | |
| | | Sorgfalt | |
| | | Ordnung | |
| | | Mobilität | |
| | Regeleinhaltung | Unterstützung der Regeleinhaltung | Lehrperson beachtet und unterstützt die Einhaltung von Regeln |
| | | | Kinder achten gegenseitig auf die Einhaltung von Regeln |
| | | Interventionen und Konsequenzen | Ermahnen |
| | | | Temporärer Ausschluss |
| | | | Einschränkung der Wahlfreiheit, Verbote |
| | | | Abbruch der Unterrichtssequenz |
| | | | Regeln diskutieren |
| | | Belohnung-, Bestrafungssysteme | |
| | Einführen, Anpassen | | |
| Prozeduren | | | |
| | Routinen | Ankommen im Kindergarten, in der Schule | |
| | | Hausaufgaben | |
| | | Zugang und Organisation von Spiel- und Lernangeboten | |

| Facetten | Kategorien | Subkategorien 1 | Subkategorien 2 |
|---|---|---|---|
| | | Wechsel der Räumlichkeiten | |
| | | Routinen einführen und üben | |
| | | Struktur geben | |
| | Übergänge | Verteilen | |
| | | Sammeln | |
| | Signale und Symbole | | |
| Rituale | | | |
| | Soziabilität | Anerkennung des Individuums | |
| | | Gemeinschaftsbildung | |
| | Orientierung | Zeitliche Struktur | Morgen |
| | | | Znüni |
| | | | Abschluss |
| | | | Woche |
| | Zielsetzungen Rituale | | |
| Raumgestaltung | | | |
| | Aufteilung | | |
| | Einrichtung | | |
| Rhythmisierung | | | |
| | Halbtag | | |
| | Innerhalb von Sequenzen | | |
| Überblick | | | |
| | Arbeiten der Kinder | | |
| | Unterricht | | |

*Tabelle 8.11: Überblick Facetten, Kategorien und Subkategorien zur Spiel- und Lernbegleitung*

| Facetten | Kategorien | Subkategorien |
|---|---|---|
| Rahmenbedingungen zum selbständigen Lernen | | |
| | Grundfähigkeit der Kinder | |
| | Prozeduren | |
| | Zielsetzungen | |
| | Lernklima | |
| Schaffen von Möglichkeiten zum selbständigen Lernen | | |
| | Unterrichtsmethoden | Freies Spiel |
| | | Werkstatt-Unterricht |
| | | Wochenplan-Unterricht |
| | Sozialformen Halbklasse, Gruppen | |
| | Individualisierung | |
| | Rhythmisierung | |
| Spiel- und Lernbegleitung | | |
| | Planung | Lehrperson unterstützt das Kind bei der Aufgabenauswahl |
| | | Selbständigkeit anregen |
| | Begleitung der Durchführung | Gemeinsames Lösen von Aufgaben |
| | | Erklären, Vorzeigen |
| | | Individuelle Begleitung |
| | | Peer-Tutoring |
| | Reflexion, Überprüfung | Selbstbeurteilung |
| | | Mündliche Rückmeldung an Kind |
| | | Schriftliche Rückmeldung an Kind |
| | | Besprechung in der Klasse |

Die umfassenden Kodierleitfäden zu den Themen Classroom Management, Unterrichtssequenzen sowie Spiel- und Lernbegleitung sind ausführlich in der Dokumentation zum qualitativen Teil zu finden (Wannack, Herger & Barblan 2011).[18]

Zur Prüfung der Interkoder-Reliabilität haben wir fünf Interviews komplett doppelcodiert, d.h. über alle drei Themen hinweg. Da es zu diesem Zeitpunkt mit der Software-Version von MAXQDA nicht möglich war, die Interkoder-Reliabilität zu messen, wurde auf das Hilfstool von Michael Lenz[19] zur Version 7 von MAXQDA zurückgegriffen. Verwendet wird die folgende Formel:

$$R = \frac{2 \times C\ddot{U}}{C1 + C2}$$

R: Reliabilitätskoeffizient
CÜ: Anzahl der übereinstimmenden Kodierungen
C1: Anzahl Kodierungen von Kodiererin 1
C2: Anzahl Kodierungen von Kodiererin 2

Als Übereinstimmung wird gezählt, wenn die kodierten Stellen eine Überschneidung von mindestens 20 Zeichen aufweisen. Die Interkoder-Reliabilität beträgt über alle Kodierungen 0.72, was gemäss Bakeman, Gottman (1997) einer guten Übereinstimmung entspricht.

## 8.4  Methodentriangulation

Bei der Darstellung der Untersuchungsanlage (vgl. 5.2) wurde begründet, weshalb wir einerseits ein „mixed-methodology-design" (Flick 2004) und andererseits – im qualitativen Teil – eine Methodentriangulation gewählt haben. Nachfolgend wird näher auf die Auswertungsstrategien der mittels Methodentriangulation gewonnenen Daten eingegangen.

### 8.4.1  Fokussiertes Interview und videobasierte Unterrichtsbeobachtung

Im qualitativen Teil der Studie haben wir mittels Methoden-Triangulation gezielt die beiden Perspektiven videobasierte Unterrichtsbeobachtung und fokussiertes Interview erfasst. Um die Beschränktheit der beiden Forschungsmethoden zu überwinden, verwendeten wir das Kategoriensystem zur qualitativen Analyse der fokussierten Interviews als Grundlage für die Sequenzanalyse der Videodaten. Konsequenterweise suchten wir nun nach einer Form der Verdichtung, in der die zunächst einzeln dar-

---

18 Das PDF-Dokument steht zum Herunterladen unter folgender URL zur Verfügung: https://evelyne-wannack.ch/forschung/

19 Eine ausführliche Beschreibung sowie das Tool können von folgender Website heruntergeladen werden: http://www.michael-lenz.de

gestellten Ergebnisse der fokussierten Interviews (Kapitel 9) und der videobasierten Unterrichtsbeobachtung (Kapitel 10) kombiniert respektive integriert werden können. Im Hinblick auf unser Ziel, die pädagogische Praxis in Kindergarten und Unterstufe detailliert zu erfassen und systematisch zu beschreiben, lag es auf der Hand, den Zusammenhang zwischen Elementen des Classroom Management und deren Funktion für die Unterrichtsgestaltung herauszuarbeiten. Die Elemente des Classroom Management wurden vor allem über die fokussierten Interviews gewonnen und anhand der Videodaten ergänzt sowie überprüft. Im Rahmen der Videodatenauswertung wurde der Schwerpunkt auf die Analyse des Einsatzes der Elemente hinsichtlich bestimmter Funktionen gelegt. Als Resultat dieser Methoden-Triangulation findet sich in Kapitel 11 die Darstellung eines ausdifferenzierten Modells zum Classroom Management.

### 8.4.2 Fragebogendaten und qualitative Daten

Die Clusteranalyse hatte zum Ziel, anhand der Fragebogen-Skalen zum Classroom Management verschiedene Classroom-Management-Stile zu extrahieren. Sie dienten als ein Kriterium zur Auswahl von Lehrpersonen für den qualitativen Teil der Studie. Mit diesem Vorgehen wurde die Voraussetzung geschaffen, die quantitativ gewonnenen Classroom-Management-Stile im Sinne einer Typenbildung qualitativ zu überprüfen und zu erweitern. Mit anderen Worten: Die mittels Clusteranalyse begonnene Gruppierung sollte dahingehend weitergeführt werden, dass sich der einzelne Typ jeweils möglichst ähnlich ist (interne Homogenität), wohingegen sich die einzelnen Typen gegenseitig möglichst unterscheiden (externe Heterogenität) (Kelle & Kluge 2010). Um die Typen angemessen zu charakterisieren, sind – so Kelle, Kluge (2010) – Vergleichsdimensionen zu bestimmen. Wir gingen dabei so vor, dass wir anhand des Modells zum Classroom Management – das in Form der Funktionen

*Tabelle 8.12: Vergleichsdimensionen für die Classroom-Management-Stile*

| Funktionen | Stile |
|---|---|
| Interaktion | Regeln: Regelinhalte, Regeleinhaltung<br>Rituale: Soziabilität |
| Strukturierung | Raumgestaltung: Raumaufteilung, Raumeinrichtung<br>Rituale: Zeitliche Orientierung |
| Rhythmisierung | Prozeduren: Übergänge<br>Rituale: Zeitliche Orientierung |
| Organisation | Raumgestaltung: Raumaufteilung, Raumeinrichtung<br>Prozeduren: Routinen, Übergänge |
| Überblick | Raumgestaltung: Raumaufteilung, Raumeinrichtung<br>Prozeduren: Routinen, Übergänge<br>Regeln: Regelinhalte |

unsere Vergleichsdimension enthält – je Stil (regelorientiert, prozedurenorientiert, multidimensional) zuerst einen repräsentativen Fall auswählten, diesen beschrieben und durch die Hervorhebung bestimmter Aspekte der weiteren Fälle je Stil einen Idealtypen konstruierten (Kuckartz 2010). Leitend pro Stil war die Frage, welche Elemente typischerweise im Hinblick auf die einzelnen Funktionen eingesetzt werden. Tabelle 8.12 zeigt schematisch auf, welche Elemente schwerpunktmässig in Bezug auf eine Funktion zum Tragen kommen.

Der besondere Vorteil von Typen – hier Stile genannt – liegt einerseits darin, dass sie „auf einer intermediären Ebene zwischen dem Allgemeinen und dem Besonderen" (Herzog 2003, p. 391) liegen, und andererseits, dass deren Konstruktion „Theoriearbeit" vorausgeht. Bei der Hervorstreichung und Überhöhung bestimmter Merkmale handelt es sich deshalb nicht um „Abbilder von Wirklichkeit, sondern Werkzeuge, um Wirklichkeit zu begreifen" (ebd. p. 390). Das in Typologien verdichtete Wissen beinhaltet die Möglichkeit, zwischen Wissenschaft und Praxis zu vermitteln (ebd.). Die anhand der Clusteranalyse ausgearbeiteten Classroom-Management-Stile werden in Kapitel 12 beschrieben.

# 9 Ergebnisse der fokussierten Interviews

Da wir aufgrund des Interviewleitfadens bereits über eine grobe Strukturierung in Form von Themen verfügten, entschieden wir uns, vor der Analyse der Videos die fokussierten Interviews inhaltsanalytisch auszuwerten. Dies auch deshalb, weil die Lehrpersonen ihren eigenen Unterricht anhand der Videoclips kommentierten und reflektierten. Aus diesen Gründen werden zuerst die Ergebnisse der fokussierten Interviews und erst anschliessend die Ergebnisse der videobasierten Daten präsentiert.

Im Folgenden werden die Aussagen nach den Kategorien und Subkategorien pro Facette (Regeln, Prozeduren, Rituale, Raumgestaltung, Rhythmisierung, Überblick) paraphrasiert und mit Beispielen belegt. Zu ergänzen ist, dass die Zitate, die aus den fokussierten Interviews stammen, sprachlich geglättet sind, und dass die Transkriptionsnotationen weggelassen wurden.

## 9.1 Regeln

Die Beschreibung von Regeln fällt häufig sehr allgemein aus (vgl. 4.2.3). Sie können als „verbindliche Abmachungen für das Verhalten in der Schule" (Helmke 2009, p. 180) oder als „Verhaltensgebote und -verbote in der Klassengemeinschaft" (Woolfolk 2008, p. 550) bezeichnet werden. Sie untermauern also alle Klassenaktivitäten. Häufig folgen nach der allgemeinen Umschreibung ebenso allgemeine, appellativ formulierte Regeln wie z.B. „Wir fallen anderen nicht ins Wort". Eher selten wird anstelle einer allgemeinen Aufzählung genauer angegeben, worauf sich Regeln beziehen (vgl. Schönbächler 2006). Aus diesem Grund haben wir bei der Auswertung besonderes Augenmerk auf Regelinhalte gelegt (9.1.1). Das Definieren von Regeln ist sozusagen ein erster Schritt (Regelinhalte). Darüber zu wachen, ob diese eingehalten werden, ein zweiter und allfällige Regelübertretungen zu ahnden, ein dritter Schritt (Regeleinhaltung). Wie sich zeigen wird, haben Lehrpersonen – abgestimmt auf ihre Klasse – unterschiedliche Herangehensweisen, um die Einhaltung von Regeln zu unterstützen oder zu ahnden (9.1.2).

### 9.1.1 Regelinhalte

Aus den Antworten der Lehrpersonen zur Frage, welche Regeln in ihrer Klasse gelten, konnten fünf Regelgruppen – Integrität, Kommunikation, Sorgfalt, Ordnung und Mobilität – extrahiert werden:

Integrität: Die Lehrpersonen thematisieren einerseits Regeln, die sich auf den Schutz des einzelnen Kindes beziehen, und andererseits solche, die auf die Integration der Kinder in die Gemeinschaft abzielen. Beim ersten Aspekt geht es darum, Kinder vor verbalen und physischen Übergriffen anderer Kinder zu schützen:

„Jedes Kind fühlt sich wohl im Kindergarten, ich tue niemandem weh. Und dann schauen wir auch, was das heisst, wenn man irgendjemandem ein böses Wort sagt, das macht ja eben auch weh, dass es ist nicht immer nur körperlich sein muss, sondern auch verbal sein kann." (KG6, FI 109)

Dazu wird von einigen Lehrpersonen die sogenannte Stopp-Regel eingeführt. Fühlt sich ein Kind physisch oder verbal bedrängt, dann kann es stopp sagen und signalisiert damit, dass das sich unangemessen verhaltende Kind aufhören soll. Zur Regel Integrität gehört ebenfalls, dass die Kinder auf der einen Seite das Recht haben, in einer Gruppe mitzuspielen, und auf der anderen Seite, dass sie von der Lehrperson auch dazu verpflichtet werden können, mit Kindern zusammenzuarbeiten, die sie nicht von sich auswählen würden:

„Also ich bin ja auch Realistin genug, dass ich sehe, dass die Chemie zwischen den Kindern nicht immer stimmt, und dass ich gewisse Sachen einfach nicht erzwingen kann. Aber dass sie wenigstens probieren. Weil es sind ja praktisch nie zwei Kinder, wo es absolut nicht geht, wenn sie jetzt zusammen spielen müssen." (KG4, FI 49)

„… mit dieser Klasse musste ich stark arbeiten daran, dass alle beim Fussballspielen helfen dürfen, und nicht nur die Cracks und die anderen nicht, also das sind so ganz wichtige Regeln." (US1, FI 83)

Aus den Interviews ergibt sich, dass die Lehrpersonen sehr viel Wert auf diese Regeln legen und auch kontinuierlich daran arbeiten und darauf achten, dass sie ihre Gültigkeit behalten.

Kommunikation: Vor allem in geführten Sequenzen stellen die Lehrpersonen mit Regeln wie Hand hochhalten, einander aussprechen lassen und einander zuhören sicher, dass sowohl den Beiträgen der Kinder als auch der Lehrperson Beachtung geschenkt wird. Nebst dem Hand-Hochhalten werden zur Unterstützung der Sprechreihenfolge gegebenenfalls Objekte verwendet, um damit das sprechende Kind herauszuheben und auch um einen Überblick darüber gewinnen, wer bereits einen mündlichen Beitrag geleistet hat, und wer noch nicht.

„Eine wichtige Regel, die wir jetzt im Moment wieder sehr üben, ist einfach im Kreis, dass man dort still sein sollte und die Hand aufstrecken sollte. Also ich meine im Rahmen der Stufe. Aber trotzdem im Moment ist es so, sie fallen einander dauernd ins Wort oder ich frage ein Kind und zwei andere geben schon die Antwort." (KG1, FI 149)

„Ich finde es auch wichtig, dass die Kinder einander zuhören, ist immer wieder ein bisschen schwieriger also zum Nicht-Dreinreden gehört auch nicht einfach nur still sein, sondern auch aufmerksam verfolgen, was passiert überhaupt, was reden die anderen." (KG3, FI 72)

„Wir hatten eine Sprechmuschel, wo jedes Kind die einfach dem Nächsten weitergegeben hat am Anfang, damit wirklich nur das Kind spricht, das die Muschel in der Hand hat. Ab und zu müssen wir die wieder hervornehmen. Manchmal funktioniert's gut, manchmal weniger." (US3, FI 37)

Ein weiteres Thema im Rahmen der Kommunikation ist die Lautstärke in verschiedenen Unterrichtssequenzen, sei dies während Einzel- oder Gruppenarbeiten, im freien Spiel oder im Werkstatt-Unterricht. In diesem Bereich greifen etliche Lehrpersonen auf Hilfen in Form von Kärtchen, Verkehrsampeln oder akustischen Signalen zurück.

> „Ich denke das Gar-Nicht-Sprechen ist eigentlich einfacher als das Flüstern, weil halt das Flüstern dann so eine Eigendynamik kriegt, aber beim offenen Unterricht geht das einfach nicht ohne" (US1, FI 83)
>
> „…, das geht unter „Im Klassenzimmer arbeiten wir ruhig". Also es gibt wirklich Aufgaben, da kann man nicht einfach „mucks- mäuschen- still" sein, soll man auch nicht, da ist eben das Orange [auf der Verkehrsampel] angebracht." US4, FI 78)

Die Lehrpersonen legen nebst Regeln zum Gesprächsverlauf und der Lautstärke ebenfalls Wert auf den Sprachstil, indem sie auf Schimpfwörter oder vulgärsprachliche Äusserungen der Kinder situativ reagieren.

Sorgfalt: Mit dieser Regel wird auf den sorgfältigen Umgang mit Spiel- und Lernmaterialien, Verbrauchsmaterial und Mobiliar referiert. Um dem unsachgerechten Umgang mit all den Dingen vorzubeugen, werden sowohl die Spiel- und Lernmaterialien, die Schreib- und Malutensilien als auch Werkzeuge eingeführt. Im Grossen und Ganzen verlieren die Lehrpersonen nicht viele Worte zu dieser Regel. Es scheint sich um eine Selbstverständlichkeit zu handeln.

> „[…] die Sorgfalt im Umgang mit dem Material […], das ist etwas, worauf ich von Anfang an sehr viel Wert lege." (KG1, FI 50)

Ordnung: Das Ordnung-Halten betrifft zwei Bereiche. Nach dem Ankommen im Kindergarten oder in der Schule gilt die Regel, dass die Kinder ihre Schuhe wechseln und diese am entsprechenden Ort platzieren. Sie hängen ihre Jacke an der Garderobe auf und – nach dem Auspacken – auch die Kindergarten- oder Schultasche. Nebst dem eigentlichen Ordnung-Halten geht es ebenfalls darum, möglichen Unterbrüchen, verursacht durch das Holen vergessener Gegenstände vorzubeugen und Garderobe oder den Schulhausgang für Spiel- und Lernaktivitäten nutzen zu können.

> „Also, es ist nicht nur eben […] das Aufräumen. Auch die Garderobe, weil wir brauchen die Garderobe einfach […] als Spielraum […] und dann möchte ich eigentlich, dass die Kinder auch sehen, man kann Ordnung haben." (KG4, FI 45)

Der zweite Bereich wird im Zitat bereits angesprochen. Zum Ordnung-Halten gehört das Aufräumen beim Wechsel oder der Beendigung eines Spiel- und Lernangebots.

Mobilität: Diesbezüglich nennen die Lehrpersonen durchgehend zwei Regelungen. Die eine bezieht sich auf den Ortswechsel beim Wechsel von Spiel- und Lernangeboten und beim Verlassen des Kindergartenraums oder des Schulzimmers, zum Beispiel wenn die Kinder zur Toilette gehen müssen. Die andere Regelung betrifft die Fortbewegung im Kindergartenraum oder im Schulzimmer. Das Zitat der folgenden Lehrperson steht auch stellvertretend für ihre Kolleginnen:

> „… nicht herumrennen […] es gibt eine enorme Unruhe. Das ist mal das Eine. Und das Andere ist einfach, von dem Gefahrenherd her." (KG4, FI 49)

Die aus den Interviews extrahierten fünf Regelgruppen scheinen die grundlegenden Verhaltensregeln darzustellen und wurden von allen zwölf Lehrpersonen in der einen und anderen Form angesprochen. Nebst diesen „Grundregeln" erwähnen die Lehrpersonen auch Regeln für spezifische Situationen in Bezug auf Spezialräume wie Turnhalle, Bibliothek, Malatelier oder Werkraum. Unabhängig davon, ob die Grundregeln von der Lehrperson eingeführt oder mit den Kindern gemeinsam bestimmt werden, sind bestimmte Verhaltenserwartungen daran verknüpft. Unweigerlich gehört zur Nennung von Regeln auch die Art und Weise, wie die Lehrperson die Kinder bei der Einhaltung dieser Regeln unterstützt oder bei deren Nicht-Einhaltung entsprechende Massnahmen ergreift.

### 9.1.2 Regeleinhaltung

Die Antworten der Lehrpersonen zur Kategorie Regeleinhaltung zeigen zunächst, dass sie – wo immer möglich und je nach Situation – die ganze Klasse oder einzelne Kinder loben, wenn diese die Regeln einhalten. Dadurch bekräftigen sie das von ihnen erwünschte Verhalten. Vor allem Lehrpersonen mit altersgemischten Klassen berichten, dass die älteren Kinder, die die Regeln bereits kennen, die jüngeren Kinder darauf aufmerksam machen respektive diese in die Gepflogenheiten einführen.

> „Meistens sind die älteren Schüler dann schon so, die sagen: ‚Du störst mich!'. […] Da haben die Grösseren gleich die Kleineren erzogen! Sie merken's ja dann mit der Zeit selber, dass es sie auch stört und dass sie einander auch gegenseitig drauf aufmerksam machen! Das dünkt mich auch wichtig! Dass man realisiert, dass ich jemanden störe, aber auch realisiert, es stört mich! Und ich es dann dem anderen Kind sagen kann: ‚Könntest du bitte leiser sein?' oder ‚Wackele jetzt bitte nicht am Pult! Es stört mich!'" (US5, FI 147)

Trotz allem kommt es zu Situationen, die die Lehrpersonen veranlassen, zu intervenieren und Massnahmen von unterschiedlicher Reichweite zu ergreifen, wie nachfolgende Beschreibungen und Auszüge aus den Interviews zeigen.

Ermahnen: Einzelne Kinder, Gruppen oder die Klasse auf eine bestimmte Regel hinzuweisen, ist häufig der erste Schritt, den Lehrpersonen unternehmen. Sie geben an, dazu einerseits nonverbale Signale zu verwenden, wie z. B. Blickkontakt und Gesten, akustische Hilfsmittel wie etwa Glockenspiel und Klangstäbe oder visuelle Signale wie z. B. Regelkärtchen. Andererseits setzen sie zur Ermahnung auch verbale Signale ein, indem sie das betreffende Kind z. B. beim Namen nennen oder dieses nach der zu erledigenden Aufgabe fragen.

„Und meistens verwarne ich die Kinder so ein- bis zweimal, es kommt etwas darauf an, wo es ist und wer es ist. Also wie häufig sie die Regel schon überschritten haben." (KG6, FI 111)

Dem Zitat dieser Kindergartenlehrperson ist zu entnehmen, dass sie den Kindern einen gewissen Spielraum zur Bekräftigung der Regeleinhaltung gewährt. Bleibt die Ermahnung wirkungslos, werden von den Lehrpersonen verschiedene Massnahmen genannt, wie sie auf Regelverstösse reagieren – je nachdem, ob es sich um einzelne Kinder, eine Gruppe von Kindern oder um die ganze Klasse handelt:

Temporärer Ausschluss: Vor allem bei Sequenzen im Sitzkreis reagieren die Lehrpersonen gelegentlich mit dem temporären Ausschluss von Kindern, die sich nicht an die Regeln halten. Stört ein Kind z.B. seine Sitznachbarin oder seinen Sitznachbarn, dann kann dies nach einer oder mehreren Ermahnungen dazu führen, dass das entsprechende Kind den Platz wechseln oder für eine kurze Zeit den Gesprächskreis verlassen muss.

„Es gibt manchmal vielleicht Situationen  – eben im Kreis – wenn wir – wenn ich eine Geschichte erzähle oder wenn's wirklich ruhig sein sollte, hat's schon gegeben, dass ein Kind einfach an den Platz gehen musste! Und das reicht eigentlich schon!" (US3, FI 198)

Einschränkung der Wahlfreiheit, Verbote: Eine weitere Möglichkeit, die zur Aufrecht-Erhaltung von Regeln eingesetzt wird, ist der Entzug der Wahlmöglichkeit. Stattdessen wird das betreffende Kind durch die Lehrperson einer bestimmten Gruppe oder einem bestimmten Spiel- und Lernangebot zugeteilt.

„... ihnen gesagt, ihr dürft halt nicht mehr selber bestimmen wo ihr spielt ..." (KG1, FI 188)

Noch etwas weitreichender ist das Verbot, während einer bestimmten Zeit ein Spiel- und Lernangebot nicht mehr benützen zu dürfen.

„Das hab' ich auch schon gemacht – ein Verbot ausgesprochen ! Und die dürfen halt dann eine gewisse Zeit nicht an diesem Platz spielen, weil sie entweder Sachen umhergeworfen haben, blöd getan haben" (KG2, FI 147)

Abbruch der Unterrichtssequenz: Eine Massnahme, die – so die Lehrpersonen – eher selten vorkommt, ist das Abbrechen einer Unterrichtssequenz in der ganzen Klasse infolge des harzigen Verlaufs und mehrmaliger Hinweise auf bestimmte Regeln, ohne dass diese Beachtung finden. Für die Lehrpersonen ist ein vertieftes Spielen und Lernen in einer solchen Situation nicht möglich, weshalb sie die Unterrichtsform wechseln.

„[...] und das kann so weit gehen, dass wir aufräumen. Wenns gar nicht geht, wird aufgeräumt und dann machen wir was ganz Unschönes etwas, ja, was sie nicht so gerne mögen, oder halt ganz leise sein und leise arbeiten [...]" (US1, FI 89).

„Oder wenn es im Freispiel überhaupt nicht geht, dass sie auch aufräumen müssen." (KG6, FI 111)

Regeln diskutieren: Nebst dem Ermahnen ist jedoch die Diskussion mit einzelnen Kindern wie auch mit der Klasse die am häufigsten eingesetzte Strategie bei Regelverstössen respektive bei daraus resultierenden Konflikten. Dabei sprechen die Lehrpersonen den Regelverstoss an, fragen nach, welche Regeln in der Klasse abgemacht wurden und überlegen zusammen mit dem Kind oder den Kindern, wie diese Regeln besser eingehalten werden könnten.

„[...] eine Diskussion über die Regeln wieder mal darauf aufmerksam zu machen, ich versuch das so zu steuern, oder halt direkt im Moment darauf aufmerksam machen, oder direkt ansprechen und nachfragen, ja aber warum, oder was haben wir abgemacht, ja ich reagiere da im Moment eigentlich relativ spontan darauf. Also bestimmt nicht immer gleich, sondern wirklich der Situation angepasst." (KG3, FI 80)

Nicht immer wird das unmittelbare Eingreifen als beste Strategie betrachtet, denn die Kinder sollen – insbesondere bei Regelverstössen, die die Integrität betreffen – lernen, diese Konflikte selber zu lösen. Erst wenn für die Lehrperson ersichtlich ist, dass die Kinder nicht zu einer Lösung finden, wenn Beschimpfungen oder Handgreiflichkeiten überhandnehmen, ist der Zeitpunkt zum Eingreifen gekommen.

„Ich habe die Erfahrung gemacht, manchmal greift man einfach zu schnell ein. Eigentlich bräuchten die Kinder manchmal auch Zeit, dass sie Konflikte selber lösen können. Ich denke, da ist es einfach wichtig, gut hinzuschauen was läuft. Und auch abzuschätzen, braucht es mich als Vermittler oder braucht es mich nicht. Ich denke, es ist dann auch die Grenze, kommt irgendetwas, wird es gefährlich." (KG6, FI 79)

Die Lehrpersonen berichten, dass in diesem Fall zunächst die Situation mit den involvierten Kindern besprochen, die Regeln in Erinnerung gerufen und diskutiert werden. Eine weitere Folge kann die Einschränkung der Wahlfreiheit oder ein Verbot sein. Auch die nachfolgend beschriebenen Belohnungssysteme sind eine mögliche Konsequenz von Regelverstössen.

Belohnungssysteme – sie werden von den Lehrpersonen im Interview angesprochen – folgen der Logik, dass das einzelne Kind bei Regelverstössen Punkte kumuliert oder Punkte verliert. Je nach ihrem Punktestand Ende der Woche erhalten die Kinder Zusatzaufgaben, müssen eine bestimmte Arbeit übernehmen oder es werden ihnen bestimmte Privilegien vorenthalten. Solche Systeme werden für die ganze Klasse, aber auch für einzelne Kinder eingeführt.

„… also dann muss es dann ganz schlimm sein in einer Klasse, dass ich das einführe." (US5, FI 167)

Es wird jedoch auch deutlich, dass die Lehrpersonen solche Belohnungssysteme als letzte Möglichkeit zur Regeleinhaltung in Betracht ziehen. Sie setzen – wie bereits ausgeführt – auf die positive Rückmeldung bei der Einhaltung von Regeln. Die Lehrpersonen führen aus, dass sie am Schluss eines Halbtags oder der Woche Rückschau halten, den Unterrichtsverlauf gemeinsam mit den Kindern reflektieren und allenfalls Ziele für den nächsten Tag oder die nächste Woche setzen.

Die Analyse der fokussierten Interviews zur Thematik der Einführung und Anpassung der Regeln zeigt, dass alle Lehrpersonen wenige Grundregeln aus den genannten Regelgruppen vorgeben. Weitere Regeln werden situativ – z.B. für den Gesprächskreis – zusammen mit den Kindern erarbeitet.

> „… die haben wir im Kreis erarbeitet […], was sie denken, was es braucht, dass sie das Gefühl haben, eben ein Gespräch kann zustande kommen, sie werden gehört." (US3, FI 158)

Sowohl die Einführung der Regeln durch die Lehrperson als auch deren Erarbeitung mit den Kindern ist bei der Übernahme einer neuen Klasse eine Thematik, die im ersten Quartal bearbeitet wird. Die Lehrpersonen zählen verschiedene Formen der Einführung von Regeln auf, so z.B. das Besprechen im Sitzkreis, das Rollenspiel oder das Zeichnen der Regeln zur Visualisierung im Raum.

> „… meistens picken wir die Regeln einzeln heraus und machen dazu eben ein Rollenspiel zum Beispiel" (KG6, FI 111)
> „Wir hatten das NMM-Thema ‚Ich und die Schule'. Also das hat begonnen mit ‚was nehme ich mit in die Schule?' Und da kommt natürlich der soziale Aspekt dazu! Und so wurde das eingeführt mit der Klasse zusammen. Also ‚Wann ist mir wohl', ‚Wie fühle ich mich wohl?' So" (US4, FI 38)

An diesen Grundregeln wird im Allgemeinen festgehalten. Sie werden im Verlauf des Schuljahrs je nach Bedarf erweitert, wobei die Kinder massgeblich daran beteiligt sind. Meist handelt es sich um zusätzliche Regeln, die sich aus der Zusammensetzung der Klasse ergeben, und die für bestimmte Situationen oder räumliche Gegebenheiten gelten.

> „… und manche Regeln ergeben sich dann aus dem Klassenverband oder aus der Konstellation wie die Klasse gerade aussieht." (US2, FI 133)
> „Also, dann haben sie vor allem beim Freispiel noch Regeln, die aber dann situativ je nachdem was gerade passiert. Und die vereinbaren wir dann gemeinsam, also ich frage sie dann auch, wie könnten wir was ändern." (KG5, FI 167)
> „Jetzt haben wir ja das Schloss (das Schloss ist aus Karton gebaut und so gross, dass sich die Kinder darin aufhalten können, Bemerkung ew) und am Anfang hatten wir keine Regeln beim Schloss und dann haben die Kinder selbst gemerkt, dass das nicht geht. Und die wollten dann selbst Regeln …" (US6, FI 84)

Zusätzliche Regeln werden also installiert, aber auch wieder aufgehoben, wenn sie nicht mehr notwendig sind. Dies begründen die Lehrpersonen damit, dass die Regeln insgesamt überschaubar bleiben sollen, und zwar für die Lehrperson wie auch für die Kinder. Denn das Einführen von Regeln ist das eine, deren Einhaltung einzufordern etwas anderes.

„… aber die Arbeit ist ja nachher die Einhaltung der Ziele zu kontrollieren, oder der Regeln. […] also nehm ich lieber eine Regel und die kontrolliere ich, manchmal haben wir ein Wochenziel, da kann die Einführung dieser Regel eben das Wochenziel sein, und dann behalten wir es halt noch bei nach einer Woche, wenn wir das Ziel nicht erreicht haben." (US1, FI 87)

Laut den Aussagen von Lehrpersonen, die altersgemischte Klassen führen, scheint dies bezüglich der Einführung und Einhaltung der Regeln ein Vorteil zu sein. Die älteren Kinder betrachten es als ihre Aufgabe, den neu hinzugekommenen Kindern die Regeln zu erklären und sie auch darauf aufmerksam zu machen, wenn sie diese nicht einhalten oder vergessen haben.

„… wenn man die Kinder zwei Jahre hat, gehen die Regeln quasi, ohne dass ich das riesig sagen muss, gehen ja eben einfach durch die Kinder weiter." (KG4, FI 62)

Die von den Lehrpersonen bezeichneten Anstandsregeln betreffen eher die individuelle Ebene Lehrperson-Kind. Alle Lehrpersonen begrüssen die Kinder am Morgen mit Handschlag und legen Wert darauf, dass diese sie ansehen, ihr Morgengruss akustisch verständlich ist und dass sie gesiezt werden. Sie bringen zum Ausdruck, dass damit die Basis für einen wertschätzenden Umgang miteinander gelegt wird. Regeln werden jedoch nicht nur im Zusammenhang mit der Klasse erwähnt, sondern auch mit der Schule. Sie betreffen die Benutzung des Pausen- und Rasenplatzes ebenso wie das gegenseitige Grüssen im Schulhaus.

Damit die Eltern einen Einblick erhalten, thematisieren einige Lehrpersonen die Regeln im Klassenzimmer und im Schulhaus anlässlich von Elternabenden. Andere fassen sie in einer Informationsbroschüre zusammen, die sie den Eltern bei Neueintritt ihres Kindes in den Kindergarten oder die Schule aushändigen. Wenn sich hinsichtlich der Regeleinhaltung Probleme ergeben, wird der individuelle Kontakt zu den Eltern gesucht.

„Wenn es gar nicht klappt und bei mehreren Regeln nicht, ja dann muss ich einfach mit den Eltern noch reden. […] frag ich auch nach, wie geht es zu Hause mit den Regeln. Weil manche Eltern sagen, doch, doch es braucht Regeln." (KG2, FI 53)

### 9.1.3 Zusammenfassung

Was die Facette Regeln anbelangt, konnten wir aus den fokussierten Interviews bezüglich der Regelinhalte sogenannte Grundregeln herausarbeiten, die die fünf Regelgruppen Integrität, Kommunikation, Sorgfalt, Ordnung und Mobilität umfassen. Diese sind von allgemeiner Gültigkeit und werden zu Beginn des Schuljahrs eingeführt. Hinzu kommen zusätzliche Regeln, die situativ, gemeinsam mit den Kindern erarbeitet werden. Die Lehrpersonen erhoffen sich davon eine grössere Verbindlichkeit der Regeln. Wie lange es notwendig ist, solche „Zusatzregeln" aufrechtzuerhalten, wird situativ entschieden. Regeln können Inhalt von Zielen sein, die die Lehrperson mit ihrer Klasse zu erreichen versucht, aber auch Gegenstand der gemeinsamen Reflexion mit den Kindern. Die Lehrpersonen verfügen über verschiedene Formate, um die Regeln einzuführen und einzuüben. Zur Regeleinhaltung verfolgen sie primär die Strategie, erwünschtes Verhalten positiv zu unterstützen. Führt dies nicht zum Ziel, ergreifen sie Massnahmen (wie das Ermahnen oder das temporäre Ausschliessen), die auf einzelne Kinder oder auf die Klasse als Ganzes (etwa das Abbrechen einer Unterrichtssequenz) ausgerichtet sind. Weitaus am häufigsten wird jedoch bei Regelverstössen die Diskussion mit einzelnen Kindern oder der Klasse gesucht. Erst wenn keine dieser Strategien zur Regeleinhaltung die gewünschte Wirkung erzielt, werden Belohnungssysteme in Betracht gezogen. Die Inhalte und die Einhaltung von Regeln – ergänzt um Schulhausregeln – werden auch im Rahmen von Elternabenden und Elterngesprächen thematisiert. Primär wird von Seiten der Lehrpersonen Transparenz angestrebt, verbunden mit einer Diskussion über den Stellenwert von Regeln in Schule und Familie.

## 9.2  Prozeduren

Wie in 4.2.3 ausgeführt, beziehen sich Prozeduren auf das „how-to" für wiederkehrende Situationen im Klassenzimmer und ausserhalb davon. Für die Lehrperson wie auch für die Schülerinnen und Schüler ist es von Vorteil, wenn die einmal eingeführten Prozeduren wie von selbst, also ohne zusätzliche Erklärungen ablaufen (Evertson, Emmer & Worsham 2003; Weinstein & Mignano 2007). Aus unseren Interviewdaten ergaben sich für die Facette Prozeduren die zwei Kategorien Routinen und Übergänge.

### 9.2.1  Routinen

Die Beschreibungen von sechs Subkategorien machen deutlich, wie sehr Routinen die verschiedenen Abschnitte eines Unterrichtshalbtags prägen.

Ankommen im Kindergarten, in der Schule: Die Lehrpersonen legen grossen Wert darauf, die Kinder am Morgen persönlich zu begrüssen. Das hat zur Folge, dass sich das Ankommen über eine gewisse Dauer erstreckt. Daher ist es eine Hilfe, wenn die Lehrperson zur Überbrückung dieser Zeit Routinen eingeführt hat, damit sich die Kinder selber beschäftigen können. Mit der Routine, die Strassenschuhe mit den Hausschuhen zu tauschen, die Kindergarten- oder die Schultasche auszuräumen, gekoppelt mit der Regel, die Ordnung einzuhalten – also wo die Sachen hingelegt werden sollen –, ist bereits das Ankommen festgelegt. Wenn dies erledigt ist, folgen weitere routinemässige Aktivitäten wie Bilderbücher anschauen, Lesen, Spielen im Kreis, zu zweit oder in der Gruppe.

> „Oder auch am Anfang, wenn sie in den Kindergarten kommen und noch nicht alle begrüsst wurden, noch nicht alle die Finken (Deutschschweizer Begriff für Hausschuhe,

Bemerkung ew) an haben, dann ist es auch praktisch, dass sie im Kreis schon ein Spiel spielen können, wissen, wie das geht, wissen welche Spiele stehen zur Verfügung, dann muss ich nicht noch dort schauen und noch die Kinder begrüssen und so, das erleichtert mir wirklich einiges bei der Arbeit." (KG3, FI 66)

„Ich kann vielleicht etwas vom Morgen nehmen […], dass die Kinder nicht draussen warten müssen, bis es klingelt, sondern wir haben da so eine Ampel, die ist rot und grün, und die stell ich schon um 8 Uhr grün. Und dann haben sie Zeit anzukommen in der Schule und haben nicht den Stress mit Ausziehen und Aufgaben versorgen und dann möchte man doch noch spielen und plaudern. Das ist etwas, das will ich unbedingt beibehalten, aber die Kinder müssen ihren Beitrag dazu leisten, indem sie leise reinkommen, und nicht Lärm machen, weil die grossen Schüler haben Schule in dieser Zeit" (US1, FI 18)

Hausaufgaben: Zum Ankommen gehört ebenfalls, dass die Kinder ihre Hausaufgaben – falls welche zu machen waren – an dem dafür vorgesehenen Ort ablegen, z. B. im Hausaufgabenfach. Am Ende des Halbtags kommen wiederum Routinen zum Zug, indem die neuen Hausaufgaben mit den Kindern besprochen werden, damit sie wissen, was sie mit nach Hause nehmen müssen, um diese ausführen zu können. Zur Unterstützung führen einige Lehrpersonen ein Hausaufgabenheft oder fertigen mit den Kindern entsprechende Notizzettel an. Alles wird zum Einpacken in die Kindergarten- oder die Schultasche vorbereitet.

Zugang und Organisation von Spiel- und Lernangeboten: Die zu dieser Routine berichteten Beispiele der Lehrpersonen lassen sich in vier Gruppen unterteilen. Eine erste Gruppe betrifft das Bereitstellen und den Umgang mit dem Material. Wird ein Auftrag erteilt, so wird zunächst sichergestellt, welches Material dazu benötigt wird und wo es zur Verfügung steht. In einem nächsten Schritt wird geübt, wie das das Material zu handhaben ist.

„…, dass zum Beispiel einen Ordner öffnen und schliessen, das ist für viele Kinder ein enormer Aufwand. Also da flattern die Blätter raus und so […]. Muss fast mit jedem Kind geübt werden, das Öffnen, das Einordnen […] oder die Handhabung von einfacheren Abläufen: Leimtube auf, Leimtube brauchen und dann wieder verschliessen." (US4, FI 72)

Die zweite Gruppe bezieht sich auf bestimmte Unterrichtsformen, die so arrangiert werden, dass immer die gleichen Organisationsformen erfolgen können. In diesem Zusammenhang wurden der Werkstatt-Unterricht, die Postenaufgaben, die Ateliers sowie die Tages- und Wochenplanarbeit genannt.

„Sie müssen alles Material hervorholen, ich habs so gemacht, dass die Werkstatt, sag jetzt mal, Blätter und Arbeitspass ist nicht in ihrem Pult, sondern hier in diesen „Schublädlis", die ich da habe sind. Sie sind angeschrieben mit Namen, das ist einfacher, also es verkürzt die unruhige Zeit. Und das heisst, jedes Kind muss hier nach hinten kommen, seine Sachen parat machen, die Chefs müssen die Ordner hinlegen, die die Kinder brauchen, die liegen hier hinten auf dem Teppich. Dann kommt die Orientierung, wo bin ich dran, mit wem arbeite ich, was brauche ich, das ganze Material wieder bereitstellen." (US1, FI 81)

Wie beschrieben werden Routinen so angelegt, dass sie schliesslich zu Gewohnheiten werden. Dazu gehört auch die dritte Gruppe, das Aufräumen am Ende einer Unterrichtssequenz.

> „Dass ich versuche, sie anzuleiten, dass man das, ehm, aufteilen kann, dass man sich absprechen kann, wer was macht [...]. Und irgendeine Organisation im Aufräumen ersichtlich wird." (KG1, FI 50)

Im Zitat der Lehrperson US1 ist bereits die vierte Gruppe der Routinen angesprochen: die Unterstützung durch sogenannte Chefs oder Chefinnen in den verschiedenen Bereichen wie Ankommen – indem es Garderoben-Chefinnen und Chefs gibt –, Bereitstellen des „Znüni" respektive des „Zvieri" oder Zugang und Organisation von Spiel- und Lernangeboten.[20] Die Lehrpersonen führen dazu einen Ämterplan und teilen die Kinder turnusmässig jede Woche neu einem Amt zu.

Mit der oben beschriebenen Einübung von Routinen verfolgen die Lehrpersonen einerseits das Ziel, die Selbständigkeit der Kinder zu fördern. Andererseits sollen sich die Kinder Strategien überlegen, wie sie an bestimmte Aufgaben herangehen könnten. Ferner ist es den Lehrpersonen auch wichtig, dass möglichst rasch mit den Spiel- und Lernaufgaben begonnen werden kann.

> „Und jetzt, wenn ich einen Plan mache, sind sie sehr selbständig, also ich muss gar nicht mehr viel erklären. Ich kann manchmal es auch nur anschreiben und nur noch ganz kurz sagen, was es ist, und sie wissen nachher, aha, das ist zu tun, ich muss es gar nicht mehr gross erklären." (US2, FI 63)
>
> „Also jetzt, wenn wir in's Atelier gehen sowieso! [...] je genauer dass sie wissen, ‚ich muss auf Seite sowieso arbeiten', desto weniger Rückfragen gibt es. Und wenn ich vielleicht noch dreissig Minuten oder vierzig Minuten Zeit habe für diese Lektion – sag' ich mal – und zwanzig Minuten brauche, nur bis alle irgendwo arbeiten, weil sie immer wieder Rückfragen haben, dann ist das nicht so effizient. Also müssen die Aufträge zum Teil einfach ziemlich klar sein, [...] das Material muss bereit sein, damit die Kinder einfach loslegen können." (US4, FI 28)

Struktur geben: Übersichtspläne zu Spiel- und Lernangeboten dienen sowohl den Kindern als auch der Lehrperson, sich in verschiedenen Unterrichtsformen zu orientieren und den Überblick zu behalten. Auch die Übersichtspläne werden von den Lehrpersonen eingeführt und möglichst immer gleich gestaltet, damit die Kinder selbständig damit umgehen können.

> „Also wir führen die Spielplätze ein! Wir zeigen, wie man spielen kann, wie man aufräumt [...] und wo sie die Klammer (Plan zu Angeboten im freien Spiel, Anmerkung ew) hintun müssen." (KG2, FI 132)
>
> „Ja, mit den Zweitklässlerinnen und Zweitklässlern in der Mathe, da haben sie einen Mathplan. Und den lernen wir lesen in der zweiten Klasse, dass sie Ende zweite Klasse

---

20 Znüni ist ein Dialektbegriff für die Pausenverpflegung am Morgen, Zvieri ein Dialektbegriff für die Pausenverpflegung am Nachmittag.

einen Mathplan erlesen können und selber herausfinden: Wo muss ich arbeiten? Wie mach ich das? Was bedeuten die Abkürzungen? und das haben wir auch so eingeführt, weil ich mit der Lehrerin der dritten, vierten Klasse zusammenarbeite. Sie führt dann den Mathplan gleich weiter." (US5, FI 33)

Wechsel von Räumlichkeiten: Dank Routinen Zeit zu gewinnen, spielt ebenfalls eine Rolle, wenn Spezialräume innerhalb oder ausserhalb des Kindergarten- oder Schulhausareals aufgesucht werden müssen. Dies können Bibliotheken, Werkräume, Turnhallen und dergleichen mehr sein. In diesem Fall kommt die Zweierreihe zum Zug. Oftmals ist dann ebenfalls routinemässig organisiert, was die Kinder tun können, bis alle z. B. für den Sport bereit sind.

> „Und im Sport […] wenn ich die Halle öffne und noch nicht gerade alle Kinder von der Garderobe da sind, dürfen sie einfach den Ballwagen hervornehmen und noch mit den Bällen spielen bis ich pfeife, das kennen sie auch […] und sie spielen dann selbständig." (US2, FI 143)

Die Zweierreihe wird mit Vorliebe gewählt, weil sie nicht nur einen zügigen Wechsel ermöglicht, sondern auch die Übersicht erleichtert und eine gewisse Sicherheit gewährleistet. Auf sie kann zudem in anderen Situationen, wie z. B. bei Exkursionen, zurückgegriffen werden.

Routinen einführen und üben: Wie bereits in Bezug auf die Regeln dargelegt, werden auch Routinen zu Beginn eines neuen Schuljahrs eingeführt, und zwar im Zusammenhang mit bestimmten Unterrichtsformen wie dem freien Spiel, dem Werkstatt-Unterricht, dem Tages- und Wochenplan respektive den Spiel- und Lernangeboten wie z. B. dem Mal-Atelier. Mit den Kindern wird besprochen, welches Material ihnen zur Verfügung steht und wie nach der Unterrichtssequenz das Aufräumen vor sich gehen soll.

> „Fürs Malen, sie müssen ihre Kleider einigermassen schützen, sonst bekomm' ich Probleme mit den Eltern! Also, es ist klar, sie holen sich ihre Schürze. Sie ziehen sie gegenseitig an. […] Auch wenn sie ausleeren, den Farbtopf, dann können sie das mittlerweile selbständig. Also das haben wir angeschaut." (KG5, FI 319)
> „Ja ich denke am Anfang ist wirklich halt meinerseits sehr sehr viel vorzeigen […] wirklich vorzeigen oder immer wieder repetieren […] Ich führe auch nicht alles auf einmal ein, also es kommt so stufenweise, also am Anfang sind die ganz einfachen klaren Sachen und dann kommt immer mehr dazu, wo ich dann mit der Zeit auch erwarten kann, dass die Kinder das selber können von sich aus." (KG3, FI 68)

Wie bereits bei der Einführung von Regeln erwähnt, wird auch im Bereich der Routinen der Vorteil altersgemischter Klassen hervorgehoben. Einige Lehrpersonen nutzen dies, indem sie über längere Zeit Tandems bilden – diesbezüglich wird oft auch vom „Götti-Gotte-System" (Deutschschweizer Begriff für Patin, Pate) gesprochen. Andere Lehrpersonen achten bei der Zuteilung der Kinder für Partner- oder Gruppenarbeit darauf, dass diese altersgemischt zusammengesetzt sind.

„Da gibt es ja einen grossen Vorteil, dass wir zweistufig unterrichten, das heisst, irgendeinmal führe ich etwas ein und dann geht das schon, jetzt schon zum Teil über Jahre. Also gewisse Sachen bleiben sich gleich." (KG1, FI 46)

„Und die haben dann jeweils eine „Gotti"-Funktion und zeigen einem kleinen, einem neuen Kind, wie das geht." (KG2, FI 135)

„… dürfen dann die Erstklässler mit einem Götti aus der 2. Klasse in die erste grosse Werkstatt einsteigen, und das ist halt wieder der Vorteil der Mischklasse […] und die sind top motiviert. Und die Zweitklässler, die übernehmen diese Verantwortung in der Regel, nicht alle, aber in der Regel sehr gerne, und eigentlich auch sehr gut. […] Und dann lernt der Zweitklässler eigentlich dem Erstklässler wie das funktioniert. Und ich muss eigentlich nur noch so einschreiten, wenn ich merke, jetzt wird da ein falscher Ablauf erklärt, oder wenn ich sehe, das läuft bei mehreren Gruppen nicht ganz richtig, nehme ich es nachher auf im Plenum, und bespreche es mit der ganzen Klasse." (US1, FI 28)

Es zeigt sich, dass vielfältige Abläufe im Kindergarten- und Schulalltag über Routinen organisiert sind, was die Lehrperson entlastet. Dadurch wird den Kindern mehr Verantwortung übergeben und gleichzeitig fallen ihnen grössere Freiräume für selbständige Tätigkeiten zu.

### 9.2.2 Übergänge

Eine wesentliche Bedeutung im Alltag von Kindergarten und Primarunterstufe kommt den Übergängen zu, denn die Lehrpersonen legen sehr viel Wert auf eine für das Spielen und Lernen sinnvolle zeitliche Strukturierung. Dabei sind Übergänge zwischen Sequenzen – wie z.B. von einem Unterrichtsgespräch im Sitzkreis zu einer offenen Sequenz oder von einer Unterrichtssequenz in die Pause – zu unterscheiden von Übergängen innerhalb von Sequenzen, wie z.B. dem Wechsel vom Erzählen einer Geschichte zu einer pantomimischen Darstellung der Protagonistinnen und Protagonisten der Geschichte im Rahmen einer geführten Sequenz. Die Analyse der Interviews ergab zwei Subkategorien, die nachfolgend beschrieben werden: Verteilen und Sammeln.

Verteilen: Klassischerweise kommt das Verteilen am Ende einer Sequenz, die im Plenum gestaltet wurde, zum Tragen. Die Lehrpersonen erläutern, dass sie die Kinder in Gruppen, zu zweit oder alleine in eine nächste Sequenz – wie z.B. Einzelarbeit, freies Spiel oder Tagesplan – entlassen. Durch gezieltes Auflösen der Sozialform Klasse kann möglichen Friktionen beim Verlassen des Sitzkreises respektive dem Aufsuchen des neuen Spiel- und Lernangebots vorgebeugt werden.

„…, dass ich den Auftrag noch im Kreis erkläre, etwas dazu zeigen kann und dann zuerst einzelne Kinder an den Platz gehen lasse, weil wir auch ein bisschen ein Platzproblem haben." (US4, FI 26)

Zugleich wird das Verteilen genutzt, um die Gruppenzusammensetzungen mehr oder weniger zu steuern. Dazu lassen sich aus den Ausführungen der Lehrpersonen drei

Formen extrahieren. In der offensten Form lassen die Lehrpersonen die Kinder ihre Spiel- und Lernpartnerinnen und -partner selber wählen (1), wobei die Anzahl pro Gruppe vorgegeben oder nicht vorgegeben sein kann. Bei der zweiten Form überlassen sie die Zusammensetzung dem Zufall, bestimmen jedoch die Grösse der Gruppe (2). In der dritten Form setzen sie die Gruppen nach bestimmten Kriterien zusammen (3), z. B. altersheterogen, leistungshomogen oder geschlechtergemischt.

> „Dass ich auch mit einem Abzählvers einteile. Oder nach Zufallsprinzip. Habe schon Namenkärtchen aus einem Sack ziehen lassen." (KG2, FI 136)

Beim Verteilen der Kinder wird nebst der Gruppenzusammensetzung auch darauf geachtet, dass die Kinder z. B. Spiel- und Lernangebote im freien Spiel ausgewogen nutzen, oder die Kinder werden im Rahmen von Tages- und Wochenplänen darauf aufmerksam gemacht, welche Aufgaben sie noch kaum bearbeitet haben.

Wie bei den Routinen bedienen sich die Lehrpersonen auch beim Verteilen bestimmter Hilfsmittel. Sie berichten, dass sie z. B. Wäscheklammern mit den Namen der Kinder im Voraus am Übersichtsplan platzieren (vgl. Form 3 bei der Gruppenzusammensetzung), die Kinder würfeln oder Bildkarten ziehen lassen (Form 2 bei der Gruppenzusammensetzung) oder die Kinder untereinander aushandeln lassen, mit wem sie in die Gruppe gehen möchten (Form 1 bei der Gruppenzusammensetzung).

Wie diese Beispiele zeigen, kann das Verteilen selbst zu einer Spiel- und Lerngelegenheit werden, denken wir an die soziale Komponente, aber auch an die kognitive Komponente, die sich aus dem Lesen eines Übersichtsplans ergibt. Häufig wird das Verteilen zudem genutzt, um eine Bewegungsaufgabe zu integrieren. Wie offen respektive strukturiert das Verteilen von den Lehrpersonen gestaltet wird, ist von den Platzverhältnissen und der Klassenzusammensetzung abhängig. Einzelne Lehrpersonen führen aus, dass sie im Laufe eines Schuljahres den Kindern mehr Freiheiten bezüglich Gruppenzusammensetzung, Anzahl Kinder in einem Spiel- und Lernangebot oder der Wahl der Spiel- und Lerninhalte einräumen. Unabhängig davon ergibt sich aus den Interviews, dass sich die Lehrpersonen im Anschluss an das Verteilen vergewissern, ob die Kinder ihre Spiel- und Lernaktivitäten aufgenommen haben.

> „Bei einigen Kindern gehe ich noch gezielt hin und frage nach. Weil ich einfach weiss, sie können sich die Zeit schlecht einteilen." (US6, FI 122)

Sammeln: Während mit dem Verteilen der Übergang in eine neue Sequenz eingeleitet wird, markiert das Sammeln den Abschluss eines Übergangs. Dabei liegt die Herausforderung darin, dass die Kinder an unterschiedlichen Spiel- und Lernaufgaben sind, diese in unterschiedlichem Tempo bearbeiten respektive abschliessen und unterschiedlich viel Zeit zum Aufräumen brauchen. Übergänge nach dem Ankommen oder der Pause werden ebenfalls häufig mit einer Phase des Sammelns abgeschlossen. Um Turbulenzen in solchen Situationen vorzubeugen, haben die Lehrpersonen Spiele oder auch Tätigkeiten eingeführt, die die Kinder selber ausführen können.

„Wenn sie in den Kreis kommen, gibt es wieder irgendein Kreisspiel, das sie zusammen machen und das muss so ablaufen können, dass die Kinder gestaffelt kommen können." (KG6, FI 71)

Wie es eine Lehrerin treffend ausdrückt, dient das Sammeln am Ende eines Übergangs nicht nur der äusseren Sammlung – indem z. B. alle Kinder im Sitzkreis sind –, sondern auch dem inneren Sich-Sammeln, indem spielerische Bewegungs- und Konzentrationsübungen gemacht werden, oder alle gemeinsam ein Lied singen. So wird zugleich der Abschluss des Übergangs und der Beginn einer neuen Sequenz markiert und sichergestellt, dass die Kinder bereit für die nächste Unterrichtssequenz oder den Abschluss des Halbtags sind.

Durch eine gezielte zeitliche Rhythmisierung des Halbtags, die mit der Einführung der Blockzeiten in Kindergarten und Schule noch an Bedeutung zugenommen hat, enthält ein Halbtag relativ viele Übergänge[21] (vgl. dazu auch 10.1). Die Auswertung der entsprechenden Interviewpassagen zeigt, dass die Lehrpersonen die Übergänge pädagogisch nutzen, indem sie diese mit sozialen, kognitiven und motorischen Spiel- und Lernanlässen verbinden. Zugleich benutzen sie die organisatorischen Momente der Übergänge, um störungsanfälligen Situationen vorzubeugen, beispielsweise durch eine gestaffelte Verteilung der Kinder, aber auch durch die Möglichkeit, ihren unterschiedlichen Zeitbedarf beim Sammeln zu berücksichtigen. Sowohl das Verteilen als auch das Sammeln bei den Übergängen signalisiert, dass etwas abgeschlossen und die Aufmerksamkeit auf etwas Neues gerichtet wird.

Damit Übergänge oder Routinen angekündigt und eingeleitet werden können, müssen die Lehrpersonen die Aufmerksamkeit der Kinder gewinnen. Die zwölf befragten Lehrerinnen beschreiben, dass sie dies mit akustischen Signalen oder visuellen Symbolen zu erreichen suchen. Weitverbreitet ist der Einsatz von Musik- oder körpereigenen Instrumenten. Je nach Instrument oder Melodie ist definiert, was zu tun ist.

„…, da klatschen wir einen Rhythmus und dann kommen die Kinder dazu und klatschen mit. Bis alle da sind. Das ist ein Zeichen, jetzt musst du einfach sofort kommen und du darfst nicht mehr weiterspielen, weil ich muss etwas Dringendes sagen." (KG2, FI 149)
„Also wenn der Gong ist, dann haben sie Zeit bis man nichts mehr hört und dann sollten alle an ihren Platz sein." (US3, FI 101)

Wie den beiden Zitaten zu entnehmen ist, kann das akustische Signal dazu dienen, das Ende einer Sequenz anzuzeigen. So haben die Kinder Zeit, etwas abzuschliessen und aufzuräumen, ohne dass dies von der Lehrperson noch speziell erläutert werden müsste. Eine weitere Funktion solcher Signale und Symbole besteht darin, eine ruhige Situation zu schaffen, damit die Lehrperson mündliche Anweisungen beziehungsweise

---

21 Mit Blockzeiten ist der sogenannte verlässliche Halbtag gemeint, d. h., die Kinder sind jeden Morgen von 08.15 bis 11.45 Uhr im Kindergarten oder in der Schule.

das weitere Vorgehen erläutern oder neue Aufgaben erteilen kann. Diese Hilfsmittel werden jedoch nicht nur im Zusammenhang mit Prozeduren eingesetzt, sondern können ebenfalls eine Ermahnung darstellen, wenn z. B. der Lärmpegel in einer offenen Sequenz ansteigt. Unabhängig davon, ob es sich nun um Prozeduren oder Regeln handelt, sind Signale und Symbole Wegbereiter für nachfolgende Aktivitäten.

### 9.2.3 Zusammenfassung

Die Facette Prozeduren setzt sich aus zwei Kategorien zusammen. Was die Kategorie Routinen betrifft, kann bilanziert werden, dass durch diese ein grosser Teil der wiederkehrenden Situationen im Kindergarten- und Schulalltag organisiert ist, damit die Kinder einerseits möglichst selbständig Spiel- und Lernangebote in den Unterrichtsformen wie freies Spiel, Werkstatt-Unterricht, Tages- und Wochenplanarbeit wahrnehmen können und andererseits Wartezeit überbrückt werden kann. Die Lehrpersonen setzen dazu zeitliche und thematische Übersichtspläne ein, die der Individualisierung dienen und die Selbständigkeit unterstützen. Um diese Zielsetzungen zu erreichen, werden die Routinen von den Lehrpersonen sorgfältig eingeführt. In altersgemischten Klassen wird diese Aufgabe – wenn möglich – an die älteren Kinder delegiert und nur eingeschritten, wo dies nötig ist. Alle Lehrpersonen bringen zum Ausdruck, dass solche Routinen ihren Unterrichtsalltag wesentlich entlasten, den Überblick erleichtern und Zeit für die individuelle Begleitung der Kinder gewonnen werden kann.

Stehen Routinen im Dienst organisatorischer Aspekte, so spielen Übergänge eine wichtige Rolle bei der Rhythmisierung des Unterrichts. Übergänge sind kritische Sequenzen, die bei ungenügender Beachtung hohes Konflikt- und Störpotential in sich bergen. Die Lehrpersonen beugen diesem Umstand vor, indem sie den Klassenverband (durch Verteilen) gezielt auflösen. Dazu gehören verschiedene Arten der Gruppen- sowie der Spiel- und Lernangebots-Zuteilung, aber auch Bewegungsaufgaben beim Wechseln von Spiel- und Lernangeboten. Ebenso überlegt will der Übergang zwischen offenen Sequenzen beziehungsweise von der Pause zu geführten Sequenzen sein. Zwei Aspekte sind dabei besonders zu berücksichtigen. Zum einen benötigen Kinder unterschiedlich viel Zeit, um ihre Spiel- und Lernaktivität zu Ende zu führen. Zum anderen muss ihre Aufmerksamkeit auf die Klassenaktivität gelenkt werden. Dies wird in der Phase des Sammelns teils örtlich vollzogen und teils über Bewegungs- und Singspiele. Häufig wird gefordert, dass Übergänge wenig Zeit in Anspruch nehmen sollten (vgl. z. B. Helmke 2009). Werden diese jedoch von den Lehrpersonen pädagogisch-didaktisch sinnvoll gestaltet, stellen sie – speziell für Kinder in der Eingangsstufe – gleichzeitig Spiel- und Lerngelegenheiten, aber auch Momente der Entspannung dar.

## 9.3  Rituale

Rituale sind in der Eingangsstufe von grosser Bedeutung. Allerdings könnte argumentiert werden, dass es sich dabei letztlich auch um Prozeduren handelt. Die Definition, wie sie in 4.2.3 dargelegt wurde, verweist jedoch auf die Besonderheiten, die Rituale auszeichnen. Durch die Anforderung, mental und körperlich präsent zu sein, sowie durch den Einsatz von Sprache, Gestik und Mimik werden die Kinder über verschiedene Sinneskanäle angesprochen. Der Symbolgehalt, die Förmlichkeit und Repetivität grenzt Rituale des Weiteren von Prozeduren ab. Wie die Lehrpersonen diese Facette des Classroom Management nutzen, lässt sich in den beiden Kategorien – Soziabilität und Orientierung – zusammenfassen.

### 9.3.1  Soziabilität

Unter der Kategorie Soziabilität subsumieren wir Rituale, die der Anerkennung des Individuums und der Gemeinschaftsbildung dienen. Ein Ritual, das sich in allen Interviews der Lehrpersonen findet, ist das Geburtstagsritual, bei dem das Ziel im Zentrum steht, jedem Kind Aufmerksamkeit und Zuwendung zu schenken. Konkretisiert wird dies, indem jedes Kind dem Geburtstagskind einen Wunsch – teilweise verbunden mit einem Geschenk – überbringt. Dazu haben die Lehrpersonen unterschiedlichste Formen entworfen; sie reichen von Wunschfäden, die zu einem Armband gewoben werden, bis zu einer Wunschkugel, die die Wünsche der Kinder enthält und vom Geburtstagskind mit nach Hause genommen werden darf.

> „Ja, das Wahrgenommen-Sein. Wir geben dann auch jedem Kind Wünsche mit. Es hat eine Wunschkugel und jeder wünscht dem Kind etwas und die Wunschkugel darf es mit sich nach Hause nehmen. Ja, so, ich bin hier in der Schule eine Person, die wahrgenommen wird." (US5, FI 180)

Weitere Elemente wie z. B. das Tragen einer Krone, das Wünschen einer Geschichte, das Anzünden der entsprechenden Anzahl Kerzen oder ein spezielles Znüni, das das Geburtstagskind mitbringt, geben den Rahmen für einen festlichen Anlass.

> „Und dann sitzt es auf dem Thron. Wir singen und es gibt ein kleines Feuerwerk." (KG5, FI 185)

Zugleich bietet die Geburtstagsfeier – so einzelne Lehrpersonen – eine ideale Gelegenheit, dass Eltern von sich aus in den Kindergarten oder die Schule kommen und so einen Einblick erhalten.

> „Am Geburtstag kommen immer die Mütter oder Väter, manchmal auch die Geschwister. Ich finde es auch eine gute Gelegenheit […] die Eltern in den Kindergarten zu holen, weil du hast Eltern, die kommen immer und gerne, und du hast Eltern, die würden nie kommen ausser sie müssen. Und ich finde es nicht schlecht, wenn sie eben auch mal einen Blick hineinwerfen." (KG6, FI 39)

Eine weitere Möglichkeit, speziell dem einzelnen Kind Aufmerksamkeit zuteilwerden zu lassen, sind die Zeigerunden. Die Kinder dürfen Gegenstände wie Spielzeug, Zeichnungen oder Werkarbeiten mitbringen, die sie den anderen zeigen und dazu erzählen, welche Bedeutung der Gegenstand für sie hat. So kann das einzelne Kind seine Interessen und Ereignisse, die ihm wichtig sind, offenkundig darlegen.

Zugleich sind Rituale, die ein einzelnes Kind ins Zentrum rücken, immer auf die Klasse als Gemeinschaft angewiesen. Diese wird vor allem beim Morgenbeginn angesprochen. Einander begrüssen, gemeinsam ein Lied singen, feststellen, wer fehlt – das sind Elemente, die die Lehrpersonen einsetzen, um den Kindern bewusst zu machen, dass sie alle dazugehören.

> „Zu den Ritualen gehört sicher das sich begrüssen – guten Morgen sagen mit einem Lied. Dazu gehört auch, […] beim Zählen noch einmal an die denken, die nicht da sind, […] die gehören eigentlich auch noch dazu. Ja, so starten wir eigentlich meistens in den Tag." (KG3, FI 62)

Ein weiteres Ritual, das die Klasse als Gemeinschaft erleben lässt, ist das Znüni. Es wird im Kindergarten und in einzelnen Primarunterstufen gemeinsam eingenommen. Die Kinder bereiten es sich vor und warten, bis es mit einem Lied oder Vers gemeinsam eröffnet wird.

Gemeinsam wird der Morgen eröffnet und gemeinsam wird er auch wieder abgeschlossen. Oftmals wird das Abschlussritual genutzt, um auf den Morgen zurückzublicken, zu überlegen, ob Ziele erreicht wurden und was gut gelaufen ist. Eine Geschichte, ein Lied oder ein Spiel runden den Halbtag ab.

> „Und am Schluss des Tages versuchen wir auch immer mit einer ruhigen Sequenz aufzuhören, sei es mit deinem Lied oder mit einer Geschichte oder einem Spiel, das wir gemeinsam machen. Also de Start und der Schluss sind immer eigentlich im Kreis und gemeinsam." (US3, FI 208)

Was für den einzelnen Tag gilt, das gilt auch für die Woche in Form von entsprechenden Ritualen, die zum Wochenbeginn und zum Wochenabschluss durchgeführt werden. Häufig ist es beim Wochenbeginn eine Erzählrunde über das, was die Kinder über das Wochenende erlebt haben. Zum Abschluss der Woche kann das Ritual darin bestehen, den Kindergarten- oder Schulraum aufzuräumen, einen gemeinsamen Wochenrückblick zu machen oder einer Geschichte zu lauschen.

> „… haben wir auch noch ein Ritual, ganz ein Wichtiges. Am Freitag, am Schluss. So eine Rückmelde-Ritual von der Woche, wo ein Kind so schön farbige Steine verteilen darf. Eben auch wieder mit Musik. […] Da habe ich so einen Teller – dort hinten – mit Sand drin. Und nachher legt jedes seinen Stein hinein und sagt, was ihm am besten gefallen hat. Und da kommt wirklich jedes Kind dran und das ist auch immer sehr spannend. Also da warten sie richtig darauf, von den andern zu hören. So entsteht ein schönes Bild mit diesen Steinen und das ist dann eine ganze Woche dort." (KG4, FI 19)

Gemeinsame Feste sind weitere Anlässe, zu denen Lehrpersonen gerne Rituale entwerfen. Nebst dem Geburtstagsritual sind es vor allem religiöse Feste in den verschiedenen Jahreszeiten. Je nach religiösem Hintergrund der Kinder werden die entsprechenden hohen Feiertage in jeweils darauf abgestimmter ritualisierter Form begangen.

### 9.3.2  Orientierung

Nebst den Anliegen, dem einzelnen Kind Aufmerksamkeit zu widmen und die Gemeinschaft zu betonen, werden Rituale in hohem Mass auch zur Orientierung im Tages-, Wochen- und Jahresverlauf eingesetzt. Dabei wird der Begriff Orientierung von den Lehrpersonen in dreierlei Hinsicht verwendet: zur zeitlichen Strukturierung, zur Vermittlung der Gefühle von Sicherheit und Halt sowie von Vertrautheit. So wird der Vormittag über den Morgenbeginn, die Pause und die Schlussrunde durch entsprechende Rituale in überblickbare Einheiten gegliedert.

> „…, das wende ich sehr stark an eigentlich zur Strukturierung des Tages und auch der Woche." (KG3, FI 63)

Ein weiteres Merkmal von Ritualen ist ihre Repetivität. Dadurch dass sie bekannt sind und immer gleich durchgeführt werden, vermitteln sie Sicherheit und Halt.

> „Also ich denke, für die Kinder sind so Eckpunkte sehr wichtig, die klar sind, einfach immer gleich sind. Sie können sich daran orientieren." (US3, FI 214)

Dank ihrer Repetivität fungieren Rituale quasi als vertraute Inseln im Kindergarten- und Schulalltag, der ansonsten mehrheitlich – sowohl für Kinder als auch Lehrpersonen – aus neuen Situationen besteht.

> „Wichtig ist mir, dass die Kinder etwas immer wieder erleben, was ihnen bekannt ist, … ein bisschen auch ein Geborgenheitsgefühl geben kann." (US5, FI 180)

Die Aussagen der Lehrpersonen zu den Kategorien Soziabilität und Orientierung zeigen die Mehrdimensionalität von Ritualen eindrücklich auf. Zudem stellen sie ein spezifisches Classroom-Management-Merkmal für die Eingangsstufe dar.

### 9.3.3  Zusammenfassung

Werden die beiden Kategorien Soziabilität und Orientierung mit den Merkmalen von Ritualen in Beziehung gesetzt, wird deutlich, weshalb Lehrpersonen so viel Wert auf Rituale legen. Sei es zum Morgenbeginn und zum Abschluss des Tages oder in Form von Geburtstagszeremoniellen und Zeigerunden: Rituale dienen sowohl der Gemeinschaftsbildung als auch der Anerkennung und Wertschätzung des einzelnen Individuums und bilden damit im Sinne der Repetivität und Förmlichkeit wiederkehrende Gelegenheiten des sozialen und mimetischen Lernens. Rituale dienen jedoch auch der zeitlichen Orientierung sowie der Komplexitätsreduktion und vermitteln dadurch Sicherheit und Verlässlichkeit.

Aus der Beschreibung der beiden Kategorien wird auch deutlich, dass Rituale gleichzeitig unterschiedliche Zielsetzungen verfolgen können – denken wir beispielsweise an den Morgenbeginn, der zugleich eine soziale und eine orientierende Komponente beinhaltet. Durch ihre Sequenzialität weisen Rituale aber auch eine gewisse Nähe zu den Routinen auf. Jedoch erfüllen sie dank ihrer Symbolizität nicht nur eine rein organisatorische Funktion, sondern haben darüber hinaus auch Verweischarakter.

## 9.4  Raumgestaltung

Oftmals wird der Raum als dritter Pädagoge bezeichnet (Walden & Borrelbach 2014). In 4.3.2 wurde argumentiert, dass die Raumgestaltung ein konstitutives Element der Spiel- und Lernumgebung darstellt. Die Bedeutung der Raumgestaltung wird ebenfalls daraus ersichtlich, dass Evertson, Emmer (2013) sie als zentral für ein gelingendes Classroom Management erachten. Auch die Lehrpersonen machen sich ausführlich Gedanken zur Gestaltung ihres Kindergarten- oder Klassenraums – wie ihre Ausführungen anhand der Kategorien Aufteilung und Einrichtung zeigen.

### 9.4.1  Aufteilung

Bezüglich Aufteilung des zur Verfügung stehenden Raumes ist allen Interviews zu entnehmen, dass die Lehrpersonen danach streben, das Optimum zwischen baulichen Gegebenheiten (Fensterfronten, Einbauschränke, Ablageflächen usw.), Klassengrösse und Vereinbarkeit von Funktionsbereichen, Lehrerinnenpult, Sitzkreis und allenfalls Pulten zu finden. Sie führen aus, dass sie über die Jahre verschiedene Raumaufteilungen ausprobiert und die jeweiligen Vor- und Nachteile reflektiert hätten. Im Kindergarten stehen die Funktionsbereiche und damit die Ausgewogenheit der Spiel- und Lernangebote im Vordergrund.

> „Wir empfinden es hier als grosse Herausforderung. […] Und wir probieren einfach, das ist etwas, das wir oft gemeinsam machen. Einfach hier im Raum stehen und ausprobieren und schauen, wie könnte man das machen, dass das für uns stimmt, dass wir die Übersicht haben, ist sicher ganz wichtig, dass aber auch die Kinder so Rückzugsmöglichkeiten haben. […] Und dann stehen wir da und versuchen. Es gibt Sachen, die überhaupt nicht funktionieren und wir finden nicht raus warum. Und dann ändern wir wieder etwas. Ist immer sehr eine Suche. Und so das Optimale haben wir noch nicht rausgefunden. Vielleicht gibt es das auch nicht[22].“ (KG1, FI 56)

---

22 Mit „wir“ bringt die interviewte Kindergartenlehrperson, die die Funktion der Klassenlehrperson innehat, zum Ausdruck, dass sie die Raumgestaltung gemeinsam mit ihrer Kollegin umsetzt, die ein Teilpensum an dieser Klasse unterrichtet.

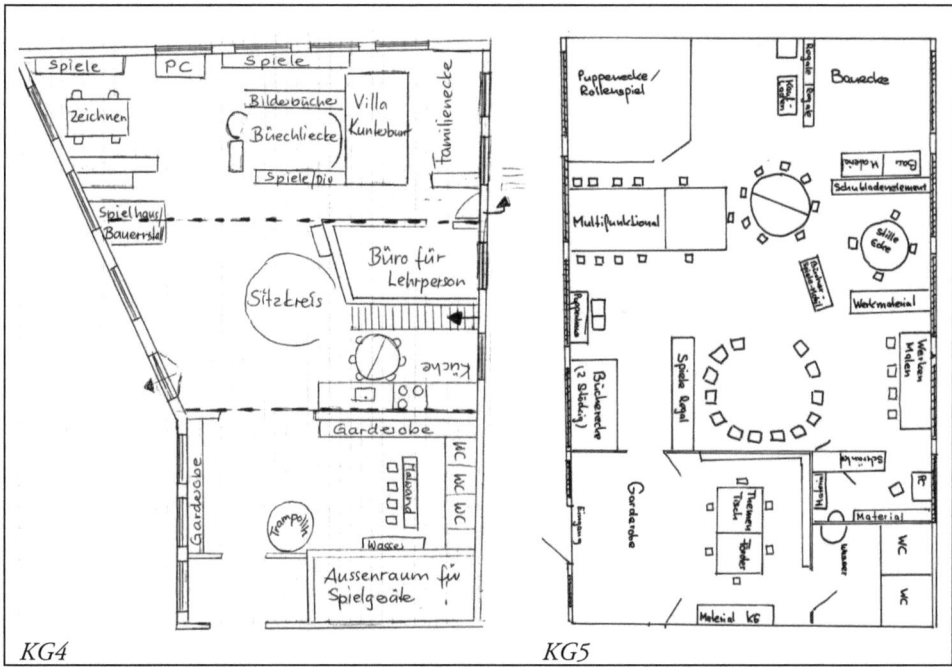

*Abbildung 9.1: Raumaufteilungen in Kindergärten*

Die in Abbildung 9.1 aufgeführten Skizzen stehen exemplarisch für mögliche Raum-
aufteilungen in Kindergärten. Neben dem Sitzkreis finden sich Funktionsbereiche,
die in allen der sechs Kindergärten vorkommen: Familienecke, Bücherecke, Malen-
Werken und Spieletisch. Weitere Funktionsbereiche wie Bau-, Konstruktionsecke,
Kleine-Spielewelt, Computerecke, Bewegungsecke, aber auch Tische zum aktuellen
Thema runden die Palette ab und verweisen auf die Vielseitigkeit des Spiel- und
Lernangebots.

Die Unterstufenlehrpersonen kommen über kurz oder lang auf die Pultordnung
zu sprechen. Diese muss nicht nur in Einklang gebracht werden mit dem Wunsch,
auch einen Sitzkreis zur Verfügung zu haben, sondern ebenfalls mit der Position der
Wandtafel, die ein viel genutztes Medium ist.

> „Also wir haben jetzt Blöcke gemacht in unserem Klassenzimmer. Das hat Vor- und
> Nachteile. Der Vorteil ist, dass wir ein [bisschen mehr Platz im Schulzimmer haben im
> Vergleich zu Reihen. Der Nachteil ist, dass viele Kinder nicht frontal zu der Wandtafel
> sitzen und natürlich der Lärmpegel, durch das, dass sie einander gegenüber sitzen auch
> etwas höher ist." (US5, FI 89)

Häufig sind bestimmte Pultordnungen auch den Raumverhältnissen geschuldet. So
führen einige Lehrpersonen aus, dass ihnen die Pultanordnung im Hufeisen erlaube,
im Innern des Hufeisens den Sitzkreis zu platzieren und diesen auch für Spiele zu
nutzen (vgl. Abbildung 9.2). Andere Lehrpersonen entscheiden sich für Pultreihen

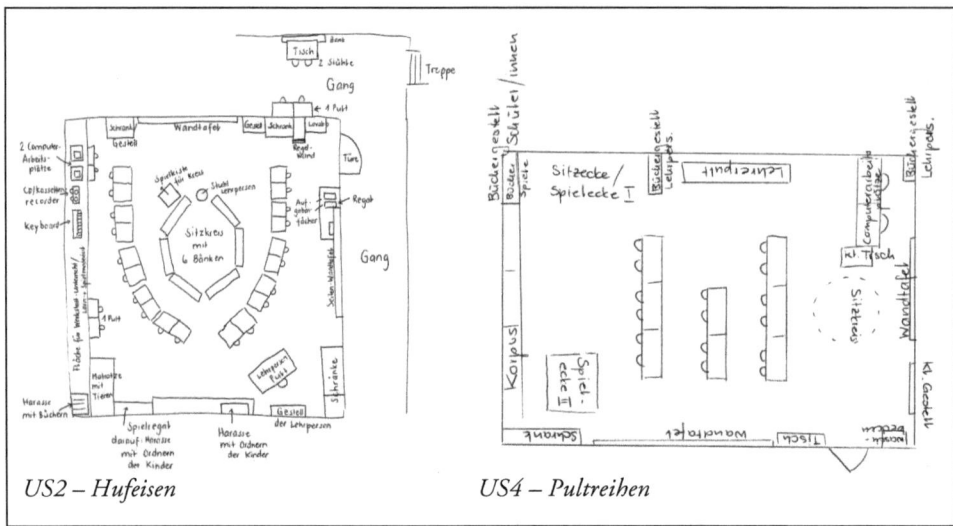

*Abbildung 9.2: Raumaufteilungen mit Pultanordnung in der Primarunterstufe*

und richten im vorderen oder hinteren Teil des Schulzimmers einen Sitzkreis oder Funktionsbereiche ein.

Wurde eine annähernd optimale Aufteilung des Raums gefunden, dann ändern die Kindergarten- und Primarunterstufenlehrpersonen diese nur noch geringfügig, d.h., dass am entsprechenden Ort lediglich der Funktionsbereich gewechselt wird.

Vor allem bei den Unterstufenlehrpersonen ist die Platzknappheit im Schulzimmer im Zusammenhang mit offenen Sequenzen ein gewichtiges Thema. Womöglich werden Spiel- und Lernangebote in Schulhausgänge oder angrenzende Fachzimmer ausgelagert (vgl. auch Abbildung 9.2). Andernorts haben die Lehrpersonen konkrete Vorstellungen, von denen sie sich erhoffen, dass sie früher oder später umgesetzt werden können.

> „Aber mein Wunschtraum wäre schon, dass da mal noch hinten in die Wand eine Türe kommt. Und wir dann mit dem Zimmer neben dran verbinden können, damit wir auch ein bisschen mehr Platz haben, damit auch der Arbeitslärm ein bisschen besser verteilt werden kann." (US5, FI 90)

### 9.4.2 Einrichtung

Ist die Aufteilung des Kindergartenraums oder des Schulzimmers festgelegt, stellt sich die Frage der Einrichtung. Damit wird auf verschiedene Zielsetzungen der Lehrpersonen verwiesen.

> „Also vom Raum her ist mir eigentlich wichtig, dass wenn die Kinder frisch kommen, dass nicht zu viel drin ist, dass es aber einfach freundlich aussieht. Dass es einem wohl ist." (KG4, FI 172)

Das Zitat dieser Lehrperson steht stellvertretend dafür, dass sich die Lehrpersonen gemeinsam mit den Kindern den Kindergartenraum oder das Schulzimmer zu eigen machen. Dies wird umgesetzt, indem Erzeugnisse der Kinder wie Zeichnungen oder Werkarbeiten ausgestellt werden, die das aktuelle Sachunterrichtsthema visuell – z.B. mithilfe eines Thementisches, Plakaten, Wandtafelzeichnung oder Büchern – veranschaulichen. Übersichts- und Ämtchenpläne, Klassenregeln usw. zeugen ebenfalls von einer Gemeinschaft, die im Begriff ist, sich zu organisieren.

Durch die Möblierung und die ästhetische Gestaltung von Funktionsbereichen schaffen die Lehrpersonen ein einladendes Setting, das verschiedene Spiel- und Lernangebote umfasst. Zugleich achten sie darauf, dass der Raum übersichtlich gegliedert ist und die Funktionen für die Kinder ersichtlich sind. Sie treffen mit den Kindern Abmachungen, welche Schränke, Gestelle respektive Materialien frei zugänglich sind und was den Lehrpersonen vorbehalten bleibt. Die übersichtliche Gliederung und die klaren Abmachungen sind laut den Lehrpersonen Voraussetzung dafür, dass die Kinder in ihrer Selbständigkeit gefördert werden können.

### 9.4.3 Zusammenfassung

Aus den Interviews der Lehrpersonen zur Facette Raumgestaltung ergaben sich die zwei Kategorien Aufteilung und Einrichtung. Mit Aufteilung wird auf die räumliche Anordnung von Funktionsbereichen, Sitzkreis und Pulten referiert. Durch das Arrangement werden zugleich „Verkehrswege", d.h. Zugänge zum Sitzkreis, zu den Funktionsbereichen, zur Garderobe etc. geschaffen. Sie sind von besonderer Bedeutung, denn wenn ihnen nicht genügend Platz eingeräumt wird, können dadurch Störungen provoziert werden. Wie aus den Skizzen in den Abbildung 9.1 und 9.2 deutlich wird, sind die Rahmenbedingungen, die den Lehrpersonen bezüglich der baulichen Voraussetzungen vorgegeben sind, sehr unterschiedlich. Manche Lehrpersonen ringen mit den damit einhergehenden Herausforderungen respektive wünschen sich mehr Raum, was vor allem dem Einsatz von offenen, individualisierenden Sequenzen geschuldet ist. Die Kategorie Einrichtung fokussiert auf die ästhetische Gestaltung sowie die übersichtliche Gliederung der verschiedenen Funktionsbereiche. Sie steht im Dienst einer motivierenden Spiel- und Lernumgebung und dem Wohlbefinden der Kinder wie auch der Lehrperson.

Insgesamt stellt die Raumgestaltung sozusagen den Grundstein für das Classroom Management dar. Sie kann der Lehrperson den Überblick beziehungsweise den Schülerinnen und Schülern die Orientierung erleichtern oder auch erschweren. Die Raumgestaltung ist zudem eine wichtige Voraussetzung, damit Routinen möglichst reibungslos ablaufen können und die Selbständigkeit der Kinder beim Wahrnehmen von Spiel- und Lernangeboten in hohem Mass gewährleistet werden kann.

## 9.5 Rhythmisierung

Führen wir uns die Altersstufe der Kinder vor Augen und rufen uns die Ergebnisse aus empirischen Studien zu ihrer Aufmerksamkeit und Konzentration in Erinnerung (vgl. dazu Diamond 2006), ist es nicht erstaunlich, dass die zeitliche Strukturierung als ein wesentlicher Aspekt der Unterrichtsgestaltung in Kindergarten und Primarunterstufe gilt. In Anlehnung an den aus der Musik stammenden Begriff Rhythmus – definiert als „eigenständig zeitliches, im jeweiligen Gesamtphänomen integriertes Ordnungs- und Gestaltungsprinzip" (Zaminer 1967, p. 803) – wird mit Rhythmisierung die gezielt gestaltete Abfolge von unterschiedlichen Unterrichtssequenzen, Pausen etc. in Dauer und Intensität bezeichnet.

Wie bereits in 9.2.2 erwähnt, ist die Rhythmisierung aufgrund der Blockzeiten vor allem für die Vormittage von Bedeutung. So beziehen sich denn auch die Aussagen der Lehrpersonen vor allem auf die Gestaltung des Vormittags. Dieser wird von den Kindergartenlehrpersonen mit Hilfe der Rituale zu Beginn und zum Abschluss, der geführten und offenen Sequenzen, dem Znüni sowie einer Bewegungspause rhythmisiert. Alle Kindergartenlehrpersonen verweisen auf die Wichtigkeit der Phase des Ankommens. 15 bis 20 Minuten vor dem eigentlichen Beginn können die Kinder bereits in den Kindergarten eintreten. Wie in 9.2.1 beschrieben, haben die Lehrpersonen Routinen für das Ankommen eingeführt. Gemeinsam wird mit dem Morgenritual begonnen. In der Regel folgt eine geführte Sequenz und anschliessend eine erste offene Sequenz, d.h. freies Spiel. Von diesem wird zum Znüni übergeleitet, das gemeinsam eingenommen wird. Alle Kindergartenlehrpersonen berichten, dass sie anschliessend bei jedem Wetter eine Bewegungspause draussen machen. Danach folgt eine zweite Sequenz mit freiem Spiel. Mit dem Ritual Schlusskreis wird der Vormittag abgeschlossen.

„Der Unterrichtsbeginn ist ja um 8 Uhr 15 und ab acht lasse ich sie hinein. […] Und wenn sie dann in den Kindergarten kommen, haben sie meistens eine Bewegungsaufgabe, die sie mal lösen müssen und zum Teil machen sie sie dann mehrmals und anschliessend holen sie sich ein Kreisspiel. […] Dann gehen wir in die geführte Sequenz, mit eben Morgenkreis, irgendetwas das von mir kommt, es kann sein, dass das auch Gruppenarbeiten sind je nach Themen oder Zielschwerpunkt. Anschliessend geht es ins Freispiel. Im ersten Freispiel sind sie meistens fremd eingeteilt oder durch Zufall, ausgelost oder so. Und cirka viertel vor zehn – es kommt dann immer darauf an, wie intensiv sind sie noch am Spiel – manchmal kann man sie etwas länger spielen lassen, manchmal macht es Sinn, wenn wir früher aufräumen und zum Beispiel eben noch eine Bewegungspause einlegen. Dann gibt es Znüni und nach dem Znüni gehen wir im Moment, bis jetzt bei jedem Wetter raus. Finde ich hat sich auch bewährt, wirklich so zwanzig Minuten mindestens draussen sein, zum Teil frei mit den Spielgeräten oder mit irgendwelchen [Fangspielen oder so. Dann kommt noch eine zweite Freispielphase, die ist dann auch unterschiedlich lang. Manchmal höre ich schon vor halb zwölf auf, manchmal etwas später, je nach Intensität des Spiels. Aber einfach sicher nochmal in den Kreis kommen und zusammen zur Ruhe kommen." (KG6, FI 81)

Dieser Interview-Ausschnitt ist ein Beispiel dafür, wie die Kindergartenlehrpersonen die zeitliche Dauer der einzelnen Sequenzen flexibel mit dem Spiel- und Lernverlauf der Kinder abstimmen. Als Gestaltungselement wird auch der Anteil an Fremd- und Selbstbestimmung eingesetzt, wie die Aussagen zur geführten Sequenz und zu den beiden Sequenzen freies Spiel zeigen. Eine Kindergartenlehrperson drückt dies folgendermassen aus:

> „Also im Kindergarten ist ja die Zeit rhythmisiert. Das sind immer wieder geführte Abschnitte, wo die Lehrperson führt oder Abschnitte, wo das Kind selbst bestimmen kann, wo es spielen will, Abschnitte, wo ich bestimme, wo sie spielen." (KG2, FI 90)

Ein weiterer Aspekt, der bei der Rhythmisierung berücksichtigt wird, ist die Dauer der geführten Sequenzen im Jahresverlauf. Die Kindergartenlehrpersonen führen aus, dass sie darauf achten, diese im Jahresverlauf allmählich zu steigern. Ein zweiter Aspekt betrifft das Unterrichtspensum der Kinder, da sämtliche Kindergärten jeweils zwei Jahrgänge umfassen. Im Vergleich zu den Sechsjährigen ist das wöchentliche Pensum der Fünfjährigen – je nach Gemeinde – ein bis zwei Halbtage kleiner. Die Kindergartenlehrpersonen berichten diesbezüglich, dass sie im Sinne der Schulvorbereitung an den Halbtagen, an denen ausschliesslich die Sechsjährigen im Kindergarten sind, längere und mehrere geführte Sequenzen durchführen.

> „Und am Mittwoch, weil wir da hauptsächlich die Kinder im zweiten Kindergartenjahr haben, habe ich einen anderen Tagesablauf. Also, der ist eigentlich schon schulischer und mit mehreren geführten Sequenzen an den Tischen." (KG1, FI 34)

Ihren Interviewaussagen zufolge teilen die Kindergartenlehrpersonen einen Vormittag in drei Phasen ein. Die erste Phase umfasst das Ankommen, geführte Sequenzen und freies Spiel, die zweite das Znüni und den Bewegungsaktivitäten draussen und die dritte Phase ist durch das freie Spiel und den Schlusskreis gekennzeichnet. Die zeitliche Dauer der einzelnen Phasen wird je nach Spiel- und Lernverlauf, besonderen Vorkommnissen usw. flexibel gehandhabt.

Die Unterstufenlehrpersonen gestalten ihren – ebenfalls durch Blockzeit bestimmten – Vormittag in einem engeren zeitlichen Korsett. Nebst einer zeitlich festgelegten Vormittagspause für die ganze Schule – der sogenannt grossen Pause – müssen die vorgegebenen zeitlichen Anteile der Fächer berücksichtigt werden. Trotzdem lässt sich aus den Interviews herausschälen, dass die Unterstufenlehrpersonen ihren Vormittag in grösseren zeitlichen Bögen gestalten. Vielerorts dürfen die Kinder das Schulhaus erst fünf bis zehn Minuten vor dem eigentlichen Schulbeginn betreten, wodurch die Gleitzeit des Ankommens im Vergleich zum Kindergarten wesentlich kürzer ist. Mit dem Morgenritual beginnt der Unterricht, der durch verschiedene Unterrichtsformen respektive Fächer als eine Phase gestaltet wird und bis zur grossen Pause dauert. Die Phase nach der grossen Pause wird wiederum ähnlich rhythmisiert, d.h., Unterrichtsformen und Unterrichtsinhalte gehen fliessend ineinander über. Wenn möglich, wird der Vormittag gemeinsam abgeschlossen. Dies ist nicht immer der Fall, weil auf dieser

Stufe in höherem Mass in bestimmten Fächern wie z. B. im technischen Gestalten häufiger in der Halbklasse unterrichtet wird respektive Spezialräume aufgesucht werden.

In der grossen Pause – angekündigt durch die Schulhausglocke – gehen die Kinder nach draussen. Einige Unterstufenlehrpersonen geben an, dass sie vor dieser Pause gemeinsam im Klassenzimmer das Znüni einnehmen, weil dies ebenfalls der Gemeinschaftsbildung dient.

> „Da haben wir zehn Minuten länger grosse Pause eingeplant, […] essen wir im Kreis und die Kinder erzählen einander […]. Wenn jemand das Znüni vergessen hat, dann teilen die andern mit diesem Kind. Das Znüni im Kreis finde ich eine gute Sache." (US6, FI 146)

Zusammenfassend kann in zweierlei Hinsicht von Rhythmisierung gesprochen werden. Zum einen geht es um die Rhythmisierung eines Halbtags, der in Phasen unterteilt wird. Diese werden wiederum durch geführte, offene und spezielle Sequenzen (Ankommen, Znüni, (Bewegungs-)Pause) untergliedert und in Kombination mit Fächern respektive Themen ausgestaltet. Zum anderen geht es um die Rhythmisierung von geführten und offenen Sequenzen. In geführten Sequenzen wird durch den Wechsel der Organisations-, der Sozial- oder der Unterrichtsform rhythmisiert, indem beispielsweise nach einer inhaltlichen Einführung eine Partner- oder Gruppenarbeit folgt. Zugleich ergeben sich aus dem Wechsel der Form Übergänge, die ebenfalls zur Rhythmisierung genutzt werden (vgl. auch 9.2.2).

> „Wenn wir über eine längere Zeit zum Beispiel eben das Schreiben haben, wenn ich so das Gefühl habe, einige Kinder sind ermüdet oder so, dann wechsle ich, dann machen wir irgendetwas in Richtung Bewegung." (US4, FI 96)

In offenen Sequenzen gestaltet sich die Rhythmisierung individueller, indem die einzelnen Kinder oder Gruppen beobachtet werden. Die Lehrperson kann dann ad hoc entscheiden, ob die Kinder noch etwas länger an ihrer Aufgabe bleiben sollen oder ob sie sich eine neue Aufgabe wählen können. Ein Einblick in die Rhythmisierung wird in 10.1 gegeben.

Um den Kindern die zeitliche Orientierung an den (Halb-)Tagen oder in der Woche zu erleichtern (vgl. dazu auch die Ausführungen in 9.3 und 9.4), haben die Lehrpersonen verschiedene Formen von Zeitplänen eingeführt. Diese reichen vom klassischen Stundenplan bis hin zu einer Wochenübersicht, in die die verschiedenen Sequenzen eines Halbtags flexibel mittels (Bild-)Karten eingefügt werden können.

Zur Orientierung innerhalb der Woche sind bestimmte Tage durch wiederkehrende Tätigkeiten respektive Rituale gekennzeichnet.

> „Am Montag schauen wir immer, es sind ja nicht alle Kinder beim gleichen Buchstaben, wer beschäftigt sich mit welchem Buchstaben in dieser Woche. Und die Lesestunde, das ist ihnen auch klar." (US4, FI 114)

„Am Montag fangen wir mit Singen an, gemeinsam mit der ersten bis dritten Klasse. [...]
Am Donnerstag, wo nur die Grossen da sind, gehen wir als erstes ins Schulhaus hinüber
für das NMM[23]." (KG4, FI 111)

Die Lehrpersonen nutzen den Morgenbeginn u. a. auch, um die Kinder über den Vormit-
tags-Verlauf zu informieren, insbesondere wenn aussergewöhnliche Anlässe stattfinden –
wie z. B. unser Besuch im Rahmen der videobasierten Unterrichtsbeobachtung.

Mit den beschriebenen Aktivitäten schaffen die Lehrpersonen verlässliche zeitliche
Strukturen, die den Kindern Sicherheit und Orientierung vermitteln sollen. Zugleich
dienen die verschiedenen Formate von Zeitplänen als Lerngelegenheiten, um den
Kindern das komplexe Konzept „Zeit", näherzubringen und ihnen dabei zu helfen, ein
Zeitgefühl zu entwickeln und mit ihnen zusammen chronologische Zeitverläufe sowie
Zeitmasse zu erarbeiten (vgl. dazu (Burny, Valcke & Desoete 2011; Sponsel o. Jg.).

## 9.6 Überblick

Mit der Facette Überblick fokussieren wir – in Anlehnung an Kounin (1970) – auf
die sogenannte Allgegenwärtigkeit und Überlappung. Kounin versteht darunter, dass
Lehrpersonen in der Lage sein sollten, die Klasse zu überblicken (und dies den Kindern
auch zu verstehen zu geben) und sich gleichzeitig auch dem Problem eines einzelnen
Kindes oder einer Gruppe zuzuwenden (ebd.). Evertson, Emmer, Worsham (2003)
werden noch konkreter, indem sie das „Monitoring" der Spiel- und Lernaktivitäten
der Kinder durch die Lehrperson ins Zentrum rücken.

So führen die Lehrpersonen aus, dass sie für Unterrichtsformen wie Werkstatt-
Unterricht, Tages- und Wochenplan, thematische Posten etc. bei den Kindern Listen,
Arbeitspässe und Ähnliches eingeführt haben, damit die Kinder den Stand ihrer Arbeiten darauf eintragen können. Damit verbunden sind bestimmte Routinen, z. B. wird
darin vermerkt, was sie von der Lehrperson direkt kontrollieren lassen oder welche
Aufgaben wo abgelegt werden (vgl. auch 9.2.1). Den Interviews der Lehrpersonen ist
zu entnehmen, dass das Führen solcher Listen für die Kinder eine Herausforderung
darstellt und immer wieder daran gearbeitet werden muss.

„Die Kinder führen ihren Arbeitspass, da sieht man mal, wo sie sind und was sie gemacht
haben, aber das ist eben auch so leicht gesagt, sie führen ihren Arbeitspass, das ist eben
auch Knochenarbeit, sie dazu zu bringen, den so zu führen, dass es ihnen und mir etwas
bringt, damit wir ihn lesen können, also da bin ich sehr streng und verlange es von ihnen."
(US1, FI 57)

Dass die Lehrpersonen in diesem Bereich sehr konsequent sind, hat mit ihren Zielsetzungen zu tun. Denn es geht ihnen nicht nur darum, über den Stand der Kinder

---

23 NMM bedeutet Natur-Mensch-Mitwelt und bezeichnete im Lehrplan der Volksschule des Kantons
Bern den Sachunterricht.

informiert zu sein, sondern auch Einblick in ihre Lernprozesse zu gewinnen und Rückmeldungen zu geben, um weitere inhaltliche Schritte daraus ableiten zu können. Im Sinne der Förderung der Selbständigkeit besprechen sie mit den Kindern die Zeiteinteilung und planen mit ihnen, welche Aufgaben in welcher Zeit noch zu lösen sind.

Nebst diesen Tätigkeiten sind die Lehrpersonen bestrebt, den Überblick über die Klasse zu behalten. Laut ihnen ist die Raumgestaltung ein zentraler Aspekt, gerade auch in offenen Sequenzen, in denen die Kinder selbständig von einem Spiel- und Lernangebot zu einem anderen wechseln. Weitere wichtige Aspekte sind die Grösse und die Zusammensetzung der Gruppen sowie deren räumliche Verteilung. Die Lehrpersonen wissen, in welchen Situationen sie speziell aufmerksam sein müssen, um allfälligen Störungen vorbeugen zu können.

> „Ich laufe viel herum, und ich weiss einfach, so viel wahrnehmen und beobachten wie möglich. Mitbekommen, was passiert und schauen, wie sind die Kinder dran. Möchte ich sie jetzt noch spielen lassen […] oder unterbrechen und aufräumen." (KG1, FI 42)

Im Zitat beschreibt die Lehrperson ihre Strategie, wie sie den Überblick bewahrt und auf der Grundlage ihrer Beobachtungen ihre Entscheidungen trifft. Das folgende Zitat bringt in anschaulicher und humoristischer Art und Weise zum Ausdruck, was von Vorteil wäre:

> „Ich denke, man bekommt irgendwo noch Augen hinten!" (KG5, FI 359)

## 9.7  Fazit

Die Auswertung der fokussierten Interviews ergibt einen detaillierten Einblick in die Elemente des Classroom Management – die Regeln, Prozeduren, Rituale und die Raumgestaltung – mit ihren Subkategorien. Es wird daraus ersichtlich, wie subtil die Lehrpersonen mit den verschiedenen Herausforderungen umgehen, um den Unterrichtsprozess mit den vielfältigen Spiel- und Lernangeboten für die Kinder zu gestalten und zu stützen. Anhand der Facetten Rhythmisierung und Überblick zeigt sich ansatzweise, für welche Funktionen die Elemente des Classroom Management eingesetzt werden.

Aus den Erläuterungen der Lehrpersonen zu ihren Classroom-Management-Tätigkeiten ist erkennbar, dass sie einerseits ein Set von Regeln und Prozeduren vorgeben und andererseits gemeinsam mit den Kindern den Umgang mit diesen reflektieren und sie gegebenenfalls situativ und temporär ergänzen. Es zeigt sich also, dass Lehrperson und Kinder gemeinsam die Klasse als soziales System etablieren und stabilisieren (vgl. 3.3).

Die genannten Elemente des Classroom Management sowie die im Ansatz beschriebenen Funktionen dienen nun als Grundlage für die Analyse der videobasierten Unterrichtsbeobachtung, die Gegenstand des nächsten Kapitels ist.

# 10 Ergebnisse der videobasierten Unterrichtsbeobachtung

Wie in 8.2.4 – Auswertung der Videodaten – erwähnt, sind wir in zwei Schritten vorgegangen. Zuerst unterteilten wir die Videodaten der Lehrpersonenkamera in Segmente, um damit eine erste Strukturierung des Datenmaterials zu erhalten. Dadurch gewannen wir einen zeitlichen Überblick über die Länge einzelner Sequenzen und deren Abfolge (vgl. 10.1). Im zweiten Schritt unterzogen wir jede Sequenz (z.B. offene Sequenz, Übergänge) einer qualitativen Inhaltsanalyse mit den Zielen, charakteristische Handlungsmuster herauszuarbeiten und vertieft der Frage nachzugehen, wie die aus den fokussierten Interviews extrahierten Elemente hinsichtlich der Stützfunktion des Classroom Management eingesetzt werden (vgl. 10.2).

## 10.1 Ergebnisse der Segmentierungsanalyse

Die Ergebnisse der Segmentierungsanalyse wurden zunächst so aufbereitet, dass wir die Zeitanteile der einzelnen Sequenzen gemäss dem in 8.2.4 vorgestellten Kategoriensystem kumulierten. Um die Anteile der Sequenzen zwischen den Lehrpersonen vergleichen zu können, werden diese in Prozenten angegeben. Die Dauer der Videoaufnahme pro Kindergarten oder Primarunterstufe entspricht dabei 100 Prozent. Wie der Tabelle 10.1 zu entnehmen ist, vollzogen alle Lehrpersonen wie vorgegeben mindestens eine geführte Sequenz in der Klasse. Die Anteile der in der Klasse geführten Sequenzen an der gesamten Aufnahmezeit variiert zwischen 7 Prozent und 67 Prozent. Es finden sich zudem geführte Sequenzen, in denen der Klassenverband aufgelöst wurde. Beim KG2 handelt es sich um Phasen, in denen die Lehrpersonen je eine Klassenhälfte übernahmen, in US1 und US5 um abteilungsweisen Unterricht mit den Kindern des 1. respektive des 2. Schuljahrs. Drei Lehrpersonen erteilten den Kindern im Rahmen der geführten Sequenz einen Gruppenauftrag (vgl. KG4, KG6 sowie US3). In fünf Fällen gehörte zur geführten Sequenz auch Einzelarbeit, d.h. alle Kinder erhielten den gleichen Auftrag, bearbeiteten diesen jedoch alleine. Für die offenen Sequenzen konnte – mit zwei Ausnahmen (US2, US3) – eine Bandbreite von 24 Prozent bis 58 Prozent der Unterrichtszeit eruiert werden. Die Prozentanteile der Übergänge in Sequenzen streuen zwischen 0 Prozent und 16 Prozent, die der Übergänge zwischen Sequenzen zwischen 4 Prozent und 34 Prozent.

Was die speziellen Sequenzen anbelangt, so ist der Tabelle 10.1 zu entnehmen, dass die Anteile zwischen 0 Prozent und 12 Prozent schwanken. Diese Unterschiede rühren vom Zeitpunkt her, an dem mit der Videoaufnahme begonnen wurde. Ausser in US5 wurde gleich zu Beginn des Morgens mit Filmen angefangen, so dass das Ankommen der Kinder im Kindergarten respektive in der Schule teilweise aufgenommen wurde. In einzelnen Fällen kamen noch das Znüni-Essen und die Pause hinzu.

*Tabelle 10.1: Kumulierte Anteile der Unterrichtssequenzen aus der Segmentierungsanalyse in Prozent*

| Aufnahmedauer pro Kindergarten oder Primarunterstufe entspricht jeweils 100% | Prozentuale Anteile pro Sequenz | | | | | | | |
|---|---|---|---|---|---|---|---|---|
| | Geführte Sequenz Klasse | Geführte Sequenz Halbklasse | Geführte Sequenz Gruppe | Geführte Sequenz Einzelarbeit | Offene Sequenz | Übergang in einer Sequenz | Übergang zwischen Sequenzen | Spezielle Sequenzen |
| KG1 – Dauer 1 Std. 28 Min. | 23 | 0 | 0 | 11 | 24 | 5 | 25 | 12 |
| KG2 – Dauer 1 Std. 37 Min. | 7 | 7 | 0 | 19 | 35 | 3 | 17 | 12 |
| KG3 – Dauer 1 Std. 32 Min. | 43 | 0 | 0 | 0 | 45 | 0 | 8 | 4 |
| KG4 – Dauer 1 Std. 35 Min. | 38 | 0 | 20 | 0 | 25 | 8 | 5 | 4 |
| KG5 – Dauer 1 Std. 41 Min. | 57 | 0 | 0 | 0 | 25 | 4 | 10 | 4 |
| KG6 – Dauer 1 Std. 39 Min. | 33 | 0 | 8 | 0 | 31 | 16 | 11 | 1 |
| US1 – Dauer 1 Std. 33 Min. | 10 | 13 | 0 | 0 | 58 | 0 | 14 | 5 |
| US2 – Dauer 1 Std. 31 Min. | 41 | 0 | 0 | 37 | 0 | 12 | 8 | 2 |
| US3 – Dauer 1 Std. 29 Min. | 67 | 0 | 14 | 0 | 0 | 14 | 4 | 1 |
| US4 – Dauer 1 Std. 35 Min. | 35 | 0 | 0 | 14 | 28 | 9 | 7 | 7 |
| US5 – Dauer 1 Std. 32 Min. | 23 | 11 | 0 | 16 | 31 | 8 | 11 | 0 |
| US6 – Dauer 1 Std. 32 Min. | 21 | 0 | 0 | 0 | 40 | 0 | 34 | 5 |

Für den weiteren Vergleich werden die speziellen Sequenzen weggelassen, so dass sich auch die zeitlichen Angaben für die Videoaufnahmen verringern, ausser in US5, weil dort keine speziellen Sequenzen gefilmt wurden. Der Übersichtlichkeit halber werden lediglich die Kategorien geführte und offene Sequenzen sowie Übergänge berücksichtigt. Diese wurden zunächst nach ihrem prozentualen Anteil an geführten Sequenzen absteigend sortiert.

Anhand der Kriterien geführte und offene Sequenzen lassen sich grob vier Gruppen bilden. Die erste Gruppe (US3, US2) zeichnet sich durch einen hohen Anteil an geführten Sequenzen sowie das Fehlen offener Sequenzen aus. Die zeitlichen Anteile der Übergänge finden sich im Mittelfeld, verglichen mit den anderen Klassen. KG4, KG5, US4 und US5 bilden die zweite Gruppe, die einen wesentlich höheren Anteil an geführten Sequenzen aufweist als an offenen – bei ähnlichem zeitlichen Aufwand für die Übergänge. Im Unterschied dazu liegen bei der dritten Gruppe – bestehend

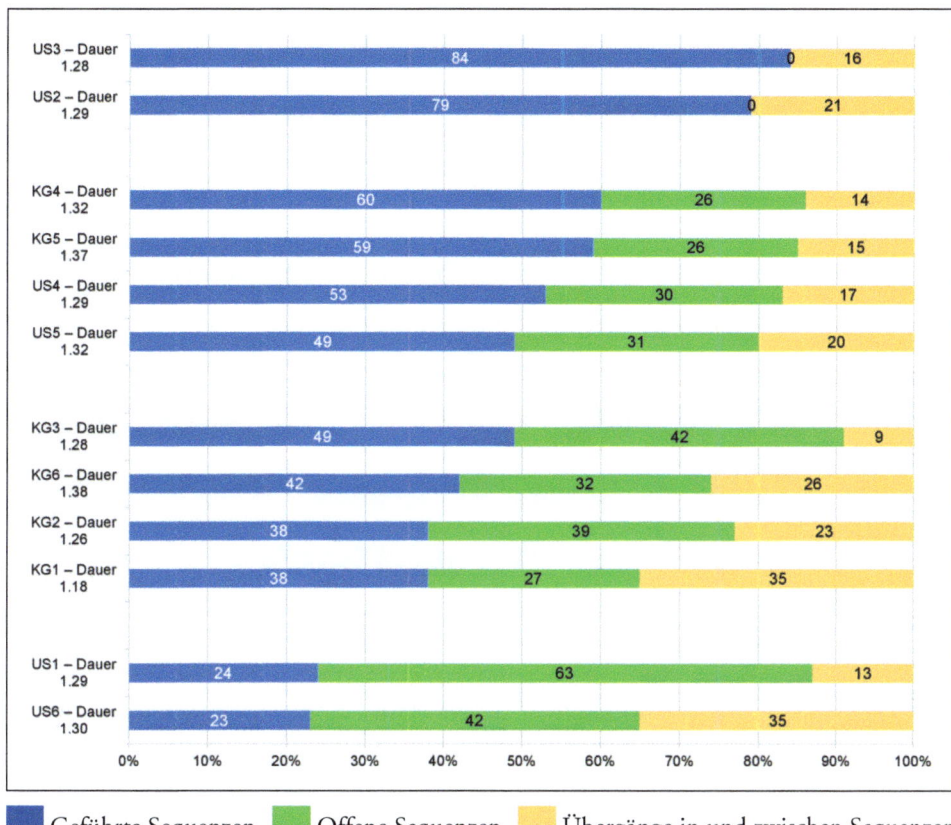

■ Geführte Sequenzen    ■ Offene Sequenzen    ■ Übergänge in und zwischen Sequenzen

*Abbildung 10.1: Prozentuale Anteile geführter und offener Sequenzen sowie der Übergänge*

aus KG3, KG6, KG2 und KG1 – die Anteile an geführten und offenen Sequenzen nahe beieinander; die zeitlichen Anteile der Übergänge streuen hingegen beträchtlich. In zwei Fällen (US1, US6) – Gruppe vier – finden sich deutlich höhere Anteile an offenen Sequenzen, wobei auch in dieser Gruppe der zeitliche Aufwand für Übergänge recht unterschiedlich ausfällt.

Ein Thema, das offensichtlich von grosser Bedeutung ist und wiederkehrend thematisiert wird, ist die Rhythmisierung des Unterrichts in der Eingangsstufe (vgl. dazu auch 9.5). Aus Tabelle 10.1 ist ersichtlich, dass im Rahmen der geführten Sequenzen unterschiedliche Unterrichtsformen eingesetzt werden. In Abbildung 10.1 sind die prozentualen Anteile der geführten und offenen Sequenzen sowie der Übergänge dargestellt. Entlang der vorgestellten Gruppen wird nun näher betrachtet, welche Strategien die Lehrpersonen zur Rhythmisierung anwenden.

In Abbildung 10.2, in der die Verläufe der ersten Gruppe darstellt sind, fallen die Blöcke der geführten Sequenzen von US3 auf. Diese werden von der ersten (2 Minuten) zur zweiten geführten Sequenz (3 Minuten) durch einen Themenwechsel und dann durch einen Übergang innerhalb der geführten Sequenz (1 Minute) sowie durch

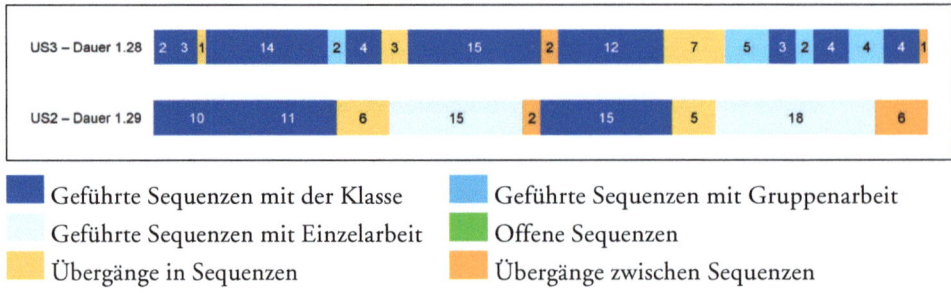

*Abbildung 10.2: Rhythmisierung Gruppe 1 – Segmente in Minuten*

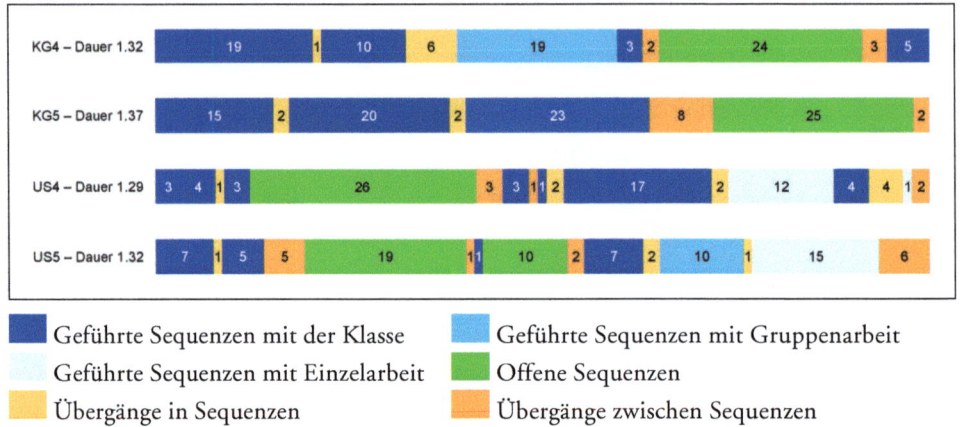

*Abbildung 10.3: Rhythmisierung Gruppe 2 – Segmente in Minuten*

eine kurze Gruppenarbeit (2 Minuten) nach einem längeren Block von 14 Minuten rhythmisiert. Dieses Muster wiederholt sich nach dem zweiminütigen Übergang zwischen den geführten Sequenzen, nur dass diese nun in kürzeren Abständen erfolgen. Im Vergleich zu US3 stechen bei US2 die längeren Blöcke von geführten Tätigkeiten in der Klasse und in der Einzelarbeit ins Auge. Dazwischen findet jeweils ein längerer Übergang zur Einzelarbeit statt. Es zeigt sich, dass die betreffenden Lehrpersonen ihren Unterricht im Rahmen der geführten Sequenzen durch Themenwechsel und den Wechsel der Sozialformen rhythmisieren.

Die Lehrpersonen der Gruppe 2 (vgl. Abbildung 10.3), die immer noch einen wesentlich höheren Anteil an geführten als an offenen Sequenzen aufweisen, haben ihren Unterricht in länger dauernde Sequenzen unterteilt, wie die Anzahl Minuten zeigt. Ausser bei KG5 kommen nebst geführten Sequenzen in der Klasse jeweils eine bis zwei weitere Formen der geführten Sequenzen (Halbklasse, Gruppenarbeit, Einzelarbeit) vor. Übergänge in Sequenzen führen wiederum zu einer Rhythmisierung der geführten Sequenzen. Sie fallen tendenziell kürzer aus als Übergänge zwischen Sequenzen. Ein weiteres Merkmal dieser Gruppe ist die längere Zeitdauer der offenen Sequenzen gegenüber den einzelnen geführten Sequenzen.

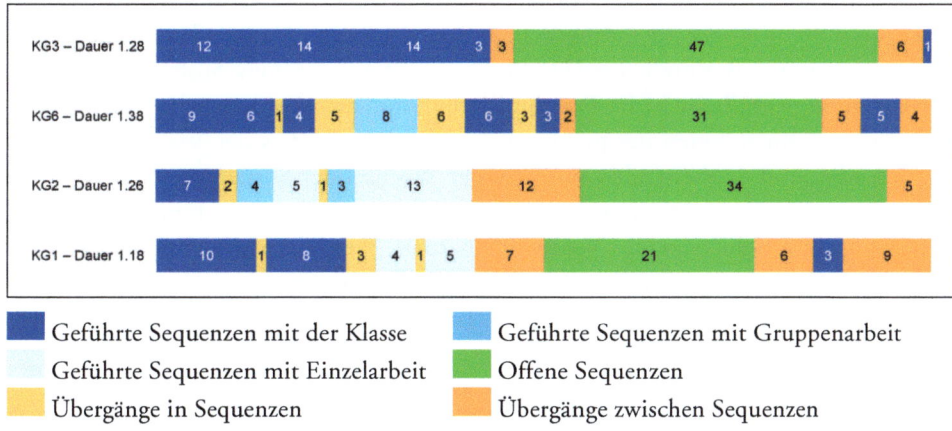

Geführte Sequenzen mit der Klasse    Gefühlte Sequenzen mit Gruppenarbeit
Gefühlte Sequenzen mit Einzelarbeit    Offene Sequenzen
Übergänge in Sequenzen    Übergänge zwischen Sequenzen

*Abbildung 10.4: Rhythmisierung Gruppe 3 – Segmente in Minuten*

Die Gemeinsamkeit der dritten Gruppe besteht darin, dass anschliessend an die geführten Sequenzen jeweils eine lange offene Sequenz folgt (vgl. Abbildung 10.4). Verbunden respektive abgeschlossen werden die betreffenden Teile durch einen Übergang zwischen Sequenzen. Mit Ausnahme der Lehrperson von KG3, die zur Rhythmisierung der geführten Sequenz ausschliesslich auf thematische Wechsel zurückgreift, nutzen die anderen Kindergartenlehrpersonen dazu Übergänge oder auch verschiedene Unterrichtsformen.

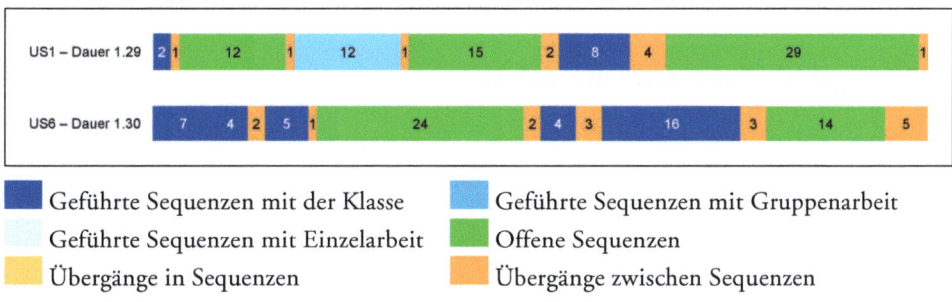

Geführte Sequenzen mit der Klasse    Gefühlte Sequenzen mit Gruppenarbeit
Gefühlte Sequenzen mit Einzelarbeit    Offene Sequenzen
Übergänge in Sequenzen    Übergänge zwischen Sequenzen

*Abbildung 10.5: Rhythmisierung Gruppe 4 – Segmente in Minuten*

Zur Gruppe 4 zählen zwei Lehrpersonen, die während der videobasierten Unterrichtszeit vor allem offene Sequenzen durchführten (vgl. Abbildung 10.5). Bei ihnen fehlen die Übergänge in den Sequenzen, denn zum einen sind die geführten Sequenzen im Vergleich zu den anderen Gruppen relativ kurz, und zum anderen ergibt sich die Rhythmisierung eher aus dem Wechsel von geführten und offenen Sequenzen.

Zusammenfassend ergeben sich aus den analysierten Gruppen zwei Strategien der Rhythmisierung. Einerseits wird innerhalb der geführten Sequenzen über Themenwechsel und Sozialformen rhythmisiert. Für die Übergänge dazwischen werden Aktivitäten eingesetzt, die einen organisatorischen Aspekt aufweisen – wie z. B. Wechsel vom Pult in den Sitzkreis, Bewegungsaktivitäten wie etwa szenische Umsetzung, Singspiel,

Bewegungsübung – oder die Aufmerksamkeit wird auf den nächsten Teil der geführten Sequenz gelenkt, z. B. durch eine Handfigur, eine Puppe oder ein Stofftier.

Andererseits ergibt sich die Rhythmisierung aus der Wahl verschiedener Unterrichtsformen. Im Rahmen der geführten Sequenzen sind dies der Wechsel zwischen darbietenden und erarbeitenden Formen, der Wechsel der Sozialform oder dann der Wechsel zwischen geführten und offenen Sequenzen, also dem freien Spiel, dem Werkstatt-Unterricht oder der Wochenplanarbeit. Der Wechsel zwischen geführten und offenen Sequenzen wird durch die Übergänge markiert. Sie sind gekennzeichnet durch organisatorische Anweisungen wie z. B. die Spielverteilung oder das Aufräumen am Ende der offenen Sequenz.

Aus den Abbildungen 10.2 bis 10.5 wird deutlich, dass offene Sequenzen in längeren Zeitblöcken angelegt werden als geführte Sequenzen. Wird der arithmetische Mittelwert über alle Kindergärten und Primarunterstufen berechnet, so dauern geführte Sequenzen durchschnittlich 7.8 Minuten (N = 71) und offene Sequenzen 23.3 Minuten (N = 14), also zirka drei Mal so lange. Wie zu erwarten war, sind die Übergänge innerhalb der Sequenzen (N = 25) mit durchschnittlich 2.8 Minuten von kürzerer Dauer als die Übergänge zwischen den Sequenzen (N = 37), die im Durchschnitt 3.5 Minuten betragen.

Nachdem die Oberflächenstruktur des Unterrichts mittels einer Segmentierungsanalyse näher beschrieben wurde, wenden wir uns nun den qualitativen Ergebnissen der videobasierten Beobachtung zu.


## 10.2  Ergebnisse der Sequenzanalyse

Im Rahmen der Sequenzanalyse gehen wir systematisch der Frage nach, welche Elemente des Classroom Management in geführten und offenen Sequenzen, in Übergängen und speziellen Sequenzen zu beobachten sind und in welcher Funktion sie eingesetzt werden. Zwei Funktionen, die diese Elemente erfüllen, wurden bereits im Rahmen der fokussierten Interviews herausgearbeitet: nämlich die Funktionen Überblick und Rhythmisierung.

Wie in 8.2.4 – Auswertung der Videodaten – beschrieben, gingen wir hier analog zur qualitativen Inhaltsanalyse der fokussierten Interviews vor, indem wir material- und theoriegeleitet die Muster und Funktionen des Classroom Management für die einzelnen Sequenzen herausarbeiteten. Nachfolgend werden die Funktionen des Classroom Management – Interaktion, Strukturierung, Organisation, Rhythmisierung, Überblick – jeweils pro Unterrichtssequenz lediglich genannt. In Kapitel 11 wird basierend auf den Elementen (vgl. Kapitel 9) und den in diesem Kapitel herausgearbeiteten Funktionen ein Modell des Classroom Management entworfen.

### 10.2.1 Geführte Sequenzen

Geführte Sequenzen zeichnen sich durch die direkte Führung respektive Lenkung der Lehrperson aus (vgl. 4.2.1). In solchen Unterrichtsformen spielen vor allem der Unterrichtsfluss (momentum) und – damit einhergehend – das Aufrechterhalten der Aufmerksamkeit der Schülerinnen und Schüler eine wichtige Rolle. Diese zwei Aspekte gilt es auszubalancieren, indem die Lehrpersonen die instruktionalen und die instruktionsbegleitenden Gestaltungshandlungen kontinuierlich koordinieren (vgl. 2.4). Die nachfolgenden Abschnitte beschreiben verschiedene Handlungsmuster im Rahmen der geführten Sequenzen.

#### 10.2.1.1 Geführte Sequenzen in der Klasse

Der Classroom-Management-Rahmen für geführte Sequenzen in der Klasse wird durch die Pult- oder Tischarrangements und den Sitzkreis gesetzt. Dieses Setting erlaubt es der Lehrperson, die einzelnen Schülerinnen und Schüler zu überblicken. Ferner gehören auch Elemente wie Regelinhalte der Kommunikation, Integrität und Mobilität dazu. Uns interessierte zunächst, welche Aktivitäten durchgeführt wurden. Die Analyse von 53 geführten Sequenzen in der Klasse ergab die folgenden Muster:

Geführte Sequenzen und Rituale: In allen Klassen bildet ein Ritual den Morgenbeginn. Dieses Ritual umfasst die Begrüssung der ganzen Klasse sowie ein Lied oder ein Singspiel. Danach wird den Kindern häufig Zeit für Erzählungen eingeräumt. In einigen Klassen haben nun die Garderoben-Chefs und -Chefinnen ihren Auftritt, indem sie kontrollieren, ob in der Garderobe alles aufgeräumt ist. In anderen Klassen wird zum Abschluss des Morgenbeginns besprochen, welche Spiel- und Lernaktivitäten am Vormittag auf dem Programm stehen. Anschliessend leiten die Lehrpersonen zu fachlichen Inhalten über.

Geführte Sequenzen und Fachinhalte: In 33 Videosequenzen kam die Kombination von darbietenden und erarbeitenden Unterrichtsformen zur Bearbeitung von Fachinhalten vor. Dies kann z. B. so aussehen, dass die Lehrperson eine Geschichte zu erzählen beginnt. Gelangt sie an einen Punkt in der Geschichte, an dem sie etwas erklären, einen bestimmten Begriff erarbeiten, eine mimetische Umsetzung einbauen oder einen Teil der Geschichte repetieren will, so wechselt sie zu erarbeitenden Formen, indem sie den Schülerinnen und Schülern Fragen stellt. Zu diesem Muster gehört ebenfalls, dass die Schülerinnen und Schüler beispielsweise Ergebnisse aus Gruppenarbeiten darbieten oder auf Fragen seitens der Lehrperson sowie ihrer Mitschülerinnen und -schüler antworten.

Geführte Sequenzen und Reflexion: Zu diesem Muster gehören elf Videosequenzen, in deren Zentrum das Unterrichtsgespräch steht. Dabei wird etwa Rückschau gehalten auf das, was die Schülerinnen und Schüler in der Gruppe erarbeitet haben, oder es werden Schwierigkeiten besprochen, die im Verlauf der Gruppenarbeit aufgetreten sind, und diskutiert, wie damit umgegangen werden kann. In Klassengesprächen werden Aspekte thematisiert, die nicht direkt mit der Erarbeitung von Fachinhalten im

Zusammenhang stehen. Häufig handelt es sich um Konflikte zwischen Schülerinnen und Schülern oder um Verletzungen von Regeln, die sich in Unterrichtssituationen ereignen.

Was das Classroom Management betrifft, ergab sich aus allen drei Mustern, dass die Rahmung wesentlich zur Fokussierung auf die pädagogisch-didaktischen Tätigkeiten beiträgt. Die Sitzordnung ermöglicht einen idealen Überblick über die Klasse, die Regelinhalte zur Kommunikation, Integrität und Mobilität prägen die Verhaltenserwartungen. Eingebettet in diesen Rahmen halten die Lehrpersonen die geführten Sequenzen durch den ritualisierten Ablauf und den Wechsel zwischen darbietenden respektive erarbeitenden Formen in Schwung und rhythmisieren so den Unterricht. Dadurch können sie die Aufmerksamkeit der Schülerinnen und Schüler aufrechterhalten und gleichzeitig möglichen Störungen des Unterrichtsflusses vorbeugen. Treten trotzdem Störungen auf – verursacht z. B. durch Schülerinnen und Schüler, die miteinander sprechen –, versuchen sie über inhaltliche Impulse die Aufmerksamkeit der Klasse wieder zu gewinnen respektive den Unterricht im Schwung zu halten. Reicht diese Strategie nicht aus, werden einzelne Schülerinnen und Schüler durch einen gezielten Blick oder direktes Ansprechen an den geltenden Rahmen erinnert. Die Lehrpersonen richten also den Fokus primär auf die Steuerung der fachinhaltlichen Unterrichtsprozesse. Sie stützen respektive schützen den Unterrichtsfluss durch die Setzung eines Classroom-Management-Rahmens mittels der Elemente Regeln und Raumgestaltung – die wiederum den Funktionen Überblick und Rhythmisierung dienen –, und falls erforderlich auch durch situative Regulationshandlungen, um die Aufmerksamkeit der Kinder aufrechtzuerhalten und die Regeleinhaltung zu gewährleisten.

### 10.2.1.2  Geführte Sequenzen in der Halbklasse

Alle Lehrpersonen haben nebst den Pulten oder Tischen auch Raum für einen Sitzkreis geschaffen und in diesem Sinn räumliche Vorkehrungen getroffen. Die Mehrjahrgangsklassen, aus denen die vier zu analysierenden Sequenzen stammen, wurden in einem Fall nach dem Kriterium Zugehörigkeit Schuljahr aufgeteilt und in zwei weiteren Fällen nach dem Leistungsstand der Schülerinnen und Schüler in Deutsch. Allen vier Sequenzen ist gemeinsam, dass es sich dabei um erarbeitende Unterrichtsformen handelt (vgl. 4.2.1). Welche Rolle spielt nun das Classroom Management bei geführten Sequenzen in der Halbklasse? Hier stellt sich vor allem die Frage, wo respektive womit sich die andere Hälfte der Klasse während solchen Sequenzen beschäftigt. Dies hängt davon ab, ob die betreffende Lehrperson im Team oder alleine unterrichtet. In drei der vier Sequenzen arbeiten je zwei Lehrpersonen im Team, so dass jede eine Hälfte der Klasse übernimmt. Es ergeben sich also die gleichen Herausforderungen an das Classroom Management wie bei den geführten Sequenzen in der Klasse.

Bei der vierten Sequenz handelt es sich um eine Lehrperson, die alleine unterrichtet. Wenn sie mit der Hälfte der Klasse mündlich arbeitet, muss sie der anderen Hälfte der Klasse die Aufgaben so stellen, dass die Schülerinnen und Schüler in der Lage sind, diese möglichst selbständig respektive mit gegenseitiger Hilfe zu lösen. Um die Kinder beim selbständigen Arbeiten zu stützen, hat sie für diese Unterrichtssituationen einen Classroom-Management-Rahmen geschaffen, der sich – nebst der Setzung von Regelinhalten (Integrität, Kommunikation, Sorgfalt und Mobilität) und dem Einsatz von Routinen – durch eine Raumeinrichtung auszeichnet, die den Schülerinnen und Schülern freien Zugang zum Material erlaubt. Die betreffende Lehrperson setzt diese Elemente im Dienst der Funktionen Organisation, Interaktion und Überblick ein und schafft sich dadurch den notwendigen Freiraum für die mündliche Arbeit mit der anderen Halbklasse.

### 10.2.1.3  Geführte Sequenzen in der Gruppe

Bei diesen Sequenzen geht es um arbeitsgleiche Gruppenarbeiten, d.h., die Lehrperson erteilt allen Gruppen den gleichen Auftrag. In den insgesamt fünf Videosequenzen, die uns zur Verfügung stehen, lassen sich zwei Muster unterscheiden. Im Muster 1, selbständige Gruppenarbeit (2 Sequenzen), erteilen die Lehrpersonen den Auftrag zu Beginn. Die Verteilung der Gruppen im Raum sowie deren Zentrierung um das notwendige Material zum Lösen der Aufgabe stellen den Classroom-Management-Rahmen dar. Aus dem Verhalten der Kinder ist ersichtlich, dass während den Gruppenarbeiten leise gesprochen wird.

Bei Muster 2, geführte Gruppenarbeit (3 Sequenzen) wird der Classroom-Management-Rahmen wiederum über die Verteilung der Gruppen im Raum gesetzt sowie über das Platzieren des Materials, um das herum sich die Schülerinnen und Schüler gruppieren. Die Aufgaben werden jedoch schrittweise erteilt, d.h., die Lehrpersonen geben einen ersten Auftrag, den die Schülerinnen und Schüler ausführen. Sind die meisten Gruppen damit fertig, erteilen die Lehrpersonen den nächsten Auftrag.

Lenken wir unseren Blick auf die Tätigkeiten der Kinder, so eröffnet das Muster 1 ein selbständiges Bearbeiten der Aufgabe über längere Zeit (Dauer 9 Minuten, 17 Minuten). Gleichzeitig erlaubt diese Vorgehensweise den Lehrpersonen, von Gruppe zu Gruppe zu gehen und sich dabei zu versichern, dass die Kinder die Aufgabe verstanden haben, oder nötigenfalls Hinweise zu geben. Das kleinschrittige Vorgehen bei Muster 2 hat zur Folge, dass den Schülerinnen und Schülern pro Aufgabe weniger Zeit zur Verfügung steht (zwischen 2 und 4 Minuten). Infolge der Wartezeiten von einzelnen Gruppen respektive des Unterbruchs der Tätigkeiten in anderen Gruppen sehen sich die Lehrpersonen dazu genötigt, gewisse Kinder auf verschiedene Regelinhalte betreffend Kommunikation (Lautstärke) und Integrität (Schimpfworte, schubsen) zu verweisen.

Bei beiden Mustern ist ein Classroom-Management-Rahmen vorgegeben, und zwar durch die gezielte Platzierung der Gruppen im Raum und das Bereitstellen des Materials. Diese Rahmenbedingungen stehen im Dienst der Organisation und erleichtern den Lehrpersonen zugleich den Überblick. Regelinhalte zur Kommunikation, Integrität und implizit auch zur Mobilität stützen die Interaktion der Schülerinnen und Schüler. Muster 2 lässt deutlich werden, dass die Gleichschrittigkeit – gegeben durch die schrittweisen Aufträge – den gesetzten Classroom-Management-Rahmen gefährden, so dass sich die Lehrpersonen genötigt sehen, auf Regelverstösse zu reagieren. Zudem steht ihnen weniger Zeit zur Verfügung, um die Gruppen zu begleiten.

### 10.2.1.4  Geführte Sequenzen bei der Einzelarbeit

Unser Videomaterial weist neun Sequenzen von Einzelarbeiten auf, in denen zwei Muster zu erkennen sind. Muster 1 umfasst sechs Einzelarbeitssequenzen, bei denen alle Schülerinnen und Schüler den gleichen Auftrag erhalten hatten, nämlich Aufgaben auf Arbeitsblättern zu lösen. Der Classroom-Management-Rahmen für die Einzelarbeit wird über die Sitzordnung offenkundig gemacht, indem alle Kinder an ihrem Pult oder an einem Tisch sitzen. Die Materialien zum Lösen der Aufgaben sind an ihrem Arbeitsplatz vorhanden, so dass die Schülerinnen und Schüler diesen nicht verlassen müssen. Damit wird implizit darauf verwiesen, dass ein Verlassen des Sitzplatzes nicht nötig ist (Regelinhalt Mobilität). Ein weiteres Merkmal betrifft den Regelinhalt Kommunikation. Einzelarbeit wird auch als Stillarbeit bezeichnet, d.h., die Kinder arbeiten für sich und nehmen allenfalls Rücksprache mit der Lehrperson, wenn sie Fragen haben. Nebst dieser Variante finden sich in unseren Einzelarbeitssequenzen auch Beispiele, in denen die Kinder miteinander sprechen und einander helfen können.

Muster 2 zeigt sich in drei Einzelarbeitssequenzen. Diese laufen so ab, dass die Schülerinnen und Schüler ebenfalls über einen definierten Sitzplatz und das benötigte Material verfügen. Im Gegensatz zu Muster 1, bei dem der ganze Auftrag zu Beginn erteilt wird, leiten die Lehrpersonen bei Muster 2 die Einzelarbeit enger an, indem sie einen Teilauftrag erteilen, den die Schülerinnen und Schüler zu lösen haben, bevor sie von den Lehrpersonen den nächsten Teilauftrag erhalten usw.

Sowohl in Muster 1 als auch in Muster 2 werden also die Elemente Raumgestaltung, Einrichtung sowie Regelinhalte zur Kommunikation und Mobilität im Hinblick auf die Funktionen Organisation, Interaktion und Überblick angewandt. Die Lehrpersonen setzen so einen verbindlichen Rahmen, der es den Schülerinnen und Schülern erlauben soll, sich auf das Lösen der Aufgaben zu konzentrieren und diese in ihrem eigenen Tempo zu bearbeiten. Sie erhalten den Rahmen aufrecht, indem sie sowohl die ganze Klasse als auch einzelne Schülerinnen und Schüler auf die geltenden Regeln bezüglich Kommunikation und Mobilität aufmerksam machen. Vor allem im Muster 1 gewinnen die Lehrpersonen durch die Rahmung Freiräume, die es ihnen ermöglichen, die Schülerinnen und Schüler zu begleiten – die Sequenzen dauern zwischen 13 und 18 Minuten –, was in Muster 2 durch die kontinuierliche Teilaufgabenstellung kaum möglich ist (Dauer der Sequenzen zwischen 4 und 5 Minuten).

## 10.2.2  Offene Sequenzen

Aufgrund der Durchsicht sämtlicher offener Sequenzen war es naheliegend, die Auswertung anhand der Unterrichtsformen freies Spiel, Werkstatt-Unterricht und Wochenplanarbeit vorzunehmen. Eng verknüpft mit diesen Unterrichtsformen sind die Fragen, welche Wahlfreiheiten den Kindern zustehen (vgl. 4.2.1) und andererseits wie die Lehrpersonen diese offenen Sequenzen mittels Classroom Management stützen. Zur Analyse wurden deshalb die Merkmale Spiel- und Lerninhalte, Spiel- und Lernmaterialen, Sozialform, Raum und Zeit (vgl. dazu Abbildung 4.3 in 4.2.1) sowie Elemente und Funktionen genutzt. Im Unterschied zu geführten Sequenzen geht es in offenen Sequenzen weniger darum, den Unterrichtsfluss zu gewährleisten, sondern der Komplexität im Rahmen vorbereiteter Spiel- und Lernumgebungen Rechnung zu tragen. Vital ist dabei, die Elemente optimal für die Funktionen Strukturierung, Organisation und Überblick einzusetzen, damit die Schülerinnen und Schüler Spiel- und Lernangebote selbständig nutzen können und die Lehrperson über den Freiraum verfügt, sie dabei zu begleiten.

## 10.2.2.1  Freies Spiel

Das freie Spiel ist in hohem Mass abhängig von den zur Verfügung stehenden Funktionsbereichen – sei dies im Innen- oder im Aussenraum –, also von einer vorbereiteten Spiel- und Lernumgebung. In den sechs Videosequenzen, die alle in Kindergärten aufgenommen wurden, finden sich denn auch überall vorgegebene Funktionsbereiche, die mit den entsprechenden Spiel- und Lernmaterialien ausgestattet sind (vgl. Tabelle 10.2). Die Identifizierung von Mustern beruht auf der Wahlfreiheit, die den Kindern bezüglich der Spiel- und Lernangebote eröffnet werden. In Muster 1 dürfen die Kinder ihre Spiel- und Lernpartnerinnen und -partner in zwei Fällen frei wählen. In einem Fall wird die freie Wahl der Spielpartnerinnen und -partner lediglich über die Anzahl Kinder bestimmt, die ein Spiel- und Lernangebot wahrnehmen können. In den gewählten Funktionsbereichen – wie z. B. Rollenspiel, Konstruktionsspiel oder Bewegungsspiel – können die Kinder zusätzliche Spiel- und Lernmaterialien beziehen. Eine weitere Variante in Muster 1 zeigt sich in der Verweildauer bei einem Spiel- und Lernangebot. Die Sequenzen des freien Spiels dauern zwischen 20 und 42 Minuten. Bei der einen Variante wird den Kindern die Möglichkeit eingeräumt, das Spiel- und Lernangebot selbständig zu wechseln; bei der anderen Variante ist während der Dauer des freien Spiels (von 24 Minuten) kein Wechsel vorgesehen (vgl. Tabelle 10.2).

Muster 2 unterscheidet sich im Wesentlichen dadurch von Muster 1, dass die Kinder einem Spiel- und Lernangebot zugeteilt werden, während die Funktionsbereiche wiederum vorgegeben sind. Die Gruppenzusammensetzung wird hier also von der Lehrperson bestimmt. Hingegen haben die Kinder einen gewissen Freiraum bei der Wahl zusätzlicher Spiel- und Lernmaterialien sowie beim Wechsel des Spiel- und Lernangebots. In einer Variante ist der Wechsel allerdings erst nach dem definierten

*Tabelle 10.2: Gestaltung des freien Spiels*

| Muster | Raum | Spiel- und Lernmaterialien | Sozialform | Zeit |
|---|---|---|---|---|
| Muster 1 Freie Wahl beim Spiel- und Lernangebot | – Funktionsbereiche vorgegeben | – vorhanden, können von Kindern ergänzt werden | – keine Vorgaben | – Wechsel beim Spiel- und Lernangebot möglich |
| | | | – Anzahl Kinder in Spiel- und Lernangebot beschränkt | |
| | | | – keine Vorgaben | – kein Wechsel vorgesehen |
| Muster 2 Zuteilung der Kinder | – Funktionsbereiche vorgegeben | – vorhanden, können von Kindern ergänzt werden | – über Zuteilung auch Gruppen bestimmt | – Wechsel beim Spiel- und Lernangebot möglich |
| | | | | – Kinder, die zugeteilt wurden, können nach Erledigung das Spiel- und Lernangebot wechseln |

Abschluss eines Spiel- und Lernangebots möglich (vgl. Tabelle 10.2). Diese Sequenzen des freien Spiels dauern zwischen 25 und 34 Minuten.

Aus der Perspektive des Classroom Management bildet die Raumgestaltung den Ausgangspunkt für die Gestaltung des freien Spiels. Zentral ist die Aufteilung des Raums in 9 bis 11 Funktionsbereiche inklusive Sitzkreis – wie sich gezeigt hat. Unabhängig von den beiden beschriebenen Mustern sind die Funktionsbereiche mithilfe von Teppichen, Paravents oder Gestellen so voneinander abgegrenzt, dass die Kinder in der Lage sind, sie räumlich wie auch inhaltlich zu identifizieren. In den Funktionsbereichen sind zudem die notwendigen Materialien vorhanden, so dass die Kinder sofort mit ihrem Spiel beginnen können. Regelinhalte zur Kommunikation und Integrität stützen das gemeinsame Spiel, während der Regelinhalt zur Mobilität vorgibt, ob beziehungsweise wann ein Spiel- und Lernangebot gewechselt werden darf. Zur Unterstützung dienen oftmals Kärtchen, auf denen das Spiel- und Lernangebot abgebildet ist und an welche die Kinder eine Wäscheklammer mit ihrem Namen anbringen können. Der Regelinhalt zur Sorgfalt zielt auf einen adäquaten Umgang mit dem Spielmaterial ab. Dazu gehören auch Spiel- und Lernmaterialien, die den Kindern zwar frei zugänglich sind, doch müssen sie die Lehrperson vorher anfragen.

Zusammenfassend ist festzuhalten, dass also die Elemente auf die Funktionen räumliche Strukturierung, Interaktion, Organisation und Überblick abzielen.

### 10.2.2.2 Werkstattarbeit

Die drei Videosequenzen zur Werkstattarbeit in drei Primarunterstufenklassen weisen zwar je eigene Themen auf, sind sich aber in der Anlage sehr ähnlich (vgl. Tabelle 10.3). Alle Werkstätten enthalten Pflicht- und Wahlaufgaben, die die Kinder in frei gewählter Reihenfolge und in individuellem Tempo bearbeiten können. Die Werkstätten werden – anhand der Beschreibung und der Angaben zu der einzelnen Werkstattaufgabe – von den Kindern selber eingerichtet. Muster ergeben sich lediglich hinsichtlich der Art und Weise der Zusammensetzung der Gruppen. Eine Lehrperson setzt auf Werkstattgruppen, die jeweils für die Dauer einer ganzen Werkstatt zusammenbleiben. Bei den anderen zwei Lehrpersonen können die Kinder je nach Werkstattaufgabe zwischen Einzel-, Partner- oder Gruppenarbeit abwechseln, woraus sich jeweils neue Lernpartnerschaften ergeben.

*Tabelle 10.3:  Gestaltung der Werkstattarbeit*

| Muster | Spiel- und Lerninhalte | Spiel- und Lernmaterialien | Zeit |
|---|---|---|---|
| Muster 1 Werkstattgruppe | – Pflicht- und Wahlaufgaben<br>– Reihenfolge der Bearbeitung Pflicht-, Wahlaufgaben frei | – stellen Kinder je nach Aufgabe selber zusammen | – individuelles Tempo bei der Bearbeitung |
| Muster 2 Freie Wahl der Lernpartnerschaft | – Pflicht- und Wahlaufgaben<br>– Reihenfolge der Bearbeitung Pflicht-, Wahlaufgaben frei | – stellen Kinder je nach Aufgabe selber zusammen | – individuelles Tempo bei der Bearbeitung |

Auch für die Werkstattarbeit bildet die Raumgestaltung den Ausgangspunkt. Zusätzlich zu den Pulten sind für bestimmte Werkstattaufgaben Funktionsbereiche definiert, die sich im Klassenzimmer, im Schulhausgang oder in einem Gruppenarbeitszimmer befinden. In der Regel haben die Lehrpersonen das notwendige Material so aufbereitet, dass es für die Kinder frei zugänglich ist. Zudem haben sie Routinen für den Aufbau, das Auf- und Wegräumen sowie für die Ablage bearbeiteter Werkstattaufgaben eingeführt. Hinzu kommt das schriftliche Festhalten des Bearbeitungsstandes z. B. anhand eines Werkstattpasses. Ebenfalls kommt hier ein Set von Regelinhalten zur Kommunikation, Integrität, Sorgfalt und Ordnung zum Tragen. Insgesamt stehen die erwähnten Elemente im Dienst der räumlichen Strukturierung, der Organisation, der Interaktion und des Überblicks.

### 10.2.2.3 Wochenplanarbeit

Ausgangslage für diese Unterrichtsform ist der Wochenplan für die Schülerinnen und Schüler. In der Regel werden mathematische, sprachliche sowie themenungebundene (z.B. bewegungsbezogene) Aufgaben gestellt. In unserem Videomaterial finden sich sechs Sequenzen zu dieser Unterrichtsform. Bei der Analyse der Videos zeigte sich, dass es sich bei zwei Sequenzen um individuelle Wochenpläne handelte (vgl. Tabelle 10.4). In diesem Muster 1 sind verschiedenste Aufgaben vorgegeben. Die Schülerinnen und Schüler wählen nicht nur die Reihenfolge selber aus, sondern auch den Zeitpunkt in den verschiedenen Zeitfenstern, die für die Wochenplanarbeit zur Verfügung stehen. In der Regel handelt es sich um Einzelarbeit. Es kann sich auch ergeben, dass sich zwei Kinder für die Bearbeitung einer Aufgabe zusammentun. Das Muster 2 – mit vier Sequenzen – unterscheidet sich dadurch, dass die Lehrpersonen verschiedene Aufgaben zusammengestellt haben, aus denen die Schülerinnen und Schüler im entsprechenden Zeitfenster des Vormittags auswählen können. Sie sind auch in der Auswahl der Spiel- und Lernpartnerinnen und -partner sowie des Arbeitsplatzes frei. Bevor sie jedoch zu einer neuen Aufgabe wechseln, müssen sie der Lehrperson die erledigte Aufgabe zeigen.

*Tabelle 10.4:  Gestaltung der Wochenplanarbeit*

| Muster | Spiel- und Lerninhalte | Spiel- und Lern- materialien | Sozialform | Raum | Zeit |
|---|---|---|---|---|---|
| Muster 1 Individueller Wochenplan | – Reihenfolge der Bearbeitung frei | – stellen die Kinder je nach Aufgabe selber zusammen | – Einzelarbeit | – Pulte, Funktions- bereiche | – individu- elles Tempo bei der Bearbeitung |
| Muster 2 Tagesplan | – Reihenfolge der Bearbeitung frei | – stellen Kinder je nach Aufgabe selber zusammen | – freie Wahl | – Pulte, Funktions- bereiche | – individu- elles Tempo bei der Bearbeitung |

Gestützt wird die Tages- oder Wochenplanarbeit sehr ähnlich wie die Werkstattarbeit. So gewährleisten die Lehrpersonen über eine entsprechende Einrichtung, dass das notwendige Material für die Schülerinnen und Schüler frei zugänglich ist. Wie bei der Werkstattarbeit sind auch hier Routinen für das Hervornehmen, das Aufräumen und das Ablegen von fertigen Arbeiten festgelegt. Wiederum kommen Regelinhalte zur Kommunikation, Integrität, Sorgfalt und Ordnung zum Einsatz. Die beschriebenen Elemente werden auch in der Tages- und Wochenplanarbeit mit den Funktionen räumliche Strukturierung, Organisation, Interaktion und Überblick verbunden.

### 10.2.3 Übergänge

Die Herausforderung in der Gestaltung von Übergängen ergibt sich dadurch, dass in relativ kurzer Zeit verschiedene Wechsel vorzunehmen sind, dabei der Überblick zu bewahren ist und gleichzeitig diverse Entscheidungen zu treffen sind. Wie die Lehrpersonen die Übergänge gestalten und welche Muster dabei zu erkennen sind, ist Gegenstand der nachfolgenden Beschreibung. Gemäss unserem Kategoriensystem unterscheiden wir Übergänge innerhalb der Sequenzen (N = 29) von Übergängen zwischen den Sequenzen (N = 40). Beide Übergangsformen weisen die Subkategorien Verteilen und Sammeln auf.

Betrachten wir die Übergänge innerhalb von Sequenzen, so handelt es sich in der Regel um geführte Sequenzen, in denen erarbeitende und darbietende Unterrichtsformen zu beobachten sind. Wird die gleiche Aufgabe für die ganze Klasse gestellt, jedoch in unterschiedlichen Sozialformen – wie Einzel-, Partner- oder Gruppenarbeit – angegangen, so haben wir dies ebenfalls unter geführte Sequenzen subsumiert. Der Wechsel der Sozialform – von der Klasse zur Halbklasse oder zu Einzel-, Partner- oder Gruppenarbeit – stellt ebenfalls ein Muster der Subkategorie Verteilen dar. Die in den entsprechenden Videosequenzen aufgezeichneten Übergänge werden im Folgenden beschrieben.

Die Ausgangslage bildet eine Aktivität mit der ganzen Klasse. Die Kinder befinden sich im Sitzkreis oder an ihren Pulten. Am Ende dieser Aktivität erklärt die Lehrperson die neue Aufgabe und erläutert allenfalls, welches Material dazu benötigt wird. Wenn der Auftrag in der Gruppe bearbeitet wird, folgt als Nächstes die Zuteilung der Kinder zu den verschiedenen Gruppen. Diesbezüglich liessen sich anhand der Videos drei Formen eruieren. Die erste Form zeichnet sich dadurch aus, dass die Lehrperson die Gruppenzusammensetzung gezielt definiert und diese über eine längere Zeit beibehält. In der zweiten Form gibt die Lehrperson die Zusammensetzung ebenfalls vor, wechselt diese jedoch spezifisch je nach Ziel, Inhalt oder Sequenz. Die dritte Form funktioniert nach dem Zufallsprinzip. Die Lehrperson lässt z. B. einen Gegenstand ziehen. Kinder, die den gleichen Gegenstand ziehen, bilden jeweils eine Gruppe. In der noch offeneren Variante können die Kinder die Gruppenzusammensetzung selber bestimmen.

Zur Subkategorie Verteilen gehört auch die Art und Weise, wie die Lehrperson die Kinder aus dem Plenum entlässt – sei dies gestaffelt, indem sie die jeweilige Gruppe an den entsprechenden Ort schickt, oder aber, sie bestimmt zuerst alle Gruppen und entlässt diese danach gleichzeitig an den neuen Spiel- und Lernort. Bezüglich der räumlichen Zuordnung ergeben sich ebenfalls verschiedene Möglichkeiten. Je nach der Aufgabenstellung haben die Lehrpersonen die Orte bereits vorbereitet und können dann die Gruppen gezielt darauf verteilen, oder sie lassen die Kinder selber wählen, wo sie die Aufgabe bearbeiten wollen.

Was die Subkategorie Sammeln betrifft, arbeiteten wir aus dem Videomaterial zwei Muster heraus. Das Muster inhaltlicher Wechsel weist die folgenden Merkmale auf: Im Rahmen einer geführten Sequenz setzen sich die Kinder mit einem bestimmten Inhalt auseinander. Durch das Erklingen eines akustischen Signals – z. B. ein Glockenspiel, einen Gongschlag oder einen Flötenton – gewinnt die Lehrperson die Aufmerksamkeit der Kinder. Im Anschluss daran wird eine neue Aufgabe besprochen, Material für die neue Aufgabe bereitgestellt oder mittels einer Bewegungsaufgabe zum nächsten Inhalt übergeleitet. Sozialform und Sitzordnung werden beibehalten. Ein inhaltlicher Wechsel kann jedoch auch durch eine neue Sitzordnung angezeigt werden. Die Lehrperson gruppiert die Kinder lediglich räumlich um, damit diese etwa einen Gegenstand besser erblicken oder der Lehrperson besser zusehen können, wenn diese ihnen etwas vorzeigt. Durch die neue Sitzordnung wird die Aufmerksamkeit der Kinder erneut auf den Inhalt gelenkt.

Als Übergänge zwischen Sequenzen bezeichnen wir diejenigen zwischen geführten und offenen Sequenzen (und vice versa) oder zwischen geführten respektive offenen und speziellen Sequenzen. Bezüglich der beiden Subkategorien Verteilen und Sammeln ergaben sich mehrere Muster (vgl. Tabellen 10.5 und 10.6).

Bei einem Übergang von einer geführten zu einer offenen Sequenz befinden sich die Kinder im Sitzkreis oder an ihren Pulten. Daher hat die Lehrperson bereits die Aufmerksamkeit der Kinder und kann direkt mit den Anweisungen beginnen. Für das Verteilen beim Übergang von einer geführten zu einer offenen Sequenz lassen sich anhand der Videodaten folgende drei Muster unterscheiden (vgl. Tabelle 10.5).

Muster 1) Bereits von der Lehrperson vorbereitete Spiel- und Lernangebote: Beim Muster 1 erfolgt das Verteilen etwa in derselben Art und Weise, wie dies bereits beim Verteilen in Sequenzen beschrieben wurde.

Muster 2) Mithilfe der Kinder beim Vorbereiten der Spiel- und Lernangebote: Dieses Muster unterscheidet sich von Muster 1 insofern, als die Lehrperson die Spiel- und Lernangebote mithilfe der Kinder einrichtet. Entweder gibt sie den einzelnen Gruppen spezifische Anweisungen (z. B. welches Material bereitgestellt werden muss oder dass sie die Pulte oder Tische mit Zeitungen abdecken sollen usw.) oder sie setzt Chefinnen und Chefs ein, die die Spiel- und Lernangebote (z. B. Atelier-, Werkstattaufgaben, Spielplätze) vorbereiten. Aus dem Videomaterial wird deutlich, dass die Begleitung durch die Lehrperson in dieser Form wesentlich komplexer ausfällt, da die Kinder mehr Fragen bezüglich des Materials und des Arrangements haben.

Muster 3) Unterschiedliche Zeitpunkte für die Wechsel: Im Gegensatz zu Muster 1 und 2 bildet in Muster 3 nicht die Klasse als Ganzes den Ausgangspunkt, sondern die Sozialformen Einzel-, Partner- oder Gruppenarbeit. Daraus ergeben sich für den Übergang je Kind oder Gruppe unterschiedliche Zeitpunkte für den Wechsel ins nächste Spiel- und Lernangebot.

Besondere Herausforderungen stellt das Sammeln nach offenen Sequenzen sowie vor oder nach den Pausen dar. Wie der Tabelle 10.6 zu entnehmen ist, spielen und lernen die Kinder in verschiedenen Gruppenzusammensetzungen und in verschiedenen Funktionsbereichen, die sich sowohl innerhalb als auch ausserhalb des Kindergartens oder des Schulzimmers befinden können. In solchen Situationen setzen die Lehrper-

Tabelle 10.5: *Muster für das Verteilen in Übergängen von geführten zu offenen Sequenzen*

| Übergang von geführter zu offener Sequenz | Ausgangslage | Anweisungen Lehrperson | Vorgabe der Sozialform, des Spiel-, und Lernorts | Wechsel zu Spiel-, Lernangebot | Tätigkeit der Lehrperson nach dem Verteilen |
|---|---|---|---|---|---|
| Muster 1<br>Bereits vorbereitetes Spiel- und Lernangebot | – Kinder im Sitzkreis oder an ihren Pulten<br>– Sozialform Klasse | – erklärt die Aufgabe, gibt eine Übersicht zum SLA<br>– Zuteilung direkt<br>– Zuteilung mit Hilfsmitteln wie Übersichtsplan, Namenkärtchen zum SLA etc. | PA, GA:<br>– gezielt<br>– per Zufall<br>SLO:<br>– frei<br>– zugeteilt im Raum<br>– gegeben durch Funktionsbereiche | – fortlaufend (sobald die Aufgabe oder Wahl erfolgt, können Kinder zu SLA gehen)<br>– alle miteinander (Zuordnung aller Kinder, erst dann wechseln Kinder zu SLA) | – versichert sich, dass die Kinder beginnen<br>– Spiel- und Lernbegleitung |
| Muster 2<br>Mithilfe der Kinder beim Vorbereiten der Spiel- und Lernangebote | – Kinder im Sitzkreis oder an ihren Pulten<br>– Sozialform Klasse | – erklärt nächste Sequenz<br>– Kinder bereiten SLA vor<br>– weist Chefinnen und Chefs an, SLA vorzubereiten | PA, GA:<br>– gezielte mündliche Zuweisung<br>– gezielt über Wochen-, Atelier- oder Werkstatt-Plan<br>– per Zufall<br>SLO:<br>– vorgegeben | – fortlaufend<br>– alle miteinander | – beantwortet individuelle Nachfragen zum Vorbereiten der SLA<br>– hilft beim Einrichten<br>– versichert sich, dass die Kinder beginnen<br>– Spiel- und Lernbegleitung |
| Muster 3<br>Unterschiedliche Zeitpunkte für Wechsel | – Kinder im Sitzkreis oder an ihren Pulten<br>– Sozialform Einzel-, Partner- oder Gruppenarbeit | – erklärt dem Kind oder der Gruppe von Kindern, die mit der Aufgabe fertig sind, was sie als Nächstes tun können. | PA, GA:<br>– vorgegeben durch SLA<br>– individuelle Aufgabe<br>SLO:<br>– vorgegeben | – fortlaufend | – beendigt mit den Kindern die geführte Sequenz, anschliessend<br>– Spiel- und Lernbegleitung |

PA: Partnerarbeit    GA: Gruppenarbeit    SLA: Spiel- und Lernangebot    SLO: Spiel- und Lernort sonen akustische Signale ein, um die Kinder auf das Ende der Sequenz aufmerksam zu machen.

Muster 1) Abschluss einer offenen Sequenz: Die gewonnene Aufmerksamkeit beim Abschluss einer offenen Sequenz wird nicht nur für Anweisungen genutzt, sondern auch, um eine Arbeitsrückschau einzuschalten oder den Stand der Arbeiten festzuhalten. Dabei müssen die Lehrpersonen bedenken, dass die Kinder unterschiedlich schnell mit Aufräumen fertig sind. Hinsichtlich dieser Auffangzeit ergaben sich aus dem Videomaterial zwei Möglichkeiten (vgl. Tabelle 10.6). Die Kinder, die fertig aufgeräumt haben, setzen sich in den Sitzkreis oder an ihr Pult und warten, bis die ganze Klasse so weit ist. Eine zweite Möglichkeit besteht in einer definierten Aufgabe, z. B. in einem Spiel, das solange dauert, bis sich alle Kinder im Sitzkreis befinden. Daraufhin folgen die gemeinsamen Aktivitäten.

Muster 2) Sammeln vor dem Znüni oder der Pause: Zu diesen Zeitpunkten beginnt das Sammeln nach der Ankündigung durch ein akustisches Signal, auch hier wiederum mit Aufräumen. Wird das Znüni gemeinsam eingenommen, kommen parallel dazu die Znüni-Chefs und -Chefinnen zum Einsatz, indem sie die notwendigen Vorbereitungen treffen. Diese Sammelphase wird genutzt, um einen Überblick über den zweiten Teil des Morgens zu vermitteln. In der letzten Spalte (vgl. Tabelle 10.6) wird – basierend auf den Videoausschnitten – dokumentiert, wie viele verschiedene Tätigkeiten die Lehrpersonen während solcher Übergänge ausführen. Häufig nutzen die Kinder diese Momente, um mit der Lehrperson spontane Gespräche über ihre Erlebnisse zu führen oder um Fragen zu stellen. Gleichzeitig wird aus den Videos ersichtlich, dass die Lehrpersonen in dieser Phase besonders alert sind, um den Überblick zu wahren.

Muster 3) Sammeln nach Znüni, Pause: Wie die Beschreibung des Musters 2 in Tabelle 10.6 zeigt, bereiten die Lehrpersonen die Sequenz nach der Pause bereits vor der Pause vor, indem sie Anweisungen geben, wo sich die Kinder sammeln sollen. Um auch die Aufmerksamkeit der Kinder zu zentrieren, werden Bewegungs-, Stille- oder Rhythmusübungen durchgeführt.

Bei der Analyse der Videoclips zu den Übergängen innerhalb sowie zwischen den Sequenzen hinsichtlich der Kategorie Routinen fällt zunächst auf, dass die Lehrpersonen mehrheitlich konkrete Abläufe erläutern und damit bestimmte Routinen immer wieder verbalisieren. Betreffen die Routinen das Bereitstellen von Material, das Einrichten des persönlichen Arbeitsplatzes oder das Weg- und Aufräumen, genügen lediglich knappe Anweisungen der Lehrpersonen. Häufig wird aber auch auf ein Chef-System zurückgegriffen. So bereiten die Znüni-Chefinnen und -Chefs den Sitzkreis vor und räumen diesen nach Beendigung des Znünis wieder auf. Fenster-Chefinnen und -Chefs öffnen während Znüni und Pause die Fenster, Stuhl-Chefinnen und -Chefs kümmern sich um den Sitzkreis, Schlüssel-Chefinnen und -Chefs sind besorgt, dass Spezialräume wie z. B. die Turnhalle aufgeschlossen werden.

Aus der Ankündigung eines Übergangs ergibt sich jeweils eine gewisse Geschäftigkeit, die dazu führt, dass die Kinder den Erklärungen und Anweisungen der Lehrpersonen unterschiedlich aufmerksam folgen. Diese erinnern in solchen Situationen

*Tabelle 10.6: Muster für das Sammeln in Übergängen zwischen Sequenzen*

| Sammeln nach offenen, speziellen Sequenzen | Ausgangslage | Anweisungen der Lehrperson | Auffangzeit | Sammeln | Tätigkeit der Lehrperson während des Übergangs |
|---|---|---|---|---|---|
| Muster 1 Abschluss einer offenen Sequenz | – Sozialformen EA, PA, GA – Kinder in verschiedenen Funktionsbereichen | – gibt ein Signal – weist Kinder zum Aufräumen an – nach dem Signal zuerst Rückblick auf die offene Sequenz, dann aufräumen – weist Kinder nach dem Signal an, den Stand der Arbeiten in SLA festzuhalten und dann aufzuräumen | Wer fertig ist, – Aufgabe im Sitzkreis oder am Pult – warten im Sitzkreis oder am Pult | – gemeinsame Aktivität wie ein Lied singen oder eine Konzentrations-, Bewegungsaufgabe ausführen, Arbeitsrückschau | – hilft beim Aufräumen – kontrolliert, ob korrekt aufgeräumt ist – weist einzelnen Kindern bestimmte Aufräumarbeiten zu – spontane Gespräche mit Kindern – sammelt Arbeiten ein – kontrolliert den Stand der Arbeiten selber oder hält ihn fest – bereitet Material für die nächste Sequenz vor |
| Muster 2 Sammeln vor dem Znüni und der Pause | – Sozialformen EA, PA, GA – Kinder in verschiedenen Funktionsbereichen | – Signal – Kinder räumen auf – Chefinnen und Chefs werden angewiesen, das Znüni bereitzustellen | – wer fertig ist, geht in den Sitzkreis | – gemeinsames Znüni, beginnend mit dem Znüni-Ritual – Anweisung, was nach Pause gemacht werden kann, danach entlassen in die Pause – Ausblick auf den nächsten Teil des Unterrichts, entlassen in die Pause | |
| Muster 3 Sammeln nach dem Znüni, der Pause | – Kinder kommen von verschiedenen Orten zurück in den Kindergartenraum oder das Schulzimmer | | | – gemeinsame Aktivität wie Augen schliessen und Arme verschränken, im Rhythmus klatschen etc. – Überleiten zur nächsten Sequenz | |

EA: Einzelarbeit    PA: Partnerarbeit    GA: Gruppenarbeit

vor allem an die Regelinhalte der Kommunikation (zuhören) und der Mobilität (am jeweiligen Platz bleiben, bis der Auftrag erteilt ist). Die Kinder werden bei Nicht-einhaltung der Regeln direkt mit ihrem Namen angesprochen oder die Lehrpersonen geben ihnen mit Gesten zu verstehen, dass sie Ruhe haben möchten, um den Auftrag oder die Anweisung zu Ende bringen zu können.

### 10.2.4 Spezielle Sequenzen

Wie in 10.1 dargestellt wurde, nimmt die zeitliche Dauer der speziellen Sequenzen nur wenig Zeit ein. Zur Analyse dieser Sequenzen verfügen wir über 14 Videoclips, und zwar zehn Videoclips zum Ankommen, zwei zum Znüni und eines zum Geburtstag. Beim Ankommen handelt es sich auch um eine Art Übergang, nämlich um den Übergang von zu Hause über den Kindergarten- oder Schulweg in den Kindergarten oder die Schule. Das Ankommen wird in Form von zwei Mustern gestaltet. In einigen Kindergärten hat sich dafür ein Ritual etabliert, das die Begrüssung, das Sich-Bereitmachen für den Kindergarten, ein Spiel im Kreis oder auch einen gemeinsamen Morgenbeginn umfassen kann. In anderen Kindergärten und Primarunterstufen ist das Ankommen offen und flexibel gestaltet, wobei ebenfalls mit einer Begrüssung der Kinder begonnen wird; danach machen sich die Kinder jedoch individuell für den Morgenbeginn bereit. So oder so ist das Ankommen verbunden mit einem zeitlichen Raum für die persönliche Begegnung zwischen der Lehrperson und den Kindern. Dieser Moment wird von den Kindern denn auch rege genutzt, um der Lehrperson von ihren Erlebnissen zu erzählen, ihnen Fragen zu stellen usw.

Wie bereits in 9.3 beschrieben, wird das Znüni-Essen vor allem im Kindergarten in einer ritualisierten Form durchgeführt. Diese beginnt im Sitzkreis mit einem Lied oder einem Spruch, gefolgt vom gemeinsamen Einnehmen des Znünis bis hin zum Aufräumen. Auch diese Form bietet die Gelegenheit zur Kontaktnahme zwischen dem einzelnen Kind und der Lehrperson, aber auch zu informellen Gesprächen unter-einander. Zu beobachten ist ebenfalls, dass sich die Kinder zum Teil bereits für die zweite Sequenz des freien Spiels verabreden, weil sie in dieser Phase das Spiel- und Lernangebot häufig selber wählen dürfen.

Spezielle Sequenzen sind also wichtige Situationen, in denen die Lehrperson per-sönliche Gespräche mit dem einzelnen Kind führen kann und dadurch Einblick in seine Sorgen und Nöte, freudigen Erlebnisse, Interessen und anderes mehr erhält.

### 10.3  Fazit

Die Analyse des Videodatenmaterials folgte einer Logik in zwei Schritten. Zunächst wurden mittels der Segmentierungsanalyse gemäss dem Event-Sampling verschiedene Sequenzen definiert und entsprechend kodiert. Dies erlaubte uns in einer zunächst quantitativen Vorgehensweise, die Anteile der einzelnen Sequenzen zu bestimmen und näher auf die Frage der Rhythmisierung einzugehen. Erwartungsgemäss werden offene Sequenzen in längeren Zeitblöcken angelegt als geführte Sequenzen. Erstere erlauben es den Schülerinnen und Schülern, sich mit verschiedenen Spiel- und Lernangeboten im Rahmen individualisierten Lernens auseinanderzusetzen. Geführte Sequenzen werden häufig über darbietende und erarbeitende Unterrichtsformen sowie Sozialformen oder durch thematische Wechsel rhythmisiert. Sowohl der Wechsel zwischen geführten und offenen Sequenzen als auch innerhalb geführter Sequenzen bringt mit sich, dass verschiedenste Übergänge von der Lehrperson zu gestalten sind. Nachdem die Oberflächenstruktur des videografierten Unterrichts mittels der Segmentierungsanalyse beschrieben werden konnte, folgte in einem zweiten Schritt die Sequenzanalyse. Hierzu wurden jeweils sämtliche Videoclips einer bestimmten Sequenz im Hinblick auf die Muster des dahinterliegenden pädagogisch-didaktischen Handelns der betreffenden Lehrpersonen analysiert sowie ermittelt, wie die Lehrperson das Classroom Management einsetzt, um die jeweiligen fachinhaltlichen Unterrichtsprozesse zu stützen. Während aus den fokussierten Interviews die Elemente herausgearbeitet werden konnten, standen nun im Rahmen der Videoanalyse die Funktionen im Vordergrund. Zu den zwei bereits genannten Funktionen Rhythmisierung und Überblick konnten drei weitere herauskristallisiert werden: nämlich Interaktion, Strukturierung und Organisation.

In 2.1 wurde ausgeführt, dass Unterricht in hohem Mass situativ und kontextgebunden ist, und dass in Abhängigkeit von den gewählten Unterrichtsformen unterschiedliche Ansprüche an das Classroom Management gestellt werden. In Tabelle 10.7 sind die Ergebnisse aus der Sequenzanalyse verdichtet dargestellt, wobei auch aufgezeigt wird, welche Funktionen die Elemente in den einzelnen Sequenzen haben.

Bei allen Sequenzen findet sich die Raumgestaltung durchgängig als stützendes Element für den Überblick. Ebenfalls (fast) durchgängig werden Regelinhalte zur Kommunikation und Integrität in der Funktion Interaktion eingesetzt. Der Vergleich zwischen geführten und offenen Sequenzen zeigt auf, dass die Unterrichtsprozesse in offenen Sequenzen in höherem Mass unterstützt werden müssen als in geführten Sequenzen.

Auf die Funktionen wie auch auf die Verknüpfung von Elementen und Funktionen wird im nächsten Kapitel vertiefter eingegangen, indem ein Modell zum Classroom Management als ein erstes verdichtetes Ergebnis der qualitativen Erhebungen vorgestellt wird.

*Tabelle 10.7: Einsatz von Elementen und ihre Funktionen in Sequenzen und Übergängen*

| Sequenzen | Funktionen Interaktion | Strukturierung | Rhythmisierung | Organisation | Überblick |
|---|---|---|---|---|---|
| Geführte Sequenzen in der Klasse oder der Halbklasse | Regeln<br>– Regelinhalte zur Integrität, Kommunikation und Mobilität | | Rituale<br>– Soziabilität, Orientierung<br>Prozeduren<br>– Routinen, Übergänge | | Raumgestaltung<br>– Aufteilung, Einrichtung |
| Geführte Sequenzen in der Gruppe | Regeln<br>– Regelinhalte zur Integrität und Kommunikation<br>– Regeleinhaltung und Ermahnung | | | Raumgestaltung<br>– Aufteilung, Einrichtung | Raumgestaltung<br>– Aufteilung, Einrichtung<br><br>Regeln<br>– Regelinhalt Mobilität |
| Geführte Sequenzen bei der Einzelarbeit | Regeln<br>– Regelinhalt zur Integrität, und Kommunikation<br>– Regeleinhaltung Ermahnung | | | | Raumgestaltung<br>– Aufteilung, Einrichtung<br><br>Regeln<br>– Regelinhalt Mobilität |
| Offene Sequenzen | Regeln<br>– Regelinhalte Integrität, Kommunikation, Mobilität | Raumgestaltung<br>– Aufteilung, Einrichtung | | Prozeduren<br>– Routinen<br><br>Regeln<br>– Regelinhalte zur Sorgfalt und Ordnung | Raumgestaltung<br>– Aufteilung, Einrichtung |
| Übergänge | Regeln<br>– Regelinhalte zur Integrität, Kommunikation und Mobilität<br>– Regeleinhaltung und Ermahnung | Raumgestaltung<br>– Aufteilung, Einrichtung | | Prozeduren<br>– Übergänge Verteilen, Sammeln | Raumgestaltung<br>– Aufteilung, Einrichtung |
| Spezielle Sequenzen | Rituale<br>– Soziabilität, Orientierung | Rituale<br>– Soziabilität, Orientierung | | Prozeduren<br>– Routinen | Raumgestaltung<br>– Aufteilung, Einrichtung |

# 11 Classroom-Management-Modell

Ausführungen zum Classroom Management bestehen häufig aus Aufzählungen von Merkmalen beziehungsweise Schlüsselelementen, bei denen es darauf hinausläuft, den Unterricht möglichst reibungslos zu gestalten, so dass der zeitliche Anteil der Auseinandersetzung mit Unterrichtsinhalten möglichst hoch ist (vgl. Kapitel 2). Mit der Herausarbeitung eines Classroom-Management-Modells wird über solche Aufzählungen hinausgegangen. Basierend auf den Ergebnissen der fokussierten Interviews und der videografierten Unterrichtsbeobachtungen werden Elemente und Funktionen nun miteinander verknüpft, wie die nachfolgende Darstellung zeigt (vgl. Abbildung 11.1). Dabei handelt es sich um ein dynamisches Modell, bei dem die Elemente situativ eingesetzt werden, um bestimmte Funktionen zu stützen (vgl. 10.2).

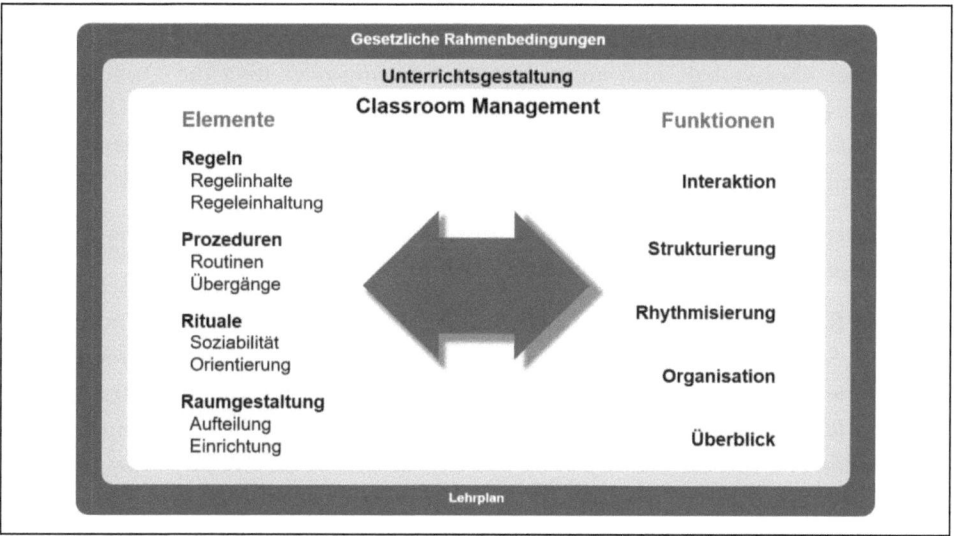

*Abbildung 11.1: Modell Classroom Management (in Anlehnung an Wannack & Herger 2014)*

## 11.1 Elemente des Classroom Management

Als Teil der Unterrichtsgestaltung fokussiert das Classroom Management primär auf die Klasse als soziales System; es umfasst das Einführen und Aufrechterhalten von Kommunikations- und Organisationsstrukturen, reduziert die Komplexität und Unsicherheit in der unterrichtlichen Situation durch verlässliche Strukturen und ermöglicht beziehungsweise erleichtert dadurch das aktive, kognitive und soziale Lernen der Schülerinnen und Schüler. Diese Arbeitsdefinition des Classroom Management bildet die Folie, vor deren Hintergrund das Zusammenspiel von Elementen und Funktionen im Hinblick auf die erwähnten Aspekte dargestellt wird. Zunächst werden die in Kapitel 9 detailliert erläuterten Elemente hier nochmals kurz zusammengefasst.

Regeln: Sie stellen allgemeine Erwartungen an das Verhalten der Kinder in der Klassengemeinschaft dar und können von der Lehrperson vorgegeben oder auch mit den Kindern zusammen erarbeitet werden. Oftmals werden Regeln in Form von Zeichnungen visualisiert, die dazu dienen, an deren Einhaltung zu erinnern.

- Die Regelinhalte betreffen die Wahrung der Integrität der Kinder, die Kommunikation während der Unterrichtssequenzen sowie bei den Übergängen, die Sorgfalt im Umgang mit Materialien, die Ordnung in den verschiedenen Räumlichkeiten, die Mobilität innerhalb des Kindergartens oder des Schulzimmers sowie das Verlassen dieser Räumlichkeiten.
- Bei der Regeleinhaltung geht es um Strategien zur Aufrechterhaltung angemessenen Verhaltens aus der Perspektive der Lehrpersonen. Diese verstärken erwünschtes Verhalten primär über positive Rückmeldungen an die Klasse oder an einzelne Kinder. Ist es erforderlich, dass die Lehrperson interveniert, so tut sie dies zunächst über verbale und nonverbale Ermahnung oder über die Diskussion des Regelverstosses. Wird die beabsichtigte Wirkung dadurch nicht erreicht, werden einzelne Kinder temporär von einer Unterrichtssequenz ausgeschlossen oder die betreffende Unterrichtssequenz wird für die ganze Klasse abgebrochen.

Prozeduren: Alltäglich wiederkehrende Abläufe gehen mit bestimmten Routinen und Übergängen einher, verbunden mit den Regelinhalten.

- Die Routinen beziehen sich auf wiederkehrende Situationen im Kindergarten- und Schulalltag. Zum einen handelt es sich dabei um Situationen wie das Ankommen oder Verlassen des Kindergartens oder der Schule oder um den Wechsel von Räumlichkeiten. Zum anderen geht es bei den Routinen aber auch um Situationen im Unterricht wie beispielsweise das Hervorholen und Wegräumen von Materialien.
- Die Übergänge ergeben sich vor allem daraus, dass die Kinder auf verschiedene Spiel- und Lernangebote verteilt werden. Dazu müssen Gruppen gebildet und bestimmte Spiel- und Lernorte aufgesucht werden. Übergangsphasen dienen auch zur Sammlung der Kinder nach individuellen Tätigkeiten, um ihre Aufmerksamkeit auf die anschliessende Aktivität zu lenken.

Rituale: Diese kennzeichnen sich insbesondere durch Repetivität, Förmlichkeit und Performanz. Bei der Durchführung von Ritualen werden Sprache, Gestik, Mimik und Motorik eingesetzt, um die Kinder über verschiedene Sinneskanäle anzusprechen und sie auf diese Weise zu involvieren. Rituale enthalten sowohl soziale als auch orientierende Aspekte.

– Hinsichtlich der Soziabilität wird unterschieden zwischen Ritualen, die das einzelne Kind in den Mittelpunkt stellen, und solchen, die der Gemeinschaftsbildung beziehungsweise dem Lösen von Konflikten dienen.
– Rituale wie der Morgenbeginn, das gemeinsame Pausenbrot oder die Verabschiedung am Schluss eines Halbtags dienen der zeitlichen Orientierung und sind zugleich soziale Anlässe.

Raumgestaltung: Sie ist zunächst abhängig von den architektonischen Gegebenheiten wie dem Grundriss, der Grösse und den fixen Installationen des Kindergartens oder des Klassenzimmers.

– Die Aufteilung des Raumes wird im Zusammenspiel mit diesen Voraussetzungen vorgenommen. In Kindergärten steht das Arrangement der verschiedenen Funktionsbereiche sowie des Sitzkreises im Vordergrund, in der Unterstufe sind es Überlegungen zur Pultordnung, zum Sitzkreis und zu weiteren Funktionsbereichen.
– Ist die Aufteilung des Raumes festgelegt, erfolgt als Nächstes die Einrichtung mit entsprechender Möblierung, die die Gliederung des Raumes offensichtlich macht. Die ästhetische Komponente kommt zum Tragen, indem die Wände, Schrankflächen usw. für das Ausstellen von Kinderarbeiten genutzt werden. Gleichzeitig eignen sich diese Flächen u. a. auch für das Anbringen von Übersichts- und Ämtchenplänen.

Nach dieser knappen Umschreibung der Elemente des Classroom Management folgt nun die Definition der diversen Funktionen.

## 11.2  Funktionen des Classroom Management

Im Rahmen der Ausführungen zum Classroom Management, aber auch in der Arbeitsdefinition wurden bereits verschiedene Funktionen angesprochen und in der Sequenzanalyse detaillierter herausgearbeitet (vgl. 10.2). Diese Funktionen werden nachfolgend definiert.

Interaktion: Diese Funktion fokussiert in hohem Mass auf die Klasse als soziales System, und zwar sowohl auf den Unterricht an sich als auch auf die Hinterbühne des Unterrichts (vgl. Kapitel 3). Ziel der Interaktionen ist das Einüben und Aufrechterhalten von Kommunikationsstrukturen sowie das Aufbauen eines Spiel- und Lernklimas, das von der Wertschätzung und Anerkennung des einzelnen Kindes und damit auch der Klassengemeinschaft geprägt ist.

Strukturierung: Diese Funktion hat zum Ziel, verlässliche Strukturen zu schaffen, durch die den Kindern Sicherheit, Vertrautheit und Orientierung vermittelt werden sollen. Einerseits geht es hier darum, die Strukturierung des Raums offensichtlich werden zu lassen und dadurch eine rasche räumliche Orientierung zu erleichtern. Andererseits soll die zeitliche Strukturierung für die Kinder „erfahrbar" werden.

Rhythmisierung: In 9.5 wurde bereits auf die Bedeutung der Rhythmisierung – verstanden als gezielt gestaltete Abfolge von unterschiedlichen Sequenzen in Dauer und Intensität – hingewiesen. Rhythmisierung hat zum Ziel, eine Balance zwischen Aufmerksamkeit und Konzentration, Spannung und Entspannung herzustellen.

Organisation: Insgesamt wird mit dieser Funktion das Ziel konnotiert, möglichst viel Zeit für Spiel- und Lernaufgaben zu gewinnen und möglichst wenig Zeit für organisatorische Belange aufwenden zu müssen. Konkret, Organisationsstrukturen beziehen sich auf materielle und personelle Aspekte sowie auf Prozessabläufe.

Überblick: Diese Funktion wird auch als Monitoring bezeichnet und bezieht sich auf die drei Ebenen, Klasse als Ganzes, einzelne Kinder sowie Tempo und Wechsel von Unterrichtsaktivitäten (vgl. Kapitel 2). Die Zielsetzung des Monitorings besteht darin, sich jeweils situativ zu entscheiden, in ein bestimmtes Geschehen einzugreifen oder es (vorläufig) laufen zu lassen.

Nachfolgend wird dargestellt, wie die Elemente in Bezug auf die Funktionen eingesetzt werden.

## 11.3  Elemente und Funktionen des Classroom Management

Gestützt auf die Ergebnisse der Sequenzanalyse (vgl. 10.2) lässt sich systematisieren und damit auch grafisch darstellen, welche Elemente schwerpunktmässig in Bezug zu den einzelnen Funktionen eingesetzt werden.

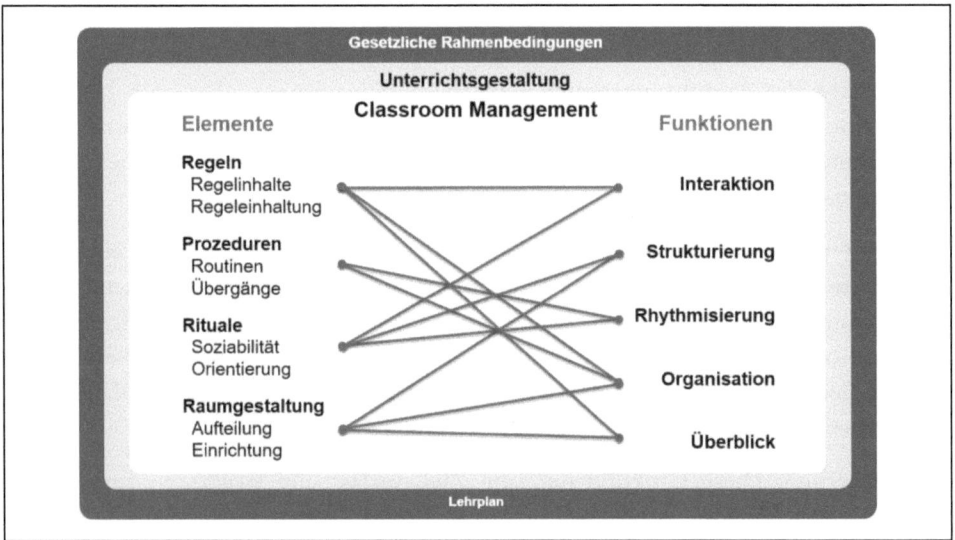

*Abbildung 11.2: Die Verbindung von Elementen und Funktionen*

Die Funktion Interaktion wird primär über die Regelinhalte zur Kommunikation, Integrität und Mobilität sowie durch die Ermahnung zur Einhaltung der Regeln gestützt. Ebenfalls dienlich sind die Rituale, denn sie bilden einen Rahmen für den formellen sowie den informellen Austausch zwischen den Kindern und der Lehrperson, aber auch unter den Kindern. Raumgestaltung und Rituale sind für die Funktion Strukturierung von Belang: die Raumgestaltung für die visuelle und die Rituale für die zeitliche Strukturierung. Die Funktion Rhythmisierung ist in hohem Mass auf Prozeduren – also Routinen und Übergänge – sowie auf den Einsatz von Ritualen angewiesen, um Zyklen der Spannung und Entspannung zu gestalten. Die Organisation wiederum ist abhängig von der Raumgestaltung wie auch von den eingespielten Routinen und Regeln (Regelinhalte Sorgfalt, Ordnung, Mobilität). Die Funktion Überblick steht in engem Zusammenhang mit der Organisation, doch sind für sie auch die Elemente Raumgestaltung und Regeln von eminenter Wichtigkeit.

## 11.4  Fazit

Classroom Management gilt als Stützfunktion für den Unterricht (vgl. 2.1.4). Mit dem Modell zum Classroom Management haben wir anhand der Videoanalyse in konkreterer Form herausgearbeitet, wie sich diese Stützfunktion ausgestalten lässt. Dazu wurde anhand der Videoclips analysiert, welche Elemente mit welchen Zielsetzungen je Funktion eingesetzt werden (vgl. Abbildung 11.2). Insofern liegen nun detailliertere Hinweise darüber vor, welche Anforderungen das Classroom Management erfüllen sollte, will es dieser Stützfunktion gerecht werden.

Im nächsten Kapitel wird das Classroom-Management-Modell genutzt, um auf der Grundlage der qualitativ erhobenen Daten die Charakteristika der quantitativ gewonnenen Classroom-Management-Stile auszuarbeiten.

# 12 Classroom-Management-Stile

Mit unserem Vorgehen, in einem ersten Schritt aus den quantitativen Fragebogen-daten mittels Clusteranalyse Classroom-Management-Stile zu extrahieren und diese in einem zweiten Schritt mittels qualitativer Daten auszuarbeiten, versuchen wir das pädagogische Handeln der Lehrpersonen ins Zentrum zu rücken (vgl. 5.2). Zugleich erlaubt uns diese Vorgehensweise, systematisch aufzuzeigen, wie unterschiedlich die herausgearbeiteten Elemente eingesetzt werden können, um die Stützfunktion des Classroom Management für den Unterricht zu erfüllen. Dazu wird in 12.1 zunächst ein Überblick über die Zuordnung der Lehrpersonen zu den drei Stilen gegeben, ferner werden die typischen Merkmale ihrer jeweiligen Klasse aufgezeigt. Des Weiteren werden die Classroom-Management-Stile anhand der fünf Funktionen charakterisiert. Anschliessend erfolgt eine dichte Beschreibung je Stil. Abgeschlossen wird das Kapitel mit einem Fazit.

## 12.1 Die Zuordnung der Lehrpersonen zu einem Stil

Zunächst muss diesbezüglich eine Vorbemerkung gemacht werden: Wie in 8.1 er-wähnt, liessen sich keine Unterstufenlehrpersonen mit regelorientiertem Stil für den qualitativen Teil der Studie finden. Deshalb entschieden wir, Lehrpersonen mit mul-tidimensionalem Stil mit einzubeziehen. Aus der Videoanalyse ergab sich jedoch, dass sich dennoch zwei Lehrpersonen aufgrund der Charakteristik ihres Classroom Management dem regelorientierten Stil zuordnen liessen: eine davon charakterisierte sich durch einen prozedurenorientierten Stil (US3) und die andere wies einen multi-dimensionalen Stil auf (US2). Tabelle 12.1 macht die Zusammensetzung je Stil nach dieser Umverteilung ersichtlich.

Während sich die Lehrpersonen beim regelorientierten und dem multidimensiona-len Stil punkto Berufserfahrung wesentlich voneinander unterscheiden – unter ihnen figurieren nebst Berufseinsteigenden auch sehr Erfahrene –, sind beim prozeduren-orientierten Stil alle Lehrpersonen als erfahren einzustufen. Des Weiteren ist der Tabelle 12.1 zu entnehmen, dass es sich bei allen Kindergärten um Mehrjahrgangs-klassen handelt, und dass sich die jahrgangshomogenen und Mehrjahrgangsklassen der Unterstufe – begründet durch die Stichprobenziehung – auf die Stile verteilen. Die Klassengrössen pendeln zwischen 16 und 22 Kindern.

*Tabelle 12.1: Berufserfahrung der Lehrpersonen und Klassenzusammensetzungen je Stil*

| | Regelorientierter Stil (4 Lehrpersonen) | Prozeduren-orientierter Stil (3 Lehrpersonen) | Multidimensionaler Stil (5 Lehrpersonen) |
|---|---|---|---|
| Berufserfahrung der Lehrpersonen | | | |
| 0 bis 5 Jahre | 1 KGL (KG3) | | 1 USL (US6) |
| 6 bis 10 Jahre | 1 USL (US2) | | 1 KGL (KG6) |
| 11 bis 15 Jahre | | 1 KGL (KG1) 1 USL (US5) | 1 USL (US4) |
| 16 bis 20 Jahre | 1 KGL (KG2) | | |
| 21 bis 25 Jahre | | | 1 KGL (KG5) 1 USL (US1) |
| Mehr als 25 Jahre | 1 USL (US3) | 1 KGL (KG4) | |
| Klasse | Zweijährige Kindergärten mit je 21 Kindern (KG2, KG3,) 1. Schuljahr mit 17 Kindern (US3) 2. Schuljahr mit 22 Kindern (US2) | Zweijährige Kindergärten mit je 19 Kindern (KG1, KG4) 1. und 2. Schuljahr mit 18 Kindern (US5) | Zweijähriger Kindergarten mit 16 Kindern (KG5) Zweijähriger Kindergarten mit 18 Kindern (KG6) 1. und 2. Schuljahr mit 20 Kindern (US1) 1. Schuljahr mit 19 Kindern (US4) 2. Schuljahr mit 19 Kindern (US6) |

KG:   Kindergarten
KGL: Kindergartenlehrperson
US:   Unterstufe
USL: Unterstufenlehrperson

## 12.2 Charakteristika der Classroom-Management-Stile

In 8.4.2 wurde ausgeführt, dass wir je Stil einen repräsentativen Fall auswählen und diesen durch Hinzunahme von typischen Merkmalen der weiteren Fälle im Sinne eines Idealtypus konstruieren. In Tabelle 12.2 werden die Charakteristika der einzelnen Stile zusammenfassend dargestellt.

Nachfolgend werden die Stile anhand der videobasierten Unterrichtsbeobachtungen hinsichtlich der Schwerpunktsetzung von Funktionen des Classroom Management einzeln beschrieben.

*Tabelle 12.2: Die Classroom-Management-Stile im Überblick*

| Funktionen | Regelorientierter Stil | Prozedurenorientierter Stil | Multidimensionaler Stil |
|---|---|---|---|
| Rhythmisierung | – Eher längere, insbesondere geführte Sequenzen<br>– Geführte Sequenzen, rhythmisiert durch den Wechsel von Unterrichts- und/oder Sozialformen<br>– Wenige Übergänge zwischen geführten und offenen Sequenzen gegenüber häufigen Übergängen in geführten Sequenzen | – Wechsel zwischen geführten und offenen Sequenzen<br>– Wechsel der Sequenzen prägnant<br>– Häufig Übergänge zwischen Sequenzen | – Prägnanter Wechsel von Spiel- und Lernsettings<br>– Nach Ankündigung selbstständiger Vollzug der Übergänge durch die Kinder |
| Strukturierung | – Zeitlich und räumlich durch die Lehrperson vorgegeben<br>– Direkte Anweisungen und Zuteilungen zu Spiel- und Lernangeboten | – Anfang und Ende von Sequenzen deutlich markiert<br>– Zeitliche Orientierung wird über Rituale in Übergängen gegeben<br>– Gezielte räumliche Wechsel | – Wiederkehrender Ablauf von Spiel- und Lernsettings<br>– Besprechung des Verlaufs des Vormittags mit den Kindern |
| Interaktion | – Rasches und direktes Reagieren auf Regelverstösse | – Eher beiläufiges Erwähnen von Regeln | – Die Aufmerksamkeit wird auf die Spiel- und Lernaufgaben gelenkt |
| Organisation | – Es werden Routinen für Standardsitua- tionen wie z.B. das Ankommen oder das Hervor- und Wegräumen von Material eingeführt | – Dank der vorbe- reiteten Spiel- und Lernumgebung rascher Beginn mit den Spiel- und Lernangeboten<br>– Eingeführte und etablierte Routinen zur Förderung der Selbständigkeit der Kinder sowie zur Entlastung der Lehrpersonen | – Definition von Routinen und Regeln für Spiel- und Lernsettings<br>– Klare Raumaufteilung und Definition der Funktionsbereiche |
| Überblick | – Fokus der Lehrperson auf der Klasse<br>– Hohe Aufmerksamkeit gilt dem Geschehen in der Klasse<br>– Die Lehrperson fun- giert als Schaltzentrum bei Wechsel von Spiel- und Lernorten wie auch bei Übergängen | – Fokus der Lehrperson ist auf Gruppen von Kindern gerichtet<br>– Etablierte Routinen ermöglichen Spiel- und Lernbegleitung der Kinder<br>– Führung eher über die vorbereitete Spiel- und Lernumgebung | – Fokus der Lehrperson liegt auf dem Spiel- und Lernsetting<br>– Die Selbständigkeit der Kinder in Spiel- und Lernsettings ermöglicht gezielte Spiel- und Lernbeglei- tung einzelne Kinder und Gruppen<br>– Führung eher über definierte Spiel- und Lernsettings |

### 12.2.1 Regelorientierter Stil

Lehrpersonen dieses Stils bevorzugen in ihrer Unterrichtsgestaltung eher längere und insbesondere eher geführte Sequenzen. Diese werden einerseits über den Wechsel der Unterrichtsformen rhythmisiert (vgl. Abbildung 12.1). In KG3 z. B. Begrüssung und Geschichte (darbietend), Unterrichtsgespräch dazu (erarbeitend), neue Aufgabenstellung zum Thema (erarbeitend), Abschluss der Aufgabe (darbietend). Andererseits ergibt sich die Rhythmisierung – wie das Beispiel US3 zeigt – aus dem Wechsel der Sozialformen, indem sich geführte Sequenzen in der Klasse mit geführten Sequenzen bei der Gruppenarbeit abwechseln (vgl. Abbildung 12.1). Dadurch kommt es eher zu weniger Übergängen zwischen den Sequenzen (vgl. Abbildung 12.1).

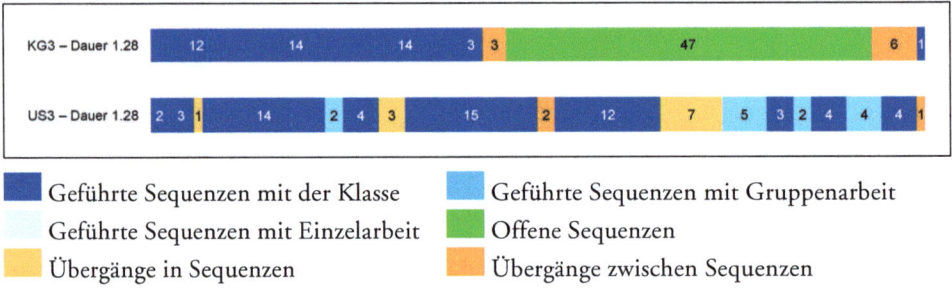

*Abbildung 12.1: Rhythmisierung beim regelorientierten Stil – Segmente in Minuten*

Durch diese Art der Rhythmisierung, die Anteile der geführten Sequenzen und die räumliche Zuweisung der jeweiligen Spiel- und Lernaktivitäten geben die Lehrpersonen die zeitliche und räumliche Strukturierung weitgehend vor. Dies äussert sich darin, dass den Kindern direkte, genaue Anweisungen gegeben werden, welche Spiel- und Lernangebote wo zu bearbeiten sind: etwa in US3, wo die Lehrperson den Kindern die Materialien für die Gruppenarbeit zur Verfügung stellt und sie zu ihrem Arbeitsplatz begleitet. Aber auch in der offenen Sequenz in KG3, die in Form des freien Spiels angelegt ist, teilt die Lehrperson den Kindern dezidiert einen Funktionsbereich zu. Oft wird auch auf den Regelinhalt Mobilität verwiesen, d. h., die Kinder müssen die Lehrperson fragen, wenn sie von einem Spiel- und Lernangebot in ein anderes hinüberwechseln wollen. Die Engmaschigkeit im Erteilen von Anleitungen und Zuteilungen geht einher mit dem raschen Reagieren auf Regelverstösse durch die Lehrpersonen. Dies betrifft im Besonderen die Regelgruppen Kommunikation und Mobilität. Die direkte Anleitung der Kinder hat auch zur Folge, dass Routinen lediglich für Standardsituationen wie z. B. das Ankommen oder das Hervorholen und Wegräumen von Material eingeführt werden. Es entsteht der Eindruck, dass die Lehrperson sozusagen das Schaltzentrum darstellt, da sie es ist, die jeweils den Wechsel von Spiel- und Lernorten sowie die Übergänge zwischen den Unterrichtssequenzen vorgibt. Der Fokus ist bei diesen Lehrpersonen auf die Klasse gerichtet und sie sind darauf bedacht, jederzeit den Überblick über das Klassengeschehen zu behalten.

## 12.2.2  Prozedurenorientierter Stil

Lehrpersonen mit prozedurenorientiertem Stil rhythmisieren den Unterrichtsverlauf vor allem über den Wechsel von geführten und offenen Sequenzen (vgl. Abbildung 12.2). Häufig enthalten geführte und offene Sequenzen individualisierende Spiel- und Lernangebote, wodurch auch den Übergängen in und zwischen den Unterrichtssequenzen eine zentrale Bedeutung zukommt.

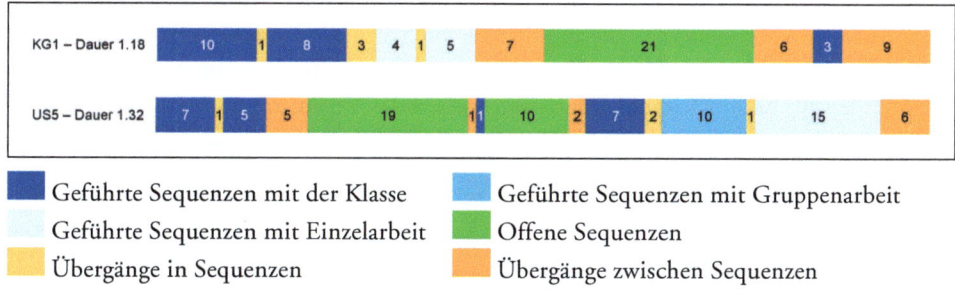

Abbildung 12.2: Rhythmisierung beim prozedurenorientierten Stil – Segmente in Minuten

Damit die Sequenzen an sich sowie der Wechsel dazwischen geschmeidig ablaufen, ist eine Schwerpunktsetzung auf die Funktionen Strukturierung und Organisation zu erkennen. Diesen Lehrpersonen ist es wichtig, Anfang und Ende einer Sequenz deutlich zu markieren, sei es nonverbal oder auch verbal. Hinzu kommt, dass sie die Übergänge eher länger gestalten, um dadurch die Zäsur zwischen den Sequenzen offensichtlich hervorzuheben. Um die Klasse zu sammeln, greifen sie häufig auf Rituale zurück, z.B. auf das Singen eines bestimmten Liedes oder auf eine Konzentrationsübung. Der räumliche Wechsel, der beim Verteilen der Kinder auf ihre individuellen Spiel- und Lernangebote erforderlich ist, wird gezielt angesagt. Voraussetzung dafür, dass die Übergänge möglichst reibungslos verlaufen, ist die vorbereitete Spiel- und Lernumgebung, in der die Funktionsbereiche deutlich erkennbar und die Materialien für die Kinder bereitgestellt sind. Des Weiteren helfen die gezielt eingeübten Routinen den Kindern, ihre individuellen Spiel- und Lernangebote selbstständig wahrzunehmen und von einer Tätigkeit in eine andere hinüberzuwechseln. Dank diesen Routinen wissen sie z.B., was mit den fertigen Aufgaben zu tun ist, welche zusätzlichen Materialien verwendet werden dürfen oder auch, wie der Spiel- und Lernort vorbereitet werden muss. Nehmen die Lehrpersonen bei den Kindern Regelverstösse wahr, erwähnen sie die entsprechenden Regeln gegenüber den Kindern eher beiläufig, um sie daran zu erinnern. Infolge der individualisierenden Spiel- und Lernangebote ist der Fokus dieser Lehrpersonen eher auf Gruppen von Kindern gerichtet. Aufgrund der eingeübten Routinen können sie sich erlauben, sich diesen Gruppen gezielt zuzuwenden.

### 12.2.3  Multidimensionaler Stil

Charakteristisch für Lehrpersonen mit multidimensionalem Stil sind die definierten Spiel- und Lernsettings wie z. B. Gruppenarbeit, Werkstattunterricht oder freies Spiel. Die Rhythmisierung erfolgt denn auch über den prägnanten Wechsel zwischen diesen diversen Unterrichtsformen. Die Lehrpersonen kündigen an, was als Nächstes angegangen wird, und die Kinder vollziehen den Übergang selber, indem sie z. B. ihren Werkstatt-Ort für die vorgesehenen Aufgaben einrichten oder den Platz wieder aufräumen. Bei Lehrpersonen dieses Stils fällt auch auf, dass sie einen wiederkehrenden Ablauf von Spiel- und Lernsettings etabliert haben. Zudem besprechen sie mit den Kindern jeweils beim Morgenbeginn den Verlauf des Vormittags.

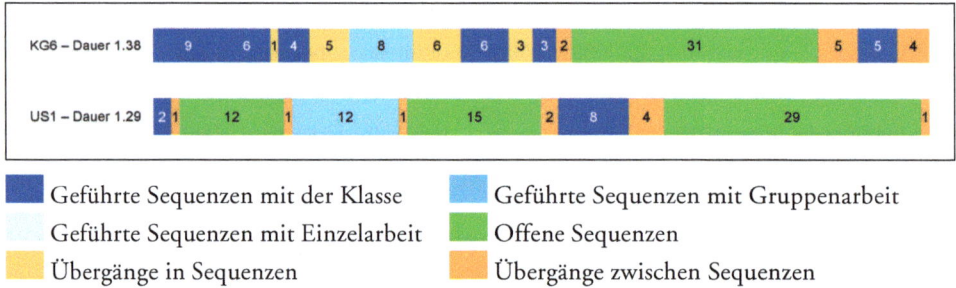

*Abbildung 12.3: Rhythmisierung beim multidimensionalen Stil – Segmente in Minuten*

Damit diese Spiel- und Lernsettings als Ganzes funktionieren, haben die Lehrpersonen zur Unterstützung auch die entsprechenden Routinen und Regeln eingeführt. In Kombination mit einer klaren Aufteilung und Einrichtung der Funktionsbereiche sind die Kinder fähig, sich in diesen Spiel- und Lernsettings weitgehend selbstständig zu bewegen. Bei Regelverstössen reagieren die Lehrpersonen dahingehend, dass sie die Aufmerksamkeit der Kinder auf die Spiel- und Lernaufgabe zu lenken versuchen. Der Fokus dieser Lehrpersonen ist auf das Spiel- und Lernsetting gerichtet. Weil dieses in der Regel wie von selbst abläuft, eröffnet sich den Lehrpersonen ein Spielraum, der ihnen ermöglicht, einzelne Kinder und Gruppen gezielt in ihren Spiel- und Lernprozessen zu begleiten.

## 12.3  Fazit

Basierend auf den Classroom-Management-Stilen, die aus den Fragebogendaten extrahiert wurden, folgte die Ausarbeitung der Stile – in Analogie zur Definition von Idealtypen (vgl. 8.4.2) – anhand der qualitativen Daten aus der videobasierten Unterrichtsbeobachtung. Daraus ergab sich, dass zwei Lehrpersonen aufgrund des bei ihnen beobachteten, pädagogisch-didaktischen Handelns im Unterricht dem regelorientierten Stil zugeordnet werden konnten. Anschliessend wurden die Classroom-Management-Stile möglichst kontrastiv einander gegenübergestellt, einerseits anhand der von den

Lehrpersonen gesetzten Schwerpunkte bezüglich der Funktionen des Classroom Management und andererseits hinsichtlich ihres didaktischen Arrangements. Lehrpersonen des regelorientierten Stils charakterisieren sich über ein didaktisches Arrangement mit hohen Anteilen an geführten Sequenzen. Ihre starke Präsenz auf der instruktionalen Ebene widerspiegelt sich in ihrem direktiven Classroom-Management-Stil, indem sie unablässig Anleitungen geben und unmittelbar auf Regelverstösse reagieren. Im Gegensatz dazu zeichnen sich Lehrpersonen des prozedurenorientierten Stils auf der instruktionalen Ebene durch eine gezielt vorbereitete Spiel- und Lernumgebung aus. Damit geht einher, dass sie besonderen Wert auf Strukturierung und Organisation legen, indem sie den Raum sozusagen als „dritten Pädagogen" arrangieren und die Kinder mittels Einsatz von Routinen zur Selbstständigkeit befähigen. Bei Lehrpersonen des multidimensionalen Stils sticht die Fähigkeit hervor, in ihrem Unterricht spezifische Elemente des Classroom Management mit der Funktion Organisation geschickt zu kombinieren. Dadurch fördern sie die Selbständigkeit der Kinder, was ihnen gleichzeitig ermöglicht, sich auf die aktive Spiel- und Lernbegleitung zu konzentrieren.

Was an dieser Stelle als statische Zuschreibung von Lehrpersonen zu einem Stil gelesen werden kann, ist vor dem Hintergrund der Interviews mit den Lehrpersonen zu relativieren (vgl. Kapitel 9). Darin finden sich zahlreiche Hinweise, dass auch situationsspezifische Aspekte nicht zu unterschätzen sind. So ist etwa zu berücksichtigen, ob die Lehrperson eine Klasse neu übernommen hat oder ob sie diese bereits seit längerer Zeit unterrichtet. Auch die Klassenzusammensetzung spielt eine massgebliche Rolle, denn je nachdem, ob eine Lehrperson mit einer neu zusammengesetzten Jahrgangsklasse begonnen hat oder ob sie den Unterricht in einer bereits bestehenden, jahrgangsgemischten Klasse fortsetzen kann, ergeben sich andere Herausforderungen. Und nicht zuletzt ist die Lehrperson mit ihrem Lehr- und Lernverständnis, ihren pädagogischen Überzeugungen und ihrem persönlichen Unterrichtsstil eine entscheidende Grösse. Zu guter Letzt können sich auch die Schwerpunkte bezüglich der Funktionen des Classroom Management verschieben – je nach der Ausgangslage, dem unterrichtlichen Verlauf über das Schuljahr und der Konstanz der Klassenzusammensetzung.

# 13 Zusammenfassung und Ausblick

In den vorausgehenden Kapiteln wurden die theoretischen Überlegungen, die forschungsmethodische Vorgehensweise sowie die empirischen Erkenntnisse ausführlich dargelegt. Sie kulminieren einerseits in einem Modell zum Classroom Management und andererseits in einer Typologie von Classroom-Management-Stilen. Nach einer knappen Beschreibung der Ausgangslage werden die wichtigsten Erkenntnisse je Fragestellung zusammengefasst. Sie sollen bei den Lesenden Neugierde wecken und sie dazu ermuntern, sich mit den ausführlich dargestellten Ergebnissen auseinanderzusetzen. Mit den abschliessenden Bemerkungen wird der Kreis zu den theoretischen und empirischen Grundlagen geschlossen.

## 13.1 Ausgangslage

Ausgehend von einem knappen historischen Rückblick wurde herausgearbeitet, dass es weiterhin notwendig ist, sich mit den spezifischen pädagogischen Traditionen und Ausprägungen in Kindergarten und Schule auseinanderzusetzen – also auch, nachdem der Kindergarten zur öffentlichen Bildung gehört. Diese Notwendigkeit begründet sich darin, dass der Kindergarten und die ersten beiden Schuljahre der Primarstufe als Eingangsstufe konzipiert worden sind und nun auch über einen gemeinsamen Lehrplan verfügen. Ein weiterer Grund ergibt sich daraus, dass sich die Lehrpersonen der Eingangsstufe der Aufgabe gegenübersehen, angesichts der Entwicklungs- und Leistungsheterogenität der Kinder mit der herausfordernden Situation in pädagogisch-didaktisch angemessener Form umgehen zu können. Dies betrifft im Speziellen die Kombination von geführten und offenen Sequenzen, deren Umsetzung eine anspruchsvolle Aufgabe darstellt. Aus dieser Perspektive wurde deutlich, dass es sich beim Classroom Management um eine bisher eher unterbeleuchtete Ebene der Unterrichtsgestaltung handelt. Vor diesem Hintergrund setzten wir uns zum Ziel, das Classroom Management im Rahmen dieser Studie näher zu untersuchen. Wie angedeutet, fehlen im deutschsprachigen Raum kohärente Darstellungen zum Classroom Management, weshalb auf angloamerikanische Konzepte zurückgegriffen wurde. Anhand der Darstellung der historischen Genese des Classroom Management wurden die theoretischen Entwicklungen und die entsprechenden empirischen Befunde, die schliesslich zum aktuellen Verständnis von Classroom Management geführt haben, nachgezeichnet. Zugleich diente die Auseinandersetzung mit dieser Thematik dazu, eine Arbeitsdefinition für unsere Studie aufzustellen. Damit war zudem das Ziel verbunden, das Classroom Management als einen eigenständigen Teil der Unterrichtsgestaltung zu präsentieren und gleichzeitig dessen Stützfunktion bei der Schaffung einer spiel- und lernzentrierten Umgebung für die Kinder aufzuzeigen.

Die vertiefte Auseinandersetzung mit dem Classroom Management diente ferner als Grundlage zur Reflexion der unterschiedlichen pädagogisch-didaktischen Traditionen im angloamerikanischen wie auch im deutschsprachigen Raum. Dabei stellte sich heraus, dass die Beschreibung des Classroom Management in der angloamerikanischen Tradition auch didaktische Elemente enthält – wie z. B. Hinweise zu Aufgabenstellungen –, während solche Elemente im deutschsprachigen Raum als didaktische Überlegungen zum Unterricht betrachtet werden. Diesem Umstand wurde mit der Verwendung eines pädagogisch-didaktischen Konzepts Rechnung getragen, das drei Ebenen der Unterrichtsgestaltung umfasst: nämlich Classroom Management, Spiel- und Lernbegleitung sowie Unterrichtssequenzen, wobei Letztere für die didaktische Ebene stehen. Dies hat den Vorteil, dass einerseits jede einzelne Ebene analysiert und andererseits ihre Verwobenheit untereinander aufgezeigt werden konnte. Zugleich bildeten diese Ebenen die Ausgangslage für die Formulierung der Fragestellungen.

## 13.2  Fragestellungen und Erkenntnisse

Für unsere Studie orientierten wir uns am Vertiefungsmodell von Mayring (2001), indem wir zuerst – im quantitativen Teil – eine schriftliche, standardisierte Fragebogenerhebung durchführten. Mittels einer Clusteranalyse liessen sich aus den dabei gewonnenen Daten drei Classroom-Management-Stile extrahieren, was uns dann erlaubte, eine gezielte Auswahl an Lehrpersonen für den qualitativen Teil der Studie zu treffen. Die qualitative Studie umfasste eine videobasierte Beobachtung von zwei Unterrichtsstunden sowie fokussierte Interviews mit den betreffenden Lehrpersonen, basierend auf zwei Videosequenzen aus ihrem Unterricht. Daran anschliessend wurden diverse Haupt- und Vertiefungsfragen dazu gestellt. Diese Methoden-Kombination erlaubte es uns, den Untersuchungsgegenstand Classroom Management aus drei Perspektiven zu erfassen. Mit dem Fragebogen konnten wir die Einstellungen sowie die Selbsteinschätzung der Lehrpersonen erheben. Die videobasierte Unterrichtsbeobachtung ermöglichte uns einen Einblick in das pädagogisch-didaktische Handeln der Lehrpersonen in situ. Das fokussierte Interview eröffnete einen Zugang zu ihrem Berufswissen und damit auch zu ihren handlungsleitenden Prinzipien. Nachfolgend werden die wichtigsten Ergebnisse zu den drei Fragestellungen zusammenfassend präsentiert.

*Welche Elemente des Classroom Management finden sich in der Eingangsstufe?*

Insgesamt konnten wir aus den vorliegenden Daten vier Elemente – Raumgestaltung, Regeln, Prozeduren und Rituale – extrahieren. Sie werden im Folgenden umschrieben. Raumgestaltung: Aus der quantitativen Auswertung der Raumskizzen zeigt sich, dass die Raumeinrichtung im Kindergarten durch den Sitzkreis und die Funktionsbereiche dominiert werden, in der Unterstufe hingegen durch die Pulte und den Sitzkreis. Die Funktionsbereiche Regelspiele und Lesen sind sowohl im Kindergarten als auch in der Unterstufe in hohem Mass vertreten. In den fokussierten Interviews berichten die Lehrpersonen, dass es für sie immer wieder eine Herausforderung darstelle, den Raum so aufzuteilen und einzurichten, dass er einen geschmeidigen Wechsel zwischen den diversen Unterrichtsformen ermögliche und gleichzeitig eine optimale Förderung der Selbständigkeit der Kinder begünstige. Dies wird befördert durch eine übersichtliche Gliederung des Raums sowie durch Abmachungen darüber, wie z. B. welches Material für die Kinder frei zugänglich sein soll. Eine ausgeklügelte Aufteilung und Einrichtung des Raums erleichtert es den Kindern, sich zu orientieren, und den Lehrpersonen, die Übersicht zu behalten. Nebst diesen Überlegungen zur Raumgestaltung wird nicht selten die Raumknappheit angesprochen. Besonders Lehrpersonen der Unterstufen monieren, dass die Schulzimmer für ein ausgewogenes Spiel- und Lernangebot in offenen Sequenzen zu klein seien. Sie erweitern deshalb ihr Schulzimmer, indem sie Spiel- und Lernorte im Schulhausgang oder in benachbarten Räumen miteinbeziehen. Insgesamt bringen die Lehrpersonen zum Ausdruck, dass sie sich die Räumlichkeiten gemeinsam mit den Kindern zu eigen machen wollen, um eine motivierende Spiel- und Lernumgebung zu schaffen.

Regeln: Das Element Regeln enthält zwei Kategorien, die den fokussierten Interviews entnommen werden können. Die Kategorie Regelinhalte umfasst die fünf Regelgruppen Integrität, Kommunikation, Sorgfalt, Ordnung und Mobilität. Die Regeln zur Integrität betreffen einerseits den Schutz jedes einzelnen Kindes vor verbalen und physischen Übergriffen und andererseits dessen Recht, in einer Gruppe seiner Wahl mitspielen zu dürfen, d.h., nicht ausgeschlossen zu werden. Auch die Regeln der Kommunikation stützen den gegenseitigen Respekt, indem in den verschiedenen Unterrichtssituationen bewusst darauf geachtet wird, dass die Kinder einander zuhören und sich gegenseitig aussprechen lassen. Ferner wird auf einen sorgfältigen Umgang mit Spiel- und Lernmaterialien, Verbrauchsmaterial und Mobiliar Wert gelegt. Die Lehrpersonen führen die Regeln zur Sorgfalt ein, indem sie den Kindern den sachgerechten Umgang mit den betreffenden Materialien vorzeigen. Die Regeln zur Ordnung betreffen das Ankommen im Kindergarten oder in der Schule sowie das Aufräumen bei einem Wechsel des Spiel- oder Lernangebotes und nach dem Abschluss einer Sequenz. Mit Regeln zur Ordnung beugen die Lehrpersonen möglichen Unterrichtsstörungen vor, stellen Spiel- und Lernangebote bereit und helfen den Kindern, den Überblick über ihre Sachen zu behalten. Des Weiteren stellen sämtliche Lehrpersonen Regeln zur Mobilität auf, die den Wechsel von Spiel- und Lernangeboten, das Verlassen des Unterrichtsraumes sowie die Fortbewegung im Kindergarten oder im Schulzimmer betreffen. Zusammenfassend ist festzustellen, dass die Lehrpersonen ein Set an Regeln einführen, die sich aus allen Regelgruppen zusammensetzen.

Was die Kategorie Regeleinhaltung angeht, werden folgende Strategien eingesetzt: Halten sich die Kinder an die abgemachten Regeln, so loben die Lehrpersonen wo immer möglich die ganze Klasse oder einzelne Kinder. Entscheiden sich die Lehrpersonen, bei Regelverstössen zu intervenieren, geschieht dies zunächst durch Ermahnen, sei dies über nonverbale oder verbale Signale. Weitere Strategien, die bei Regelverstössen angewendet werden, sind der temporäre Ausschluss von Kindern aus einer Spiel- und Lernaktivität, die Einschränkung der Wahlfreiheit oder der Abbruch einer Unterrichtssequenz. Weitaus am häufigsten werden Regelverstösse jedoch zum Anlass genommen, um mit der ganzen Klasse oder mit einzelnen Kindern den Gründen dafür im Gespräch nachzugehen. Beispielsweise wird überlegt, was getan werden könnte, damit die Regel besser eingehalten werden, oder ob es allenfalls notwendig ist, eine zusätzliche Regel einzuführen. Mit dem gemeinsamen Festlegen von Regeln ist das Ziel verbunden, das Verständnis für Regeln und deren Verbindlichkeit zu erhöhen.

Prozeduren: Mit Prozeduren wird definiert, wie wiederkehrende Situationen im Kindergarten- und Schulalltag gehandhabt werden. Prozeduren werden in Routinen und Übergänge unterteilt. Routinen beziehen sich auf das Ankommen der Kinder im Kindergarten oder in der Schule, auf die Hausaufgaben, den Zugang zu Spiel- und Lernangeboten, deren Organisation sowie auf den Wechsel zwischen den Räumlichkeiten. Da sich das Ankommen der Kinder über eine gewisse Zeit erstreckt, haben die Lehrpersonen Routinen eingeführt, die es den Kindern ermöglichen, sich in dieser Zeit selber zu beschäftigen. Das Ankommen beginnt in der Regel mit der persönlichen Begrüssung des Kindes durch die Lehrperson, gefolgt vom Wechsel der Schuhe, dem Aufhängen der Jacke, dem Auspacken und anschliessenden Wegräumen der Kindergarten- oder Schultasche und dem Ablegen der Hausaufgaben. Danach können die Kinder bis zum gemeinsamen Morgenbeginn selbständig Aktivitäten wahrnehmen. Zu den Routinen betreffend den Zugang und die Organisation von Spiel- und Lernangeboten gehören das Hervornehmen und Bereitstellen der notwendigen Materialien, das Ablegen von Arbeitsblättern und Zeichnungen etc. sowie das Aufräumen am Ende einer Unterrichtssequenz. Unterstützt werden diese Routinen durch personalisierte Ablagefächer, Ordner oder auch Schubladen sowie durch Übersichtspläne zu Spiel- und Lernangeboten. Das Bilden einer Zweierreihe ist auf dieser Stufe eine beliebte Routine, wenn ein Wechsel von Räumlichkeiten bevorsteht. Für die Kinder ist klar, mit wem sie zusammen sind, der Lehrperson erlaubt die Zweierreihe einen raschen Überblick und gewährleistet damit die Sicherheit der Kinder. Sämtliche Routinen werden – häufig auch in Verbindung mit Regeln – gezielt eingeführt und eingeübt, so dass sie entsprechend der Bedeutung des Wortes zur Gewohnheit werden. Routinen stellen für die Lehrperson eine wesentliche Entlastung dar und fördern andererseits die Selbständigkeit der Kinder.

Übergänge stellen kritische Sequenzen dar, die bei ungenügender Beachtung hohes Konflikt- und Störpotential aufweisen. Den Beschreibungen der Lehrpersonen sind Strategien des Verteilens und des Sammelns zu entnehmen. Das Verteilen kommt in Situationen zum Zug, in denen der Klassenverband aufgelöst und die Kinder alleine, zu zweit oder in Gruppen einem bestimmten Spiel- und Lernangebot zugewiesen werden. Die Lehrpersonen nehmen diese Gelegenheiten wahr, um die Kinder gestaffelt Spiel- und Lernangeboten zuzuweisen und gleichzeitig die Gruppenzusammensetzung zu steuern. Häufig setzen die Lehrpersonen dazu Hilfsmittel ein, indem sie beispielsweise Wäscheklammern mit den Namen der Kinder im Voraus auf einem Übersichtsplan platzieren, die Kinder würfeln oder Bildkarten ziehen lassen oder auch, indem sie die Kinder selber aushandeln lassen, mit wem sie in der Gruppe zusammen sein möchten. Alle Lehrpersonen berichten übereinstimmend, dass sie sich vergewissern, ob die Kinder die von ihnen aufgesuchten Spiel- und Lernaktivitäten tatsächlich aufgenommen haben. Ist dies nicht der Fall, so helfen sie ihnen dabei, in ihre Spiel- und Lernaktivitäten hineinzufinden. Das Sammeln markiert den Abschluss eines Übergangs. Hier liegt die spezielle Herausforderung darin, dass die Kinder an unterschiedlichen Spiel- und Lernaufgaben sind, die sie nun zu einem Abschluss bringen müssen. Dies erfordert in der Regel unterschiedlich viel Zeit, so dass die Kinder gestaffelt ins Plenum zurückkehren. Für solche Situationen halten die Lehrpersonen häufig Spiele oder auch Bewegungsaufgaben bereit. Sind alle Kinder im Plenum vereint, wird die Gelegenheit nach der „äusseren" Sammlung dazu genutzt, um zur „inneren" Sammlung zu gelangen, indem Bewegungs- und Konzentrationsübungen gemacht werden oder ein Lied gesungen wird. Auf diese Weise lenken die Lehrpersonen die Aufmerksamkeit der Kinder auf die nächste Unterrichtssequenz oder auf den Abschluss des Halbtags. Damit die Lehrpersonen ihre mündlichen Anweisungen geben können, werden Anfang und Abschluss eines Übergangs in der Regel mit akustischen Signalen eingeleitet – z. B. mit einer Flötenmelodie oder einem Gongton. Wie den Ausführungen der Lehrpersonen zu entnehmen ist, werden die Übergänge in der Eingangsstufe von den Lehrpersonen häufig als zusätzliche Spiel- und Lerngelegenheiten genutzt oder auch im Sinn von Zyklen der Spannung und Entspannung pädagogisch-didaktisch gestaltet.

Rituale: Sie durchziehen in der Eingangsstufe den Alltag, indem sie den verschiedenen Anlässen eine besondere Bedeutung zuteilwerden lassen. Die Lehrpersonen setzen Rituale mit dem Ziel ein, die Soziabilität und die Orientierung zu fördern. Unter Soziabilität werden Rituale subsumiert, die das Individuum oder die Gemeinschaft ins Zentrum stellen. Beispiele für die individuelle Anerkennung und Wertschätzung sind die Geburtstagsrituale oder auch die Zeigerunden, während die Rituale zum gemeinsamen Morgenbeginn, zum Znüni oder zum Abschluss des Tages die Gemeinschaftsbildung fördern. Durch ihre Repetivität und Förmlichkeit bilden sie wiederkehrende Gelegenheiten des sozialen und mimetischen Lernens. Durch ihre Symbolizität verleihen sie solchen Anlässen einen Verweischarakter, der über den Alltag hinausgeht.

Rituale zur Orientierung werden eingesetzt, damit sich die Kinder vor allem im Tages- und Wochenverlauf zurechtfinden. So wird etwa ein Vormittag über Rituale zum Morgenbeginn, zum Znüni und zum Abschluss des Morgens in überblickbare Zeiteinheiten gegliedert. Durch ihre Gleichförmigkeit vermitteln sie zugleich Sicherheit und Halt. Nicht zuletzt stellen die Rituale zur Orientierung auch vertraute Inseln in einem durch Unvorhersehbarkeiten geprägten Kindergarten- und Schulalltag dar.

Ferner wurde dargelegt, dass Aspekte des Classroom Management einerseits eher fragmentiert thematisiert werden (Kapitel 1) und andererseits, dass das Classroom Management eher allgemein über die Aufzählung von Merkmalen konzipiert wird (Kapitel 2). Basierend auf diesen Grundlagen wurde über die fokussierten Interviews mit den Lehrpersonen versucht, einen detaillierteren Einblick in Elemente des Classroom

Management zu gewinnen. Die Ergebnisse zu den Elementen stellen die eine Seite dar. In welcher Funktion diese Elemente im Zusammenhang mit den verschiedenen Sequenzen eingesetzt werden, ist ein weiterer Aspekt, der im Rahmen der zweiten Fragestellung zusammenfassend dargestellt wird.

*Wie werden Elemente des Classroom Management eingesetzt, um den Kindern im Sinne der Lernzentrierung vielseitige Spiel- und Lernmöglichkeiten zu eröffnen?*

Aus der Sequenzanalyse der Videos wurden – zusätzlich zu den bereits in den fokussierten Interviews thematisierten Funktionen Rhythmisierung und Überblick – drei weitere Funktionen herausgearbeitet, und zwar Interaktion, Strukturierung und Organisation (vgl. Tabelle 13.1). Nachfolgend wird dargelegt, welche Elemente von den Lehrpersonen primär im Dienst der verschiedenen Stützfunktionen eingesetzt werden.

*Tabelle 13.1: Unterrichtssequenzen sowie Funktionen und Elemente des Classroom Management im Überblick*

| Sequenzen | Funktionen Interaktion | Strukturierung | Rhythmisierung | Organisation | Überblick |
|---|---|---|---|---|---|
| Geführte Sequenzen in der Klasse oder der Halbklasse | Regeln | | Rituale Prozeduren | | Raumgestaltung |
| Geführte Sequenzen bei der Einzelarbeit oder in der Gruppe | Regeln | | | Raumgestaltung | Raumgestaltung Regeln |
| Offene Sequenzen | Regeln | Raumgestaltung | | Prozeduren Regeln | Raumgestaltung |
| Spezielle Sequenzen | Rituale | Rituale | | Prozeduren | Raumgestaltung |

Interaktion: Sowohl in geführten als auch in offenen Sequenzen spielen die Regelinhalte zur Integrität und Kommunikation eine zentrale Rolle. Damit verleihen die Lehrpersonen ihren Verhaltenserwartungen Ausdruck und schaffen für die Kinder ein produktives Spiel- und Lernklima mit Gelegenheiten zu sozialem Lernen. Sie fördern die Wertschätzung und Anerkennung des einzelnen Kindes sowie der Klassengemeinschaft über Rituale, beispielsweise zum Morgenbeginn oder durch gemeinsame Pausen.
Strukturierung: In geführten Sequenzen erschliesst sich die räumliche Struktur über die Sitzanordnung; z.B. befinden sich die Kinder im Sitzkreis oder an ihren Pul-

ten. In offenen Sequenzen hingegen erleichtert eine klare räumliche Anordnung der Funktionsbereiche den Kindern die Orientierung, insbesondere beim Aufsuchen und Wechseln von Funktionsbereichen.

Rhythmisierung: Die Ergebnisse aus der Segmentierungsanalyse zeigen, dass die Rhythmisierung in geführten Sequenzen vor allem über den Wechsel von Themen, Unterrichtsformen und Sozialformen erfolgt. Aus den Sequenzanalysen ist ersichtlich, dass solche Übergänge von den Lehrpersonen häufig durch Ortswechsel oder Bewegungsaktivitäten gestaltet werden. Offene Sequenzen sind in der Regel in längeren Zeitblöcken angelegt. In diesen Sequenzen geben die Kinder die Rhythmisierung selber vor, und zwar durch ihr eigenes Spiel- und Lerntempo sowie durch den Wechsel von Spiel- und Lernaktivitäten, sofern keine Störungen oder Konflikte auftreten.

Organisation: Sobald die Klasse nach einer geführten Sequenz aufgelöst wird, trachten die Lehrpersonen danach, dass die Kinder die ihnen zugeteilten Spiel- und Lernaufgaben – einzeln oder in Gruppen – möglichst rasch beginnen können. Dies wird von den Lehrpersonen in der Regel dadurch gewährleistet, dass sie für die Kinder bereits im Voraus Spiel- und Arbeitsplätze vorbereiten. Für offene Sequenzen stehen über kürzere oder längere Zeit bestimmte Funktionsbereiche zur Verfügung. Die Kinder haben hierbei mehr Möglichkeiten, diese Bereiche nach eigenen Vorstellungen zu gestalten, als bei den geführten Sequenzen. Den Rahmen dafür setzen die Lehrpersonen mittels Prozeduren – insbesondere durch Routinen und Regeln.

Überblick: Bei dieser Funktion manifestiert sich einmal mehr die Bedeutsamkeit der Raumgestaltung. Die Herausforderung liegt hier darin, die räumlichen Arrangements so anzulegen, dass die Kinder bei ihren Spiel- und Lernaktivitäten sowohl in geführten als auch in offenen Sequenzen überblickt werden können. Allerdings wird dabei nicht davon ausgegangen, dass die Lehrpersonen jederzeit alle Kinder im Blick haben müssen, sondern es geht eher um die Zielsetzung, dass sie dank dem Überblick besser entscheiden können, wie lange sie eine Unterrichtsaktivität gewähren lassen sollen und wann ein Wechsel angezeigt respektive in ein bestimmtes Geschehen einzugreifen ist. Diese Überlegungen führen wiederum zur Funktion der Rhythmisierung.

Wechseln die Lehrpersonen zwischen geführten und offenen Sequenzen, setzen sie verschiedene Strategien des Verteilens und Sammelns ein. Vor allem beim Übergang zwischen einer geführten und einer offenen Sequenz spielt die vorbereitete Spiel- und Lernumgebung eine zentrale Rolle, denn dadurch ist es der Lehrperson möglich, den Wechsel flüssig zu organisieren. Umgekehrt setzen die Lehrpersonen beim Übergang von offenen zu geführten Sequenzen verschiedene Strategien ein, die es den Kindern ermöglichen sollen, ihre individuellen Spiel- und Lernaktivität abzuschliessen und sich in den Sitzkreis zu begeben. Bei solchen Übergängen geht es vor allem um das Sich-Sammeln und das Zentrieren der Aufmerksamkeit auf die nächste Sequenz. Die Zielsetzung der Rhythmisierung durch den Wechsel zwischen Zyklen der Spannung und der Entspannung, Konzentration und Erholung im Verlauf eines Halbtags zu schaffen, stellt sozusagen den Kulminationspunkt einer optimalen Lernzentrierung dar.

Die Forschungsergebnisse zum Zusammenhang zwischen Elementen und Funktionen des Classroom Management werden in einem Modell verdichtet, das in Kapitel 11 visualisiert und ausführlich erläutert wird. Dieses Modell dient zugleich als Folie, anhand derer drei Classroom Management-Stile ausgearbeitet werden.

*Welche Stile des Classroom Management kommen vor? Wie schlagen sich die unterschiedlichen Stile des Classroom Management in der Gestaltung von geführten und offenen Sequenzen nieder?*

Ausgangspunkt zur Beantwortung dieser Fragestellung bildeten die Fragebogendaten zum Classroom Management. Quantitativ konnten drei Classroom-Management-Stile extrahiert werden. In 8.1 wurde erwähnt, dass wir aufgrund der uns zur Verfügung stehenden quantitativen Daten keine Unterstufenlehrpersonen fanden, die sich dem regelorientierten Stil hätten zuordnen lassen. Anhand der qualitativen Videoanalyse stellte sich jedoch heraus, dass sich schliesslich doch zwei Unterstufenlehrpersonen diesem Stil zuordnen liessen. Je Stil wurde ein repräsentativer Fall ausgewählt und dieser anhand der weiteren Fälle zu einem Idealtypus ausgearbeitet – dies mit dem Ziel, die Unterschiede zwischen den diversen Classroom-Management-Stilen möglichst kontrastiv darzustellen. Anschliessend wurden die drei Stile anhand der Vergleichsdimension Funktionen des Classroom Management in Bezug zu den präferierten Unterrichtsformen charakterisiert (vgl. Kapitel 12). Nachfolgend wird jeder der drei Stile zusammenfassend dargestellt.

Regelorientierter Stil: Dieser Stil zeichnet sich dadurch aus, dass die betreffenden Lehrpersonen die Klasse in erster Linie als ein Ganzes sehen und an die Klasse gerichtete direktive Anweisungen geben. Dies manifestiert sich einerseits in den tendenziell längeren, geführten Sequenzen und andererseits in der Art und Weise, wie diese Lehrpersonen ihr Classroom Management gestalten: Sie geben den Kindern hinsichtlich der Funktionen Strukturierung, Interaktion, Organisation und Überblick viele Elemente direkt vor. Speziell fällt auf, dass sie grossen Wert auf die Einhaltung von Regeln legen und bei Regelverstössen oftmals unmittelbar reagieren. Durch ein engmaschiges Gefüge von Elementen des Classroom Management versuchen sie den Unterrichtsprozess zu schützen, was mitunter zu Unterbrechungen führen kann.

Prozedurenorientierter Stil: Im Zentrum dieses Stils stehen die vorbereitete Spiel- und Lernumgebung sowie die Funktionen Strukturierung und Organisation. Diese bilden die Voraussetzungen dafür, dass die Lehrpersonen die Kinder gezielt den für sie vorbereiteten Spiel- und Lernangeboten zuteilen können. Nach der Zuteilung nehmen die Kinder die Spiel- und Lernangebote selbstständig wahr – sei dies individuell oder in Gruppen. An die Einhaltung von Regeln wird eher beiläufig erinnert. Lehrpersonen dieses Stils nutzen die Elemente Raumgestaltung und Prozeduren für eine individualisierende Unterrichtsgestaltung und sind dadurch eher in der Lage, ihr Augenmerk auf die Spiel- und Lernprozesse der Kinder zu richten.

Multidimensionaler Stil: Bei diesem Stil fällt auf, dass die betreffenden Lehrpersonen den Schwerpunkt auf die Strukturierung und die Organisation legen, indem sie eine klare zeitliche und räumliche Strukturierung anstreben und diese dann auch umsetzen. Sie gestalten gezielt Spiel- und Lernsettings, wobei sie die jeweilige Unterrichtsform bewusst auch auf die zuvor eingeführten und etablierten Routinen und Regeln abstützen. Dadurch ermöglichen sie den Kindern eine weitgehende Selbständigkeit, und zwar sowohl in den entsprechenden Spiel- und Lernsettings als auch bei den dazwischenliegenden Übergängen. Bei Regelverstössen verfahren diese Lehrpersonen eher so, dass sie an die Verantwortlichkeit der Kinder appellieren, indem sie deren Aufmerksamkeit auf die Auseinandersetzung mit ihrer Spiel- und Lernaufgabe lenken. Bei diesem Stil sind didaktische Elemente eng mit dem Classroom Management verwoben. Daraus resultiert eine ausgeprägte Selbstständigkeit der Kinder, was den Lehrpersonen wiederum eine gezielte Spiel- und Lernbegleitung ermöglicht.

Bei der Beschreibung von Stilen handelt es sich um eine Art verdichtete Charakterisierung. Die Merkmale des pädagogisch-didaktischen Handelns der verschiedenen Lehrpersonen tragen zur Ausprägung eines Stils bei. Damit soll nicht suggeriert werden, dass eine Lehrperson ihren Stil nicht modifizieren kann. Sicherlich sind jedoch das Lernverständnis, die pädagogischen Überzeugungen sowie Vorlieben von Lehrpersonen für gewisse Unterrichtsformen Grössen, die mehr oder weniger konstant bleiben. Allerdings müssen auch Kontextbedingungen wie z. B. die Zusammensetzung der Klasse, die Vertrautheit der Lehrperson mit der Klasse, architektonische Gegebenheiten und weiteres mehr berücksichtigt werden. Je nachdem werden die Lehrpersonen die Klaviatur des Classroom Management mit unterschiedlichen Schwerpunkten einsetzen.

## 13.3 Abschliessende Bemerkungen

Kindergarten und Schule ändern und entwickeln sich permanent weiter. Auslöser dafür sind gesellschaftliche sowie (familien- und bildungs-)politische Veränderungen und Herausforderungen, auf die es pädagogische Antworten zu finden gilt. Ein Blick zurück in die letzten 20 Jahre zeigt nicht nur die Vielfalt an Schulreformen auf, sondern auch, dass diese in zunehmend kürzeren Zyklen aufeinander folgen (vgl. Kapitel 1). Derzeit stehen etwa das Ziel einer inklusiven Schule, der Auf- und Ausbau von familien- und schulergänzenden Tagesstrukturen sowie die Digitalisierung auf dem Programm. Mit der Schaffung der Eingangsstufe ist auch die Notwendigkeit hinzugekommen, die pädagogisch-didaktischen Traditionen gegenseitig zu öffnen und unter Berücksichtigung der Gleichwertigkeit weiterzuentwickeln. Mit der Einführung des Lehrplans 21 – und damit des Zyklus 1 – ging zudem auch die Dringlichkeit einer solchen Weiterentwicklung einher. Das vorliegende Forschungsprojekt versuchte, dazu einen Beitrag zu leisten. Ausgangspunkt dafür war das Classroom Management, das in seiner Stützfunktion essentiell für die Art und Weise der Unterrichtsgestaltung für diese Bildungsstufe ist. In Kapitel 11 wurde ein kohärentes Modell vorgestellt, das die enge Verwobenheit zwischen den gewählten Unterrichts- und Sozialformen aufzeigt. Die drei in Kapitel 12 eruierten Classroom-Management-Stile verdeutlichen, wie die Lehrpersonen je nach ihrer Akzentsetzung zur Gestaltung der Spiel- und Lernumgebungen den Classroom-Management-Fokus ändern respektive an ihren Stil anpassen.

Ausgehend vom Classroom Management als „wisdom of practice" haben wir uns zum Ziel gesetzt, uns dieser Weisheit der Praxis empirisch zu nähern, um damit forschungsbasierte Erkenntnisse zu generieren, die in die Aus- und Weiterbildung von Lehrpersonen einfliessen können. Wir hegen zudem auch die Hoffnung, Impulse für weitere Forschungsaktivitäten zu setzen, gerade auch in Anbetracht der aktuellen und künftigen Herausforderungen, die auf der ersten Stufe der öffentlichen Bildung anstehen.

# Literaturverzeichnis

Aloe, Ariel M.; Amo, Laura C. & Shanahan, Michele E. (2014). Classroom Management Self-Efficacy and Burnout: A Multivariate Meta-analysis. *Educational Psychology Review, 26* (1), 101–126.

Atteslander, Peter (2008). *Methoden empirischer Sozialforschung* (12. durchgesehene Aufl.). Berlin: Erich Schmidt Verlag.

Baines, Ed (2013). Ability Grouping. In: Hattie, John & Anderman, Eric M. (Hrsg.), *International Guide to Student Achievement* (116–118). New York and London: Routledge.

Bakeman, Roger & Gottman, John M. (1997). *Observing Interaction. An Introduction to Sequential Analysis*. New York: Cambridge University Press.

Bandura, Albert (1977). *Social Learning Theory*. Englewood Cliffs: Prentice-Hall.

Bandura, Albert (1977). Self-efficacy: Toward a unifying theory of behavioral change. *Psychological Review, 84*, 191–215.

Barker, Roger G. (1968). *Ecological Psychology. Concepts and Methods for Studying the Environment of Human Behavior*. Palo Alto: Stanford University Press.

Baumann, Joseph (1994). Grenzöffnung. Standortbestimmung Kindergarten Schweiz. In: Verband KindergärtnerInnen Schweiz (Hrsg.), *Europa 1993. Blickpunkt Kindergarten Schweiz. Nachlese zur Fachtagung 1993* (25–26). Hölstein: Verlag KindergärtnerInnen Schweiz.

Baumrind, Diana (1989). Rearing Competent Children. In: Damon, William (Hrsg.), *Child Development Today and Tomorrow* (349–378). San Francisco: Jossey Bass.

Beck, Ulrich (1986). *Risikogesellschaft*. Frankfurt am Main: Suhrkamp.

Berner, Hans; Fraefel, Urban & Zumsteg, Barbara (Hrsg.) (2011). *Didaktisch handeln und denken 1. Fokus angeleitetes Lernen*. Zürich: Verlag Pestalozzianum.

Besuden, Heinrich; Bischofs, Josef; Mühlmeyer, Heinz; Oswald, Paul & Rückriem, Wilhelm (1976). *Pädagogische Pläne des 20. Jahrhunderts* (4. Aufl.). Bochum: Ferdinand Kamp.

Bildungsplanung und Evaluation (2007). *Bildungsstatistik Kanton Bern: Basisdaten 2006*. [pdf]. Erziehungsdirektion des Kantons Bern. Verfügbar unter: https://www.erz.be.ch/erz/de/index/direktion/organisation/generalsekretariat/statistik/bildungsstatistischepublikationen/bildungsstatistik-broschuerenvor2005.html [18.9.2020].

Boer, Heike de & Deckert-Peaceman, Heike (2009). *Kinder in der Schule. Zwischen Gleichaltrigenkultur und schulischer Ordnung*. Wiesbaden: VS Verlag für Sozialwissenschaft.

Bohl, Thorsten; Batzel, Andrea & Richey, Petra (2011). Öffnung – Differenzierung – Individualisierung – Adaptivität. Charakteristika, didaktische Implikationen und Forschungsbefunde verwandter Unterrichtskonzepten zum Umgang mit Heterogenität. *Schulpädagogik heute, 2* (4).

Bohl, Torsten; Bönsch, Manfred; Trautmann, Matthias & Wischer, Beate (Hrsg.) (2012). *Binnendifferenzierung. Teil 1: Didaktische Grundlagen und Forschungsergebnisse zur Binnendifferenzierung im Unterricht*. Immenhausen bei Kassel: Prolog-Verlag.

Bohl, Thorsten & Kucharz, Diemut (2010). *Offener Unterricht heute. Konzeptionelle und didaktische Weiterbildung*. Weinheim und Basel: Beltz Verlag.

Böhm, Winfried (1983). Wider die Pädagogisierung des Spiels. In: Kreuzer, Karl Josef (Hrsg.), *Handbuch der Spielpädagogik* (1, 281–293). Düsseldorf: Schwann.

Bönsch, Manfred (1976). *Differenzierung des Unterrichts. Methodische Aspekte* (3., erweiterte Aufl.). München: Ehrenwirth.

Bönsch, Manfred (1998). *Lerngerüste. Didaktik 2000 für die Primarstufe.* Baltmannsweiler: Schneider-Verlag Hohengehren.

Bönsch, Manfred (2004). *Differenzierung in Schule und Unterricht. Ansprüche, Formen, Strategien* (2. Aufl.). München: Ehrenwirth.

Bönsch, Manfred (2011). *Heterogenität und Differenzierung.* Baltmannsweiler: Schneider-Verlag Hohengehren.

Borko, Hilda & Putnam, Ralph T. (1996). Learning to Teach. In: Calfee, Robert C. & Berliner, David C. (Hrsg.), *Handbook of Educational Psychology* (673–708). New York: Macmillan.

Bortz, Jürgen (2004). *Statistik für Sozialwissenschaftler* (6. vollständig überarbeitete. und aktual. Aufl). Berlin, Heidelberg: Springer.

Bortz, Jürgen & Döring, Nicola (2006). *Forschungsmethoden und Evaluation* (4. überarbeitete. Aufl.). Berlin, Heidelberg, New York, Barcelona: Springer.

Breidenstein, Georg (2014). Die Individualisierung des Lernens unter den Bedingungen der Institution Schule. In: Kopp, Bärbel; Martschinke, Sabine; Munser-Kiefer, Mareike; Haider, Michael; Kirschhock, Eva-Maria et al. (Hrsg.), *Individuelle Förderung und Lernen in der Gemeinschaft* (35–50). Wiesbaden: Springer VS.

Breidenstein, Georg & Prengel, Annedore (Hrsg.) (2005). *Schulforschung und Kindheitsforschung – ein Gegensatz?* (Studien zur Schul- und Bildungsforschung). Wiesbaden: VS Verlag für Sozialwissenschaften.

Bronfenbrenner, Urie (1981). *Die Ökologie der menschlichen Entwicklung* (1979, Original, Übers.). Stuttgart: Ernst Klett Verlag.

Brophy, Jere E. (2006). History of Research on Classroom Management. In: Evertson, Carolyn M. & Weinstein, Carol S. (Hrsg.), *Handbook of Classroom Management* (17–43). Mahwah, NJ: Lawrence Erlbaum.

Brügelmann, Hans (1998). Öffnung des Unterrichts. Befunde und Probleme der empirischen Forschung. In: Brügelmann, Hans; Fölling-Albers, Maria & Richter, Sigrun (Hrsg.), *Jahrbuch Grundschule. Fragen der Praxis – Befunde der Forschung* (8–42). Seelze: Friedrich.

Brunner, Ewald Johannes & Noack, Peter (2010). Lehrer-Schüler-Interaktion. In: Rost, Detlef H. (Hrsg.), *Handwörterbuch Pädagogische Psychologie* (4. überarbeitete. und erweiterte Aufl., 421–430). Weinheim: Beltz.

Brunstein, Jochim C. & Spörer, Nadine (2010). Selbstgesteuertes Lernen. In: Rost, Detlef H. (Hrsg.), *Handwörterbuch Pädagogische Psychologie* (4. überarbeitete. und erweiterte Aufl., 751–759). Weinheim: Beltz.

Bühl, Achim (2009). *SPSS 18. Einführung in die moderne Datenanalyse* (12. aktualisierte Aufl.). München: Pearson Studium.

Buholzer, Alois & Kummer Wyss, Annemarie (Hrsg.) (2010). *Alle gleich – alle unterschiedlich! Zum Umgang mit Heterogenität in Schule und Unterricht.* Stuttgart und Zug: Klett und Kallmeyer, Klett und Balmer Verlag.

Burny, Elise; Valcke, Martin & Desoete, Annemie (2011). Towards an agenda for studying learning and instruction focusing on time-related competences in children. *Educational Studies, 35* (5), 481–492.

Campana Schleusener, Sabine (2012). *Kinder unterstützen Kinder. Hilfestellungen in heterogenen Schulklassen.* Bern, Stuttgart, Wien: Haupt Verlag.

Carter, Kathy & Doyle, Walter (2006). Classroom Management in Early Childhood and Elementary Classrooms. In: Evertson, Carolyn M. & Weinstein, Carol S. (Hrsg.), *Handbook of Classroom Management* (373–406). Mahwah, NJ: Lawrence Erlbaum.

Caselmann, Christian (1964). *Wesensformen des Lehrers* (3. erweiterte Aufl.). Stuttgart: Ernst Klett Verlag.

Collins, Allan; Brown, John Seely & Newman, Susan E. (1989). Cognitive Apprenticeship: Teaching the Crafts of Reading, Writing and Mathematics. In: Resnick, Lauren B. (Hrsg.), *Knowing, Learning and Instruction* (453–494). Hillsday, New Jersey: Lawrence Erlbaum Associates Publishers.

Comenius, Johann Amos (1993). *Grosse Didaktik* (8. überarbeitete. Aufl.). Stuttgart: Klett-Cotta.

Cornish, Linley (2013). Mixed-Grade Elementary-School Classes and Student Achievement. In: Hattie, John & Anderman, Eric M. (Hrsg.), *International Guide to Student Achievement* (122–124). New York and London: Routledge.

Corsaro, William A. & Eder, Donna (1990). Children's Peer Cultures. *Annual Review of Sociology, 16*, 197–220.

Deniz Can, Dilara & Ginsburg-Block, Marika D. (2013). Peer Tutoring School-Age Children. In: Hattie, John & Anderman, Eric M. (Hrsg.), *International Guide to Student Achievement* (375–378). New York and London: Routledge.

Deutschschweizer Erziehungsdirektoren-Konferenz (2010). *Verwaltungsvereinbarung über die Durchführung des Erarbeitungsprojekts für einen sprachregionalen Lehrplan (Projektvereinbarung Lehrplan 21)*. Bern: D-EDK.

Deutschschweizer Erziehungsdirektoren-Konferenz (2014). *Lehrplan 21*. D-EDK. Verfügbar unter: https://www.lehrplan.ch/ [18.9.2020].

Deutschschweizer Erziehungsdirektoren-Konferenz (2015). *Lehrplan 21. Druckfertige Fassung liegt vor*. D-EDK. Verfügbar unter: https://www.lehrplan21.ch/medienmitteilung/lehrplan-21-druckfertige-fassung-liegt-vor [29.4.2020].

Deutschschweizer Erziehungsdirektoren-Konferenz (2016). *Lehrplan 21. Gesamtausgabe*. D-EDK. Verfügbar unter: www.lehrplan.ch.

Diamond, Adele (2006). The Early Development of Executive Functions. In: Bialystok, Ellen & Craik, Fergus I.M. (Hrsg.), *Lifespan Cognition. Mechanisms of Change* (70–95). Oxford: Oxford University Press.

Dinkelaker, Jörg & Herrle, Matthias (2009). *Erziehungswissenschaftliche Videographie*. Wiesbaden: VS Verlag für Sozialwissenschaften.

Dittmar, Norbert (2009). *Transkription* (3. Aufl.). Wiesbaden: VS Verlag für Sozialwissenschaften.

Doyle, Walter (1986). Classroom Organization and Management. In: Wittrock, Merlin C. (Hrsg.), *Handbook of Research on Teaching* (3rd ed., 392–431). New York: Macmillan.

Doyle, Walter (2006). Ecological Approaches to Classroom Management. In: Evertson, Carolyn M. & Weinstein, Carol S. (Hrsg.), *Handbook of Classroom Management* (97–125). Mahwah, NJ: Lawrence Erlbaum.

Dücker, Burckhard (2007). *Rituale. Formen – Funktionen – Geschichten*. Stuttgart: Metzler Verlag.

Dücker, Burckhard (2012). Rituale. *Erwägen Wissen Ethik, 23* (2), 165–173.

Einsiedler, Wolfgang (1991). *Das Spiel der Kinder. Zur Pädagogik und Psychologie des Kinderspiels*. Bad Heilbrunn: Julius Klinkhardt.

Einsiedler, Wolfgang (1997). Empirische Grundschulforschung im deutschsprachigen Raum: Trends und Defizite. *Unterrichtswissenschaft* (4), 291–315.

Einsiedler, Wolfgang (2005). Grundlegende Bildung. In: Einsiedler, Wolfgang (Hrsg.), *Handbuch Grundschulpädagogik und Grundschuldidaktik*. (217–228). Bad Heilbrunn: Klinkhardt.

Emmer, Edmund T. & Evertson, Carolyn M. (1981). Synthesis of research on classroom management. *Educational Leadership, 38*, 342–347.

Emmer, Edmund T.; Evertson, Carolyn M. & Anderson, Linda M. (1980). Effective Classroom Management at the Beginning of the School Year. *The Elementary School Journal, 80* (5), 219.

Erziehungsdirektorenkonferenz Ostschweiz und Fürstentum Liechtenstein (EDK-Ost) und Partnerkantone (2010). *Projektschlussbericht. Erziehung und Bildung in Kindergarten und Unterstufe im Rahmen der EDK-Ost und Partnerkantone.* Schulverlag plus AG.

Eschelmüller, Michele (2007). *Lerncoaching im Unterricht: Grundlagen und Umsetzungshilfen.* Bern: Schulverlag blmv AG.

Evertson, Carolyn M. (1994). Classroom Rules and Routines. In: Husén, Torsten & Postlethwaite, T. Neville (Hrsg.), *International Encyclopedia of Education* (2nd ed., 2, 816–820). Oxford: Elsevier Science Ltd.

Evertson, Carolyn M. & Emmer, Edmund T. (2013). *Classroom Management for Elementary Teachers* (9. Aufl.). Boston: Pearson.

Evertson, Carolyn M.; Emmer, Edmund T. & Worsham, Murray E. (2003). *Classroom Management for Elementary Teachers* (6. Aufl.). Boston: Allyn and Bacon.

Evertson, Carolyn M. & Neal, Kristen W. (2006). *Looking into Learning-Centered Classrooms. Implications for Classroom Management.* [pdf]. National Education Association, NEA. Verfügbar unter: https://eric.ed.gov/?id=ED495820 [18.9.2020].

Evertson, Carolyn M. & Weinstein, Carol S. (2006). Classroom Management as a Field of Inquiry. In: Evertson, Carolyn M. & Weinstein, Carol S. (Hrsg.), *Handbook of Classroom Management* (3–15). Mahwah, NJ: Lawrence Erlbaum.

Fasseing Heim, Karin; Lehner, Ruth; Dütsch, Thomas; Arnaldi, Ursula; Hildebrandt, Elke; Wey Huber, Martina & Zumsteg, Barbara (Hrsg.) (2018). *Übergänge in der frühen Kindheit.* Münster: Waxmann.

Fassnacht, Gerhard (1995). *Systematische Verhaltensbeobachtung. Eine Einführung in die Methodologie und Praxis* (2. völlig neubearbeitete Aufl.). München, Basel: E. Reinhardt.

Fend, Helmut (2008). *Neue Theorie der Schule. Einführung in das Verstehen von Bildungssystemen* (2. durchgesehene Aufl.). Wiesbaden: VS Verlag für Sozialwissenschaften.

Flavell, John H. (1976). Metacognitive Aspects of Problem Solving. In: Resnick, Lauren B. (Hrsg.), *The Nature of Intelligence* (231–236). Hillsdale, New Jersey: Lawrence Erlbaum.

Flick, Uwe (2004). *Triangulation.* Wiesbaden: VS Verlag für Sozialwissenschaften.

Flitner, Andreas (1998). *Spielen – Lernen* (11. erweiterte Neuausgabe). München: Piper Verlag.

Freiberg, Jerome H. (2013). Classroom Management and Student Achievement. In: Hattie, John & Anderman, Eric M. (Hrsg.), *International Guide to Student Achievement* (228–230). New York and London: Routledge.

Generalsekretariat/Fachbereich Bildungsstatistik (2019). *Bildungsstatistik Kanton Bern: Basisdaten 2018.* Erziehungsdirektion des Kantons Bern. Verfügbar unter: https://www.erz.be.ch/erz/de/index/direktion/organisation/generalsekretariat/statistik.html [8.5.2020].

Gettinger, Maribeth & Kohler, Kristy. (2006). Process-Outcome Approaches to Classroom Management and Effective Teaching. In: Evertson, Carolyn M. & Weinstein, Carol S. (Hrsg.), *Handbook of Classroom Management* (73–95). Mahwah, NJ: Lawrence Erlbaum.

Giaconia, Rose M. & Hedges, Larry V. (1982). Identifying Features of Effective Open Education. *Review of Educational Research, 52* (4), 579–602.

Ginsburg-Block, Marika D.; Fantuzzo, John W. & Rohrbeck, Cynthia A. (2006). A Meta-Analytic Review of Social, Self-Concept, and Behavioral Outcomes of Peer-Assisted Learning. *Journal of Educational Psychology, 98* (4), 732–749.

Gisbert, Kristin (2004). *Lernen lernen. Lernmethodische Kompetenzen von Kindern in Tageseinrichtungen fördern.* Weinheim und Basel: Beltz.

Glogauer, Werner (Hrsg.). (1976). *Neue Konzeptionen für individualisierendes Lehren und Lernen* (Klinkhardts pädagogische Quellentexte). Bad Heilbrunn: Klinkhardt.

Grunder, Hans-Ulrich (2008). *Lancasterschulen.* [pdf]. Historisches Lexikon der Schweiz (HLS). Verfügbar unter: https://hls-dhs-dss.ch/de/articles/010427/2008-11-11/ [18.9.2020].

Gudjons, Herbert (2003). *Handbuch Gruppenunterricht* (2., überarbeitete. Aufl.). Weinheim, Basel, Berlin: Beltz.

Gudjons, Herbert (2011). *Frontalunterricht – neu entdeckt: Integration in offene Unterrichtsformen* (3., aktualisierte Aufl.). Bad Heilbrunn: Julius Klinkhardt.

Gustorff, Gretel (1987). *Die Didaktik des Freispiels.* Fellbach-Oeffingen: Bonz.

Haag, Ludwig & Streber, Doris (2012). *Klassenführung. Erfolgreich unterrichten mit Classroom Management.* Weinheim und Basel: Beltz.

Harper, Douglas (2002). Talking about pictures: a case for photo elicitation. *Visual Studies, 17* (1), 13–26.

Hasselhorn, Marcus & Gold, Andreas (2006). *Pädagogische Psychologie.* Stuttgart: Kohlhammer.

Hattie, John (2009). *Visible Learning. A synthesis of over 800 meta-analysises relating to achievement.* London and New York: Routledge.

Hauser, Bernhard (2013). *Spielen. Frühes Lernen in Familie, Krippe und Kindergarten.* Stuttgart: Verlag W. Kohlhammer.

Heijnen, John (1994). Kindergarten und Schule – eine Annäherung. In: Schweiz, Verband KindergärtnerInnen (Hrsg.), *Europa 1993. Blickpunkt Kindergarten Schweiz* (59–62). Hölstein: Verlag KgCH.

Heijnen, John (1996). Die niederländische Basisschule: Von Spielaktivitäten zu Lernaktivitäten. In: Erziehungsdirektion des Kantons Zürich, Pädagogische Abteilung, Sektor Kindergarten, Heyer-Oeschger Margot in Zusammenarbeit mit dem Pestalozzianum Zürich (Hrsg.), *Kindergarten und Schule – getrennt oder gemeinsam?* (71–85). Zürich: Pestalozzianum Verlag.

Heimlich, Ulrich (2015). *Einführung in die Spielpädagogik* (3., aktualisierte und erweiterte Aufl.). Bad Heilbrunn: Klinkhardt.

Heinzel, Friederike & Prengel, Annedore (Hrsg.) (2002). *Heterogenität, Integration und Differenzierung in der Primarstufe* (Jahrbuch Grundschulforschung, 6). Opladen: Leske+Budrich.

Heller, Werner; Ambühl, Erich; Huldi, Max; Oggenfuss, August; Rageth, Esther; Strittmatter, Anton; Thurler, Monica & Trier, Uri Peter (Hrsg.) (1986). *Primarschule Schweiz – 22 Thesen zur Entwicklung der Primarschule.* Bern: Schweizerische Konferenz der kantonalen Erziehungsdirektoren.

Helmke, Andreas (2009). *Unterrichtsqualität und Lehrerprofessionalität. Diagnose, Evaluation und Verbesserung des Unterrichts.* Seelze-Velber: Klett, Kallmeyer.

Helmke, Andreas; Helmke, Tuyet; Schrader, Friedrich-Wilhelm; Wagner, Wolfgang; Klieme, Eckhard; Nold, Günter & Schröder, Konrad (2008). Wirksamkeit des Englischunterrichts. In: Klieme, Eckhard (Hrsg.), *Unterricht und Kompetenzerwerb in Deutsch und Englisch. Ergebnisse der DESI-Studie* (382–397). Weinheim: Beltz.

Helmke, Andreas & Schrader, Friedrich-Wilhelm (2006). Lehrerprofessionalität und Unterrichtsqualität. Den eigenen Unterricht reflektieren und beurteilen. *Schulmagazin, 9* (5–10), 5–12.

Hentig, Hartmut von (1971). *Die Bielefelder Laborschule*. Stuttgart: Ernst Klett.

Herger, Kirsten (2013). *Die pädagogischen und didaktischen Tätigkeiten der Lehrperson in offenen Unterrichtssequenzen. Eine Studie zur Förderung des selbständigen Lernens in Kindergarten und Unterstufe.* Universität Bern, Bern.

Herger, Kirsten (2017). *Spiel- und Lernbegleitung. Offene Unterrichtssequenzen im Kindergarten und in der Unterstufe.* Bern: hep Verlag.

Herrmann, Theo (Hrsg.). (1970). *Psychologie der Erziehungsstile* (2. Aufl.). Göttingen: Verlag für Psychologie, Dr. C. J. Hogrefe.

Herrmann, Ulrich (2014). Was kann beim Individualisieren individualisiert werden? *Lehren und Lernen, 40* (8/9), 38–46.

Herzog, Walter (2001). *Vor dem Start der neuen tertiären Lehrerinnen- und Lehrerbildung im Kanton Bern* (Referat). Bern: Jahresversammlung der Schweizerischen Konferenz der Direktoren der Lehrerbildungsinstitutionen (SKDL).

Herzog, Walter (2002). *Zeitgemässe Erziehung. Die Konstruktion pädagogischer Wirklichkeit.* Weilerswist: Velbrück Wissenschaft.

Herzog, Walter (2003). Zwischen Gesetz und Fall. Mutmassungen über Typologien als pädagogische Wissensform. *Zeitschrift für Pädagogik, 49* (3), 383–399.

Herzog, Walter (2011a). Schule und Schulklasse als soziale Systeme. In: Becker, Rolf (Hrsg.), *Lehrbuch der Bildungssoziologie* (2., überarbeitete und erweiterte Aufl., 163–202). Wiesbaden: VS Verlag für Sozialwissenschaften.

Herzog, Walter (2011b). Was dem Lehren und Lernen zugrunde liegt. Ein Mehrebenenmodell des Unterrichts. In: Meseth, Wolfgang (Hrsg.), *Unterrichtstheorien in Forschung und Lehre* (146–160). Bad Heilbrunn: Julius Klinkhardt.

Heyer-Oeschger, Margot (1996). Kindergarten und Schule – getrennt oder gemeinsam? Verschiedene Wege in die Zukunft. In: Erziehungsdirektion des Kantons Zürich (Hrsg.), *Kindergarten und Schule – getrennt oder gemeinsam?* (10–33). Zürich: Erziehungsdirektion des Kantons Zürich.

Heyer-Oeschger, Margot & Büchel, Patricia (1997). Lehrkräfte für vier- bis achtjährige Kinder? *Beiträge zur Lehrerbildung, 15* (1), 82–97.

Hofmeier Neeracher, Susanne (1993). Fluidité – Übertritt im Kanton Genf. *Kindergarten, Zeitschrift für Erziehung im Vorschulalter, 83* (11), 5–6.

Hugener, Isabelle; Pauli, Christine & Reusser, Kurt (2006). *Teil 3: Videoanalysen.* Frankfurt am Main: Gesellschaft zur Förderung Pädagogischer Forschung (GFPF), Deutsches Institut für Internationale Pädagogische Forschung (DIPF).

Hugener, Isabelle; Rakoczy, Katrin; Pauli, Christine & Reusser, Kurt (2006). Videobasierte Unterrichtsforschung: Integration verschiedener Methoden der Videoanalyse für eine differenzierte Sicht auf Lehr-Lernprozesse. In: Rahm, Sibylle; Mammes, Ingelore & Schratz, Michael (Hrsg.), *Schulpädagogische Forschung. Perspektiven innovativer Ansätze* (41–53). Innsbruck: Studien Verlag.

Huizinga, Johan (1997). *Homo Ludens. Vom Ursprung der Kultur im Spiel.* Reinbek bei Hamburg: Rowohlt Taschenbuch Verlag.

Huldi, Max (1985). *Die öffentliche Erziehung der Vier- bis Achtjährigen.* Bern: Schweizerische Konferenz der kantonalen Erziehungsdirektoren.

Huldi, Max & Lauterbach, Susanne (1987). *Kontinuität zwischen Kindergarten und Primarschule in der deutschen Schweiz.* Bern.

Iben, Gerd (1974). *Kompensatorische Erziehung. Analysen amerikanischer Programme.* München: Juventa Verlag.

Janssen-Vos, Frea & Heijnen, John (1996). Vom Spielen zum Lernen. Erfahrungen aus den Niederlanden mit der Bildung von 4- bis 8-jährigen Kindern. *Kindergarten, Zeitschrift für Erziehung im Vorschulalter, 86* (3), 20–21.

Jefferson, Gail (1984). On stepwise transition from talk about a trouble to inappropriately next-positioned matters. In: Atkinson, John Maxwell & Heritage, John (Hrsg.), *Structures of social action. Studies of conversation analysis* (191–222). Cambridge: Cambridge University Press.

Jenzer, Carlo (1991). *Die Schulklasse. Eine historisch-systematische Untersuchung.* Bern, Frankfurt am Main, New York, Paris, Wien: Peter Lang.

Johnson, James E.; Christie, James F. & Yawkey, Thomas D. (1987). *Play and Early Childhood Development.* Glenview, Illinois: Scott, Foresman and Company.

Joye, Dominique; Schuler, Martin; Nef, Roland & Bassand, Michel (1988). *Typologie der Gemeinden der Schweiz.* Bern: Bundesamt für Statistik.

Jürgens, Eiko (2009). *Die „neue" Reformpädagogik und die Bewegung Offener Unterricht: Theorie, Praxis und Forschungslage* (7., unveränderte Aufl.). Sankt Augustin: Academia Verlag.

Kasper, Hildegard (1995). *Lasst die Kinder lernen: offene Lernsituationen* (1. Aufl.). Braunschweig: Westermann.

Kelle, Udo & Kluge, Susann (2010). *Vom Einzelfall zum Typus* (2. überarbeitete. Aufl.). Wiesbaden: VS Verlag für Sozialwissenschaften.

Kessels, Ursula & Hannover, Bettina (2009). Gleichaltrige. In: Wild, Elke & Möller, Jens (Hrsg.), *Pädagogische Psychologie* (283–304). Berlin: Springer.

Kington, Alison; Day, Christopher; Sammons, Pam; Regan, Elaine; Brown, Eleanor & Gunraj, Judith (2012). What makes teachers effective? Profiles of innovative classroom practice. In: Day, Christopher (Hrsg.), *Routledge International Handbook of Teacher and School Development* (319–334). London, Thousand Oaks, New Delhi: SAGE Publications.

Klafki, Wolfgang (2007). *Neue Studien zur Bildungstheorie und Didaktik: zeitgemässe Allgemeinbildung und kritisch-konstruktive Didaktik* (6., neu ausgestattete Aufl.). Weinheim: Beltz.

Klafki, Wolfgang & Stöcker, Hermann (1976). Innere Differenzierung des Unterrichts. *Zeitschrift für Pädagogik, 22* (4), 497–523.

Klieme, Eckhard & Rakoczy, Katrin (2008). Empirische Unterrichtsforschung und Fachdidaktik. *Zeitschrift für Pädagogik, 54* (2), 222–237.

Konrad, Klaus & Traub, Silke (2009). *Selbstgesteuertes Lernen: Grundwissen und Tipps für die Praxis.* Baltmannsweiler: Schneider Verlag Hohengehren.

Kounin, Jacob S. (1970). *Discipline and group management in classrooms.* New York: Holt, Rinehart & Winston.

Kounin, Jacob S. (1976). *Techniken der Klassenführung* (1970, Original, Übers.). Bern, Göttingen, Toronto, Seattle: Verlag Hans Huber.

Kounin, Jacob S. & Gump, Paul V. (1958). The ripple effect of discipline. *The Elementary School Journal, 35,* 158–162.

Krammer, Kathrin (2009). *Individuelle Lernunterstützung in Schülerarbeitsphasen: eine videobasierte Analyse des Unterstützungsverhaltens von Lehrpersonen im Mathematikunterricht.* Münster: Waxmann.

Krapp, Andreas & Weidenmann, Bernd (Hrsg.) (2001). *Pädagogische Psychologie* (4. vollständig überarbeitete. Aufl.). Weinheim: Psychologie Verlags Union, Verlagsgruppe Beltz.

Krappmann, Lothar (2001). Soziales Leben und Lernen im Klassenzimmer. In: Merkens, Hans & Zinnecker, Jürgen (Hrsg.), *Jahrbuch Jugendforschung* (99–116). Opladen: Leske+Budrich.

Krappmann, Lothar & Oswald, Hans (1995). *Alltag der Schulkinder. Beobachtungen und Analysen von Interaktionen und Sozialbeziehungen.* Weinheim: Juventa Verlag.

Krasnor, Linda Rose & Pepler, Debra J. (1980). The study of children's play. In: Rubin, K. H. (Hrsg.), *New directions for child development* (No. 9, 85–95). San Francisco: Jossey Bass.

Kuckartz, Udo (2010). Typenbildung. In: Mey, Günter & Mruck, Katja (Hrsg.), *Handbuch Qualitative Forschung in der Psychologie* (553–568). Wiesbaden: VS Verlag für Sozialwissenschaften.

Laatz, Wilfried (1993). *Empirische Methoden. Ein Lehrbuch für Sozialwissenschaftler.* Thun: Verlag Harri Deutsch.

Laging, Ralf (2007). Altersmischung – eine pädagogische Chance zur Reform der Schule. In: Laging, Ralf (Hrsg.), *Altersgemischtes Lernen in der Schule* (3. Aufl., 6–29). Baltmannsweiler: Schneider-Verlag Hohengehren.

Lamnek, Siegfried (1995). *Qualitative Sozialforschung. Methoden und Techniken* (3. korr. Aufl.). München: Psychologie Verlags Union.

Lamnek, Siegfried (2005). *Qualitative Sozialforschung* (4. vollständig überarbeitete. Aufl.). Weinheim und Basel: Beltz.

Leuchter, Miriam (Hrsg.). (2010). *Didaktik für die ersten Bildungsjahre. Unterricht mit 4- bis 8-jährigen Kindern.* Stuttgart und Zug: Klett und Kallmeyer, Klett und Balmer Verlag.

Levin, Anne & Arnold, Karl-Heinz (2009). Selbstgesteuertes und selbstreguliertes Lernen. In: Arnold, Karl-Heinz; Sandfuchs, Uwe & Wiechmann, Jürgen (Hrsg.), *Handbuch Unterricht* (2., aktualisierte Aufl., 154–159). Bad Heilbrunn: Klinkhardt.

Lewin, Kurt; Lippitt, Ronald & White, Ralph K. (1939). Patterns of Aggressive Behavior in Exmperimentally created „Social Climates". *The Journal of Social Psychology, 10* (2), 271–299.

Lichtenstein-Rother, Ilse & Röbe, Edeltraut (1993). *Grundschule, der pädagogische Raum für Grundlegung der Bildung.* Weinheim: Beltz.

Lipowsky, Frank (1999). *Offene Lernsituation im Grundschulunterricht.* Frankfurt am Main: Peter Lang.

Lipowsky, Frank (2002). Zur Qualität offener Lernsituationen im Spiegel empirischer Forschung – Auf die Mikroebene kommt es an. In: Drews, Ursula & Wallrabenstein, Wulf (Hrsg.), *Freiarbeit in der Grundschule* (126–159). Frankfurt am Main: Arbeitskreis Grundschule.

Lorentz, Gerda (2000). *Freispiel im Kindergarten. Chancen des bewussten Einsatzes* (13. Aufl.). Freiburg: Herder.

Loretan, Brigitte (1987). SIPRI-Neuland: Kindergarten in die Schulpolitik einbeziehen. *Der Schweizerische Kindergarten* (Nr. 10), 3–8.

Lück, Helmut E. (2001). *Kurt Lewin. Eine Einführung in sein Werk.* Weinheim und Basel: Beltz Verlag.

Lüdtke, Oliver; Trautwein, Ulrich; Kunter, Mareike & Baumert, Jürgen (2006). Analyse von Lernumwelten. Ansätze zur Bestimmung der Reliabilität und Übereinstimmung von Schülerwahrnehmungen. *Zeitschrift für Pädagogische Psychologie, 20* (1/2), 85–96.

Mahlke, Wolfgang & Schwarte, Norbert (1994). *Raum für Kinder* (3. unveränderte Aufl.). Weinheim, Basel: Beltz.

Manning, M. Lee & Bucher, Katherine Toth (2013). *Classroom Management: Models, Applications and Cases* (3rd). Boston: Pearson.

Martin, Nancy K. & Baldwin, Beatrice (1992). *Beliefs Regarding Classroom Management Style. The Differences between Pre-Service and Experienced Teachers.* Knoxville, TN: Annual Meeting of the Mid-South Educational Research Association.

Martin, Nancy K. & Baldwin, Beatrice (1996). *Perspectives Regarding Classroom Management Style. Differences between Elementary and Secondary Level Teachers.* New Orleans, LA: Annual Meeting of the Southwest Educational Research Association.

Martin, Nancy K. & Sass, Daniel A. (2010). Construct validation of the Behavior and Instructional Management Scale. *Teaching and Teacher Education, 26* (5), 1124–1135.

Martin, Nancy K. & Shoho, Alan R. (2000). *Teacher Experience, Training, and Age. The Influence of Teacher Characteristics on Classroom Management Style.* Dallas, TX: Annual Meeting of the Southwest Educational Research Association.

Martin, Nancy K.; Yin, Zenong & Baldwin, Beatrice (1998). Construct Validation of The Attitudes & Beliefs on Classroom Control Inventory. *The Journal of Classroom Interaction, 33* (2), 6–15.

Martin, Nancy K.; Yin, Zenong & Mayall, Hayley (2007). The Attitudes & Beliefs on Classroom Control Inventory-Revised and Revisited: A Continuation of Construct Validation. *The Journal of Classroom Interaction, 42* (2), 11–20.

Martin, Susan D. (2004). Finding balance: impact of classroom management conceptions on developing teacher practice. *Teaching and Teacher Education, 20,* 405–422.

Marzano, Robert J.; Marzano, Jana S. & Pickering, Debra J. (2007). *Classroom management that works – research-based strategies for every teacher.* Alexandria: Association for Supervision and Curriculum Development.

Maschke, Sabine & Stecher, Ludwig (2010). *In der Schule. Vom Leben, Leiden und Lernen in der Schule.* Wiesbaden: VS Verlag für Sozialwissenschaften.

Mayr, Johannes (2006). Klassenführung auf der Sekundarstufe II: Strategien und Muster erfolgreichen Lehrerhandelns. *Schweizerische Zeitschrift für Bildungswissenschaften, 28* (2), 227–242.

Mayr, Johannes (2008). Forschungen zum Führungshandeln von Lehrkräften: Wie qualitative und quantitative Zugänge einander ergänzen können. In: Hofmann, Franz; Schreiner, Claudia & Thonhauser, Joseph (Hrsg.), *Qualitative und quantitative Aspekte. Zu ihrer Komplementarität in der erziehungswissenschaftlichen Forschung* (321–341). Münster: Waxmann.

Mayr, Johannes; Eder, Ferdinand & Fartacek, Walter (1991). Mitarbeit und Störung im Unterricht: Strategien pädagogischen Handelns. *Zeitschrift für Pädagogische Psychologie, 5,* 43–55.

Mayring, Philipp (2001). Kombination und Integration qualitativer und quantitativer Analyse. *Forum Qualitative Sozialforschung/Forum: Qualitative Social Research, 2* (1).

Mayring, Philipp (2002). *Einführung in die qualitative Sozialforschung: Eine Anleitung zu qualitativem Denken* (5. überarbeitete. und neuausgestattete Aufl.). Weinheim und Basel: Beltz Verlag.

Mayring, Philipp (2008). *Qualitative Inhaltsanalyse. Grundlagen und Techniken* (10. Aufl.). Weinheim und Basel: Beltz.

Mayring, Philipp; Gläser-Zikuda, Michaela & Ziegelbauer, Sascha (2005). *Auswertung von Videoaufnahmen mit Hilfe der Qualitativen Inhaltsanalyse – ein Beispiel aus der Unterrichtsforschung.* [online-journal]. Verfügbar unter: https://www.medienpaed.com/article/view/61 [18.9.2020].

McCaslin, Mary & Good, Thomas L. (1992). Compliant Cognition: The Misalliance of Management and Instructional Goals in Current School Reform. *Educational Researcher, 21* (3), 4–17.

Menting, Irene; Catani, Reto & Schöni, Monika (1992). *Gesamtkonzeption Lehrerinnen- und Lehrerbildung, Schlussbericht der Projektgruppe.* Unveröffentlicht.

Mieskes, Hans (1983). Spielmittel und Spielmittelforschung im Rahmen der Spielpädagogik. In: Kreuzer, Karl Josef (Hrsg.), *Handbuch der Spielpädagogik* (1, 387–429). Düsseldorf: Schwann.

Moser, Urs & Bayer, Nicole (2010). *Schlussbericht der summativen Evaluation. Lernfortschritte vom Eintritt in die Eingangsstufe bis zum Ende der 3. Klasse der Primarschule. Erziehung und Bildung in Kindergarten und Utnerstufe im Rahmen der EDK-Ost und Partnerkantone (Projekt EDK-Ost 4bis8).* Bern: Schulverlag plus AG.

National Institute of Child Health & Human Development Early Child Care Research, Network (2005). A Day in Third Grade: A Large-Scale Study of Classroom Quality and Teacher and Student Behavior. *The Elementary School Journal, 105* (3), 305–323.

Naujok, Natascha (2002). Kooperationshandlungen und -typen im Wochenplanunterricht. In: Petillon, Hanns (Hrsg.), *Individuelles und soziales Lernen in der Grundschule – Kinderspektive und pädagogische Konzepte* (5, 103–109). Opladen: Leske+Budrich.

Naujok, Natascha; Brandt, Birgit & Krummheuer, Götz (2004). Interaktion im Unterricht. In: Helsper, Werner & Böhme, Jeanette (Hrsg.), *Handbuch der Schulforschung* (779–799). Wiesbaden: VS Verlag für Sozialwissenschaften.

Neber, Heinz (2009). Entdeckendes Lernen. In: Arnold, Karl-Heinz (Hrsg.), *Handbuch Unterricht* (2., aktualisierte Aufl., 214–218). Bad Heilbrunn: Klinkhardt.

Neuenschwander, Markus P. (2006). Überprüfung einer Typologie der Klassenführung. *Schweizerische Zeitschrift für Bildungswissenschaften, 28* (2), 243–258.

Nickel, Horst (1976). Die Lehrer-Schüler-Beziehung aus der Sicht neuerer Forschungsergebnisse – ein transaktionales Modell. *Psychologie in Erziehung und Unterricht* (3), 153–172.

Nohl, Herman (1961). *Die pädagogische Bewegung in Deutschland und ihre Theorie* (5. Aufl.). Frankfurt am Main: Schule-Bulmke.

Nordwestschweizerische Erziehungsdirektorenkonferenz (Hrsg.). (1995). *ELF – ein Projekt macht Schule* (1. Aufl.). Luzern: Kantonaler Lehrmittelverlag Luzern.

Nuspliger-Brand, Katharina (1985). Projekt Ittigen: SIPRI – ganz konkret. *Der Schweizerische Kindergarten, 75* (4), 9–11.

Nuspliger-Brand, Katharina (1987). Als Frau Leuenberger in den Kindergarten kam … *Der Schweizerische Kindergarten, 77* (10), 9–11.

Oelkers, Jürgen (1992). *Reformpädagogik. Eine kritische Dogmengeschichte* (2. Aufl.). Weinheim: Juventa Verlag.

Oelkers, Jürgen (2010). *Reformpädagogik: Entstehungsgeschichte einer internationalen Bewegung.* Zug: Kallmeyer in Verbindung mit Klett.

Oelkers, Jürgen & Reusser, Kurt (2008). *Qualität entwickeln – Standards sichern – mit Differenzen umgehen.* [pdf]. Bundesministerium für Bildung und Forschung. Verfügbar unter: https://www.zora.uzh.ch/id/eprint/8958/ [18.9.2020].

Oerter, Rolf (1999). *Psychologie des Spiels* (durchges. Neuausg.). Weinheim: Beltz.

Ophardt, Diemut & Thiel, Felicitas (2007). Klassenmanagement als professionelle Gestaltungsleistung. In: Lemmermöhle, Doris; Rothgangel, Martin; Bögeholz, Susanne; Hasselhorn, Marcus & Watermann, Rainer (Hrsg.), *Professionell lehren erfolgreich lernen* (133–147). Münster: Waxmann.

Ophardt, Diemut & Thiel, Felicitas (2008). Klassenmanagement als Basisdimension der Unterrichtsqualität. In: Schweer, Martin K. W. (Hrsg.), *Lehrer-Schüler-Interaktion* (2. vollständig überarbeitete. Aufl., 164–179). Wiesbaden: VS Verlag für Sozialwissenschaften.

Paradies, Liane; Wester, Franz & Greving, Johannes (2012). *Individualisieren im Unterricht. Erfolgreich Kompetenzen vermitteln.* Berlin: Cornelsen Scriptor.

Perrez, Meinrad; Huber, Günter L. & Geissler, Karlheinz A. (2001). Psychologie der pädagogischen Interaktion. In: Krapp, Andreas & Weidenmann, Bernd (Hrsg.), *Pädagogische Psychologie* (4. vollständig überarbeitete. Aufl., 357–413). Weinheim: Psychologie Verlags Union, Verlagsgruppe Beltz.

Peschel, Falko (2003). *Offener Unterricht. Idee, Realität, Perspektive und ein praxiserprobtes Konzept in der Evaluation – Teil I: Allgemeindidaktische Überlegungen.* Baltmannsweiler: Schneider Verlag Hohengehren.

Petillon, Hanns (1993). *Das Sozialleben des Schulanfängers.* Weinheim: Psychologie Verlags Union, Beltz.

Petillon, Hanns (2010). Editorial: Soziales Lernen im Primarbereich. *Zeitschrift für Grundschulforschung, 3* (2), 7–20.

Piaget, Jean (1954). *Das moralische Urteil beim Kinde.* Zürich: Rascher.

Pianta, Robert; La Paro, Karen M. & Hamre, Bridget K. (2008). *Classroom Assessment Scoring System.* Baltimore, London, Sydney: Paul H. Brookes Publishing.

Poole, Inge R. & Evertson, Carolyn M. (2013). Elementary Classroom Management. In: Hattie, John & Anderman, Eric M. (Hrsg.), *International Guide to Student Achievement* (188–191). New York and London: Routledge.

Prengel, Annedore (1999). *Vielfalt durch gute Ordnung im Anfangsunterricht.* Opladen: Leske+Budrich.

Ramseger, Jörg (1992). *Offener Unterricht in der Erprobung. Erfahrungen mit einem didaktischen Modell.* München: Juventa Verlag.

Ramseier, Erich & Locher, Rosmarie (1988). *Vom Kindergarten in die Primarschule. Ein Gemeindeprojekt zur fliessenden Gestaltung des Übergangs.* Bern: Amt für Unterrichtsforschung und -planung der Erziehungsdirektion des Kantons Bern.

Rauin, Udo; Herrle, Matthias & Engartner, Tim (Hrsg.) (2015). *Videoanalysen in der Unterrichtsforschung.* Weinheim: Beltz, Juventa.

Rees, Gwyther; Bradshaw, Jonathan & Andresen, Sabine (Hrsg.) (2016). *Children's views on their lives and well-being in 16 countries: A report on the Children's Worlds survey of children aged eight years old, 2013–15.* New York: Children's Worlds Project.

Reichen, Jürgen (1991). *Sachunterricht und Sachbegegnung.* sabe.

Reusser, Kurt & Pauli, Christine (2003). *Mathematikunterricht in der Schweiz und in weiteren sechs Ländern.* [pdf]. Universität Zürich, Pädagogisches Institut, Fachbereich Pädagogische Psychologie I. Verfügbar unter: https://www.ife.uzh.ch/dam/jcr:00000000-3212-6146-ffff-ffffc648f91b/Reusser_Pauli_2003_Videostudie.pdf [18.9.2020].

Reusser, Kurt; Stebler, Rita; Mandel, Debbie & Eckstein, Boris (2013). *Erfolgreicher Unterricht in heterogenen Lerngruppen auf der Volksschulstufe des Kantons Zürich.* Zürich: Universität Zürich, Institut für Erziehungswissenschaft.

Rimm-Kaufman, Sara E.; La Paro, Karen M.; Downer, Jason T. & Pianta, Robert C. (2005). The Contribution of Classroom Setting and Quality of Instruction to Children's Behavior in Kindergarten Classrooms. *The Elementary School Journal, 105* (4), 377–394.

Röllin, Margrit (1994). *Planung der Kindergartenarbeit* (4. Aufl.). Zürich: Verlag KG-CH.

Rossbach, Hans-Günther (1996). Lage und Perspektive der empirischen Grundschulforschung. *Empirische Pädagogik, 10* (2), 167–191.

Rost, Detlef H. (2007). *Interpretation und Bewertung pädagogisch-psychologischer Studien* (2. überarbeitete. und erweiterte Aufl.). Weinheim und Basel: Beltz.

Rotter, Julian B. (1966). Generalized expectancies for internal versus external control of reinforcement. *Psychological Monographs, 80*, 1–28.

Scheibe, Wolfgang (1999). *Die reformpädagogische Bewegung* (10. Aufl.). Weinheim und Basel: Beltz.

Schmidt, Heinrich Richard (2011). Die Volksschule im Kanton Bern. *Berns moderne Zeit*, 432–443.

Schönbächler, Marie-Theres (2006). Inhalte von Regeln und Klassenmanagement. *Schweizerische Zeitschrift für Bildungswissenschaften, 28* (2), 259–271.

Schönbächler, Marie-Theres (2008). *Klassenmanagement. Situative Gegebenheiten und personale Faktoren in Lehrpersonen- und Schülerperspektive.* Bern, Stuttgart, Wien: Haupt Verlag.

Schuler, Martin; Dessemontet, Pierre & Joye, Dominique (2005). *Die Raumgliederung der Schweiz.* [pdf]. Bundesamt für Statistik. Verfügbar unter: https://www.bfs.admin.ch [18. 9. 2020].

Schwarzer, Ralf & Warner, Lisa Marie (2011). Forschung zur Selbstwirksamkeit bei Lehrerinnen und Lehrern. In: Terhart, Ewald; Bennewitz, Hedda & Rothland, Martin (Hrsg.), *Handbuch zum Lehrerberuf* (498–510). Münster, New York, München, Berlin: Waxmann.

Schweizer Frauen-Zeitung (1881, 6. 8.). Die erste Schweizerische Versammlung von Kindergärtnerinnen und Kindergartenfreunden. *Schweizer Frauen-Zeitschrift*, S. 125–126.

Schweizerische Konferenz der kantonalen Erziehungsdirektoren (Hrsg.). (1993). *Thesen zur Entwicklung Pädagogischer Hochschulen* (Dossier 24). Bern: Schweizerische Konferenz der kantonalen Erziehungsdirektoren.

Schweizerische Konferenz der kantonalen Erziehungsdirektoren (1994). *Kindergarten.* Bern: Schweizerische Konferenz der kantonalen Erziehungsdirektoren (EDK).

Schweizerische Konferenz der kantonalen Erziehungsdirektoren (Hrsg.). (1997). *Bildung und Erziehung der vier- bis achtjährigen Kinder in der Schweiz* (Dossier 48a). Bern: Schweizerische Konferenz der Erziehungsdirektoren.

Schweizerische Konferenz der kantonalen Erziehungsdirektoren (1999). *Die Ausbildung von Lehrpersonen für die Basisstufe. Prospektivstudie.* Bern: Schweizerische Konferenz der kantonalen Erziehungsdirektoren.

Schweizerische Konferenz der kantonalen Erziehungsdirektoren (2000). *Erste Empfehlungen zur Bildung und Erziehung der vier- bis achtjährigen Kinder in der Schweiz.* [pdf]. Verfügbar unter: https://edudoc.ch/record/25524?ln=de [18. 9. 2020].

Schweizerische Konferenz der kantonalen Erziehungsdirektoren (2007). *Interkantonale Vereinbarung über die Harmonisierung der obligatorischen Schule – HarmoS-Konkordat.* [pdf]. Schweizerische Konferenz der kantonalen Erziehungsdirektoren. Verfügbar unter: https://www.edk.ch/dyn/11659.php [17. 5. 2019].

Schwerdt, Dirk (1975). *Vorschulerziehung. Grundlagen – Ziele – Förderungsbereiche.* Paderborn: Ferdinand Schöningh.

Seel, Norbert M. (2003). *Psychologie des Lernens.* München: Ernst Reinhardt Verlag.

Slavin, Robert E. (1990). *Cooperative Learning. Theory, Research and Practice.* Boston, London, Toronto: Allyn and Bacon.

Sörensen Criblez, Barbara & Wannack, Evelyne (2006). Lehrpersonen für 4- bis 8-jährige Kinder – zwischen Tradition und Innovation. *Beiträge zur Lehrerbildung, 24* (2), 177–182.

Sponsel, Rudolf (o. Jg.). *Grundwissen Zeitbegriff bei Kindern.* [Website]. Verfügbar unter: http://www.sgipt.org/gipt/entw/zeit/zeit_gw.htm [17. 5. 2012].

Stebler, Rita; Reusser, Kurt & Pauli, Christine (1994). Interaktive Lehr-Lern-Umgebungen: Didaktische Arrangements im Dienste des gründlichen Verstehens. In: Reusser, Kurt &

Reusser-Weyeneth, Marianne (Hrsg.), *Verstehen – Psychologischer Prozess und didaktische Aufgabe*. Bern, Göttingen, Toronto, Seattle: Verlag Hans Huber.

Stockall, Nancy (2001). Video Elicitation of the Semiotic Self. *International Journal of Applied Semiotics, 2* (1/2), 29–38.

Stöckli, Georg & Stebler, Rita (2011). *Auf dem Weg zu einer neuen Schulform. Unterricht und Entwicklung in der Grundstufe*. Münster, New York, München, Berlin: Waxmann.

Sturny-Bossart, Gabriel (2010). Förderung von Kindern mit besonderem Bildungsbedarf und Behinderung. In: Buholzer, Alois & Kummer Wyss, Annemarie (Hrsg.), *Alle gleich – alle unterschiedlich! Zum Umgang mit Heterogenität in Schule und Unterricht* (40–51). Stuttgart und Zug: Klett und Kallmeyer, Klett und Balmer Verlag.

Sullivan, Harry S. (1983). *Die interpersonale Theorie der Psychiatrie*. Frankfurt am Main: Fischer.

Tausch, Reinhard & Tausch, Anne-Marie (1973). *Erziehungspsychologie* (7. Aufl.). Göttingen: Verlag für Psychologie, Hogrefe.

Thies, Barbara (2002). *Vertrauen zwischen Lehrern und Schülern*. Münster: Waxmann.

Thies, Barbara (2008). Historische Entwicklung der Forschung zur Lehrer-Schüler-Intraktion. In: Schweer, Martin K. W. (Hrsg.), *Lehrer-Schüler-Interaktion* (2. vollständig überarbeitete. Aufl., 77–100). Wiesbaden: VS Verlag für Sozialwissenschaften.

Thomet, Ulrich (1988). *Gesamtkonzeption Lehrerbildung: Schlussbericht*. Bern: Erziehungsdirektion des Kantons Bern.

Tietze, Wolfgang (Hrsg.). (1996). *Früherziehung*. Neuwied, Kriftel, Berlin: Luchterhand.

Trautmann, Matthias & Wischer, Beate (2008). Das Konzept der Inneren Differenzierung – eine vergleichende Analyse der Diskussion der 1970er Jahre mit dem aktuellen Heterogenitätsdiskurs. In: Meyer, Meinert A.; Prenzel, Manfred & Hellekamps, Stephanie (Hrsg.), *Perspektiven der Didaktik* (159–172). Wiesbaden: VS Verlag für Sozialwissenschaft.

Tschannen-Moran, Megan & Woolfolk Hoy, Anita (2001). Teacher Efficacy: capturing an elusive construct. *Teaching and Teacher Education, 17*, 783–805.

Tschannen-Moran, Megan & Woolfolk Hoy, Anita (2007). The differential antecedents of self-efficacy beliefs of novice and experienced teachers. *Teaching and Teacher Education, 23* (6), 944–956.

Tschannen-Moran, Megan; Woolfolk Hoy, Anita & Hoy, Wayne K. (1998). Teacher Efficacy: Its Meaning and Measure. *Review of Educational Research, 68* (2), 202–248.

Valtin, Renate (2000). Grundschulpädagogik als empirische Forschungsdisziplin. *Zeitschrift für Pädagogik, 46* (4), 556–570.

Vaupel, Dieter (2011). Wochenplanarbeit. In: Wiechmann, Jürgen (Hrsg.), *Zwölf Unterrichtsmethoden. Vielfalt für die Praxis* (5., überarbeitete. Aufl., 77–92). Weinheim: Beltz.

Verband KindergärtnerInnen Schweiz (1993). *Übertritt Kindergarten Schule. Reihe Archiv 93, 2*.

Vogt, Franziska; Zumwald, Bea; Urech, Christa & Abt, Nadja (2010). *Schlussbericht der formativen Evaluation. Grund-/Basisstufe: Umsetzung, Unterrichtsentwicklung und Akzeptanz bei Eltern und Lehrpersonen. Erziehung und Bildung in Kindergarten und Unterstufe im Rahmen der EDK-Ost und Partnerkantone (Projekt EDK-Ost 4bis8)*. Bern: Schulverlag plus AG.

von Saldern, Matthias (1998). Die Aufgabenfülle der Grundschule und ihrer Pädagogik. *Zeitschrift für Pädagogik, 44* (6), 907–924.

Vygotsky, Lev Semyonovich (1978). *Mind in Society*. Cambridge, Massachusetts: Harvard University Press.

Wagener, Matthea (2014). *Gegenseitiges Helfen. Soziales Lernen im jahrgangsgemischten Unterricht*. Wiesbaden: Springer VS.

Walden, Rotraut & Borrelbach, Simone (2014). *Schulen der Zukunft* (8. Aufl.). Heidelberg und Kronig: Asanger Verlag.

Walden, Rotraut & Schmitz, Inka (1999). *Kinder-Räume. Kindertagesstätten aus architekturpsychologischer Sicht*. Lambertus-Verlag.

Walter, Catherine & Fasseing, Karin (2002). Das Unterrichtskonzept des deutsch-schweizerischen Kindergartens. In: Walter, Catherine & Fasseing, Karin (Hrsg.), *Kindergarten. Grundlagen aktueller Kindergartendidaktik* (135–158). Winterthur: Prokiga-Lehrmittelverlag.

Wang, Margaret C.; Haertel, Geneva D. & Walberg, Herbert J. (1993). Toward a Knowledge Base for School Learning. *Review of Educational Research, 63* (3), 249–294.

Wannack, Evelyne (1997). *Das Fach Didaktik in der Kindergärtnerinnen-Ausbildung. Eine Befragung von Didaktiklehrerinnen im Kanton Bern* (Forschungsbericht Nr. 17). Bern: Abteilung Pädagogische Psychologie, Universität Bern.

Wannack, Evelyne (2001). *Erhebung von Merkmalen der Berufsfelder Kindergarten und untere Klassen der Primarstufe im deutschsprachigen Teil des Kantons Bern*. [Projektbericht GKL]. Institut für Pädagogik und Schulpädagogik, Forschungsstelle für Schulpädagogik und Fachdidaktik. Verfügbar unter: https://evelyne-wannack.ch/publikationen/.

Wannack, Evelyne (2003). Kindergarten und Schule – Lehrpläne im Vergleich. *Schweizerische Zeitschrift für Bildungswissenschaften, 25* (2), 271–286.

Wannack, Evelyne (2004). *Kindergarten und Grundschule zwischen Annäherung und Abgrenzung*. Münster, New York: Waxmann.

Wannack, Evelyne (2006). *Bildungsauftrag und Bildungsinhalte einer Neuausrichtung der Schuleingangsstufe im Kontext der Harmonisierung der obligatorischen Volksschulzeit*. [pdf]. Erziehungsdirektoren-Konferenz der Ostschweizer Kantone und des Fürstentums Liechtenstein (EKD-Ost-4bis8). Verfügbar unter: https://www.evelyne-wannack.ch/publikationen/.

Wannack, Evelyne (2008). *Kindergarten – Programm und Vision*. [pdf]. Verband KindergärtnerInnen Schweiz (KgCH). Verfügbar unter: https://evelyne-wannack.ch/kongressbeitraege/.

Wannack, Evelyne (2010). Bildung von 4- bis 8-jährigen Kindern: Grundlagen und Konzepte im Wandel. In: Leuchter, Miriam (Hrsg.), *Didaktik für die ersten Bildungsjahre. Unterricht mit 4- bis 8-jährigen Kindern* (18–35). Stuttgart und Zug: Klett und Kallmeyer, Klett und Balmer Verlag.

Wannack, Evelyne; Arnaldi, Ursula & Schütz, Annalise (2009a). Das freie Spiel im Kindergarten. *4 bis 8. Fachzeitschrift für Kindergarten und Unterstufe, 98* (11), 23–25.

Wannack, Evelyne; Arnaldi, Ursula & Schütz, Annalise (2009b). Überlegungen zur Didaktik des Kindergartens. *4 bis 8. Fachzeitschrift für Kindergarten und Unterstufe, 98* (9), 24–26.

Wannack, Evelyne & Herger, Kirsten (2014). *Classroom Management. Unterrichtsgestaltung in der Schuleingangsstufe*. Bern: hep Verlag.

Wannack, Evelyne; Herger, Kirsten & Barblan, Annigna (2011). *Classroom Management in der Schuleingangsstufe. Dokumentation der qualitativen Erhebungen*. [pdf]. PHBern, Zentrum für Forschung und Entwicklung. Verfügbar unter: https://evelyne-wannack.ch/publikationen/.

Wannack, Evelyne; Herger, Kirsten; Gruber, Michaela & Barblan, Annigna (2009). *Classroom Management in der Schuleingangsstufe. Dokumentation der Fragebogenstudie*. [pdf]. PHBern,

Zentrum für Forschung und Entwicklung. Verfügbar unter: https://evelyne-wannack.ch/publikationen/.

Wannack, Evelyne; Schütz, Annalise & Arnaldi, Ursula (2010). Reflexionen zur Didaktik des Kindergartens. *4 bis 8. Fachzeitschrift für Kindergarten und Unterstufe, 100* (3), 26–27.

Weinstein, Claire E. & Mayer, Richard E. (1986). The teaching of learning strategies. In: Wittrock, Merlin C. (Hrsg.), *Handbook of research in teaching* (315–327). New York: MacMillan.

Weinstein, Carol S. (1979). The Physical Environment of the School: A Review of the Research. *Review of Educational Research, 49* (4), 577–610.

Weinstein, Carol Simon & Mignano, Andrew, J. (Hrsg.) (2007). *Elementary Classroom Management. Lessons from Research and Practice* (4. Aufl.). Boston u. a.: Mc Graw-Hill.

Wellenreuther, Martin (2009). Individualisieren – aber wie? *SchulVerwaltung NRW, 3,* 71–74.

Wiechmann, Jürgen (2009). Direkte Instruktion, Frontalunterricht, Klassenunterricht. In: Arnold, Karl-Heinz (Hrsg.), *Handbuch Unterricht* (2., aktualisierte Aufl., 200–203). Bad Heilbrunn: Klinkhardt.

Wiechmann, Jürgen (2011). Direkte Instruktion. In: Wiechmann, Jürgen (Hrsg.), *Zwölf Unterrichtsmethoden. Vielfalt für die Praxis* (5., überarbeitete. Aufl.). Weinheim: Beltz.

Wild, Klaus-Peter (2003). Videoanalysen als neue Impulsgeber für eine praxisnahe prozessorientierte empirische Unterrichtsforschung. *Unterrichtswissenschaft, 31* (2), 98–102.

Wischer, Beate (2008). Binnendifferenzierung ist ein Wort für das schlechte Gewissen des Lehrers. *Erziehung & Unterricht* (November/Dezember 9–10), 714–722.

Wood, Elizabeth & Attfield, Jane (2005). *Play, Learning and the Early Childhood Curriculum.* London: Paul Chapman Publishing.

Woolfolk, Anita (2008). *Pädagogische Psychologie* (Schönpflug, Ute, Übers.10. Aufl.). München: Pearson Education Inc.

Wulf, Christoph (2008). Rituale im Grundschulalter: Performativität, Mimesis und Interkulturalität. *Zeitschrift für Erziehungswissenschaft, 11* (1), 67–83.

Wyss, Heinz (1976). *Inhalte und Strukturen einer erneuerten und verlängerten Primarlehrerausbildung* (2. unveränderte Aufl.). Bern: Paul Haupt.

Wyss, Heinz (1976). *Inhalte und Strukturen einer erneuerten und verlängerten Primarlehrerausbildung, II. Teil: Die fünfjährige Initialausbildung* (2. unveränderte Aufl.). Bern: Paul Haupt.

Youniss, James (1994). *Soziale Konstruktion und psychische Entwicklung.* Frankfurt am Main: Suhrkamp.

Zaminer, Frieder (1967). Rhythmus. In: Eggebrecht, Hans-Heinrich (Hrsg.), *Brockhaus Riemann Musiklexikon* (803). Mainz: Atlantis-Schott.

# Abbildungsverzeichnis

# Tabellenverzeichnis